Ralf Cordes
Rudolf Kruse
Horst Langendörfer
Heinrich Rust

Prolog

Artificial Intelligence
Künstliche Intelligenz

herausgegeben von Wolfgang Bibel und Walther von Hahn

Künstliche Intelligenz steht hier für das Bemühen um ein Verständnis und um die technische Realisierung intelligenten Verhaltens.
Die Bücher dieser Reihe sollen Wissen aus den Gebieten der Wissensverarbeitung, Wissensrepräsentation, Expertensysteme, Wissenskommunikation (Sprache, Bild, Klang, etc.), Spezialmaschinen und -sprachen sowie Modelle biologischer Systeme und kognitive Modellierung vermitteln.

Bisher sind erschienen:

Automated Theorem Proving
von Wolfgang Bibel

Die Wissensrepräsentationssprache OPS 5
von Reinhard Krickhahn und Bernd Radig

Prolog
von Ralf Cordes, Rudolf Kruse, Horst Langendörfer, Heinrich Rust

LISP
von Rüdiger Esser und Elisabeth Feldmar

Logische Grundlagen der Künstlichen Intelligenz
von Michael R. Genesereth und Nils J. Nilsson

Wissensbasierte Echtzeitplanung
von Jürgen Dorn

Modulare Regelprogrammierung
von Siegfried Bocionek

Automatisierung von Terminierungsbeweisen
von Christoph Walther

Logische und Funktionale Programmierung
von Ulrich Furbach

Parallelism in Logic
von Franz Kurfeß

Relative Complexities of First Order Calculi
von Elmar Eder

Schließen bei unsicherem Wissen in der Künstlichen Intelligenz
von der Gruppe Léa Sombé

Ralf Cordes
Rudolf Kruse
Horst Langendörfer
Heinrich Rust

Prolog

Eine methodische Einführung

Herausgegeben von Paul Schmitz

3., verbesserte Auflage

Die Deutsche Bibliothek – CIP-Einheitsaufnahme

Prolog: eine methodische Einführung / Ralf Cordes . . .
Hrsg. von Paul Schmitz. – 3., verb. Aufl. –
Braunschweig; Wiesbaden: Vieweg, 1992
  (Künstliche Intelligenz)
  ISBN 978-3-528-24584-9   ISBN 978-3-322-86168-9 (eBook)
  DOI 10.1007/978-3-322-86168-9
NE: Cordes, Ralf; Schmitz, Paul [Hrsg.]

Das in diesem Buch enthaltene Programm-Material ist mit keiner Verpflichtung oder Garantie irgendeiner Art verbunden. Die Autoren, die Reihenherausgeber und der Verlag übernehmen infolgedessen keine Verantwortung und werden keine daraus folgende oder sonstige Haftung übernehmen, die auf irgendeine Art aus der Benutzung dieses Programm-Materials oder Teilen davon entsteht.

1. Auflage 1988
2., verbesserte und erweiterte Auflage 1990
3., verbesserte Auflage 1992

Umschlaggestaltung: Peter Lenz, Wiesbaden

Gedruckt auf säurefreiem Papier

ISBN 978-3-528-24584-9

Vorwort

Die Programmiersprache Prolog gewinnt in weiten Kreisen von EDV-Fachleuten und Anwendern stark an Popularität. Dies zeigt sich auch an der zunehmenden Zahl von industriellen Implementierungen und kommerziellen Entwicklungsumgebungen. Im universitären Kreis besitzt diese Sprache besonders im Bereich der wissensbasierten Systeme seit geraumer Zeit einen hohen Stellenwert.

Das Ziel des Buches ist es, einen in Lektionen eingeteilten, methodisch gegliederten Einführungskurs in die Programmierung mit Prolog zu geben. Das Buch basiert auf dem Praktikum "Programmieren in Prolog", das an der Technischen Universität in Braunschweig seit dem Wintersemester 1984/85 regelmäßig angeboten wird.

Das Buch wendet sich an Schüler und Studenten ebenso wie an Interessierte aller Fachrichtungen, die sich einen Einblick in die logische Programmierung, ihre Grundlagen und Anwendungen verschaffen wollen.

Für die erste Auflage des Buches haben uns K. Drosten, D. Kruse, J. Risius und W. Struckmann wertvolle Anregungen gegeben. In der dritten Auflage haben wir zahlreiche Hinweise unserer Leser berücksichtigt und nicht mehr zeitgemäße Abschnitte überarbeitet bzw. ganz gestrichen.

Wir danken insbesondere Herrn U. Schreiweis, der uns bei der Durchsicht des Manuskripts sehr behilflich war. Ferner danken wir dem Vieweg-Verlag für die gute Zusammenarbeit.

Braunschweig, im August 1991

R. Cordes
R. Kruse
H. Langendörfer
H. Rust

Inhaltsverzeichnis

II Prolog - Sprache und Programmierumgebung   51

---

*Diese Kapitel können durchaus vernachlässigt werden, wenn man nur einen schnellen Einblick in die Programmiersprache Prolog gewinnen will.

Einleitung

Die Programmiersprache **Prolog** gewinnt in weiten Kreisen von EDV–Fachleuten und Anwendern stark an Popularität. Im universitären Bereich sowie an anderen Forschungsinstitutionen, besonders im Bereich der **Künstlichen Intelligenz (KI)**, besitzt diese Sprache schon seit geraumer Zeit einen sehr hohen Stellenwert. Dieser ist nicht nur mit dem **Fifth Generation Computer Systems** Projekt in Japan, das Prolog zur Kernsprache hat, begründbar. Auch eine Vielzahl von kontinuierlichen Forschungsaktivitäten im europäischen Raum in den letzten zehn Jahren belegen die wachsende Bedeutung von Prolog.

Im Rahmen dieses Buches wird ein Einblick in die Programmierung mit der Programmiersprache **Prolog** (**Pro***gramming in* log*ic*) gegeben; außerdem werden grundlegende Verarbeitungsmechanismen und -modelle für die logikbasierte Programmierung vermittelt.

Im folgenden geben wir eine kurze Darstellung der historischen Entwicklung der logischen Programmierung sowie der Programmiersprache Prolog, zeigen bevorzugte Anwendungsgebiete von Prolog im Forschungsbereich der Künstlichen Intelligenz auf und geben einen groben Überblick über Verarbeitungsmodelle sowie Programmierstile. Abschließend beschreiben wir kurz die methodische Konzeption unseres Prolog-Lehrgangs.

Zur historischen Entwicklung von Prolog

Die Wurzeln der Entwicklung der Programmiersprache Prolog liegen im Jahre
1879. In diesem Jahr verfaßte der deutsche Mathematiker **Gottlob Frege**
seine **Begriffsschrift**, die die formale, abstrakte Beschreibung von Gedanken
in mathematischer Notation zum Inhalt hatte. Diese systematische Notation
von Weltwissen und Beweisführung wurde von Whitehead und Russel um 1910
auf wesentliche Basiselemente wie Funktion, Endlichkeit, Menge usw. zurück-
geführt.

Nach diesem ersten Abschnitt, der die logische Beschreibung von Dingen zum
Inhalt hatte, wandten sich in den zwanziger Jahren unseres Jahrhunderts die
Mathematiker **Jacques Herbrand**, **Thoralf Skolem** sowie **Kurt Gödel** dieser formalen Welt der systematischen Konstruktion von Beweisverfahren zu, die
die Beweisbarkeit beliebiger Sätze zum Ziel hatten. Während dieser Zeit wurden
die mathematischen Grundlagen derjenigen Beweisverfahren erdacht, auf die die
heutigen Theorembeweisverfahren im Prädikatenkalkül fußen, beispielsweise das
von Herbrand entwickelte **Unifikationsverfahren**.

Mit der Entwicklung der ersten Rechner wurde in den fünfziger Jahren ver-
sucht, diese Beweisverfahren auch rechnergestützt durchzuführen. Alle frühen
Ansätze, Theorembeweise auf einem Rechner verfügbar zu machen, scheiterten
an der Komplexität der Algorithmen, da sie zumeist durch systematisches
Durchprobieren aller Varianten zu "kombinatorischen Explosionen" führten.
Um 1965 konnte **J.A. Robinson** durch die Entwicklung des **Resolventen-
prinzips** einen wichtigen Schritt zur Eindämmung der Komplexität derartiger
Algorithmen machen.

Parallel zu der Entwicklung eines logischen, mechanischen Beweisverfahrens
beschäftigte sich in Aberdeen eine Forschungsgruppe mit der Entwicklung eines
intelligenten Frage-Antwort-Systems. Ein wesentliches Merkmal dieses Systems
namens ABSET war die Eigenschaft, daß Regeln interaktiv während der Sit-
zung hinzugefügt werden konnten. Diese Regeln konnten im weiteren Verlauf
der Konsultation mit zur Lösungsfindung herangezogen werden.

1971 entwickelte Colmerauer das Kernsystem des Frage-Antwort-Systems
SYSTEM-Q. Dieses System baute auf Horn-Klauseln auf, nutzte das Resolventenprinzip und die Unifikation; außerdem integrierte es die Möglichkeit der
interaktiven Veränderung von Regelmengen. Dieses Kernsystem wurde anschließend zu einem Interpreter für eine eigenständige Programmiersprache entwickelt. Diese Programmiersprache erhielt den Namen Prolog.

In den folgenden Jahren beschäftigte man sich vielerorts mit dem Phänomen der logischen Programmierung, wobei **R. Kowalski** das Paradigma

$$\text{algorithm} = \text{logic} + \text{control}$$

aufgriff und für Prologsysteme folgendermaßen formulierte:

> Alle problemspezifischen Informationen werden in einer *"Wissensbank"* in Form von Horn-Klauseln zusammengefaßt, die dann durch eine problemunabhängige *"Inferenzmaschine"* (einem Theorembeweiser) ausgewertet werden.

Parallel zu der Entwicklung erster Prologsysteme taten sich neue Anwendungsgebiete für den Einsatz dieser Programmiersprache auf.

Einsatz von Prolog in Fachgebieten der Künstlichen Intelligenz

Prolog ist eine **universelle** Programmiersprache, sie kann deshalb so unterschiedliche Aufgaben wie das Erstellen einer Datenbank oder die Berechnung von Primzahlen erfüllen. Eine besondere Bedeutung hat sie jedoch als Programmiersprache der "Künstlichen Intelligenz" (KI) erlangt. Der (oft mißbrauchte) Begriff der KI beschreibt den Versuch der Simulation menschlicher Intelligenz und menschlichen Verhaltens mit dem Rechner als Simulationsmedium. Da diese Nachbildung nicht universell durchführbar erscheint, werden in der KI-Forschung verschiedene spezifische Gebiete menschlichen Verhaltens untersucht, in denen es lokale Lösungsansätze gibt.

Zu diesen Gebieten zählt Nilsson [Nils80] Sprachverstehen, das Erstellen von Rechnerprogrammen, die Lösung mathematischer Aufgaben und das Urteilen nach gesundem Menschenverstand. Feigenbaum [BaFe81] faßt die Kategorien menschlicher Intelligenz etwas allgemeiner und unterteilt in erster Linie in

- Sprachverstehen,

- Lernen,

- Schlußfolgern und

- Problemlösen.

Hieran lassen sich noch die von Savory [Savo85] und Stoyan [Stoy86] genannten
Gebiete

- Sehen und Erfassen von Dingen und

- situationsabhängiges Planen von Aktionen

anfügen.

Die Künstliche Intelligenz läßt sich methodisch nach Fachgebieten gliedern wie
Heuristisches Suchen, Planen, Repräsentation von Wissen, Deduktion und In-
ferenzmethoden usw.. Aus anwendungsorientierter Sicht haben sich jedoch die
folgenden fünf Teildisziplinen herausgebildet, die diese allgemeinen Methoden
in unterschiedlicher Weise verwenden:

1. Für die Erstellung von **Natürlichsprachlichen Systemen** wird zum einen linguistische Grundlagenforschung betrieben, die das Verstehen, das
   Erzeugen und den Erwerb natürlicher Sprache mit den Mitteln der Informatik zu beschreiben und zu erklären versucht. Zum anderen soll durch die
   Entwicklung natürlichsprachlicher Systeme der Kommunikationsprozeß an
   der Mensch-Maschine-Schnittstelle verbessert werden.

2. **Expertensysteme** besitzen einen hohen Grad an Spezialwissen auf verschiedenen schwierigen Sachgebieten wie bisher nur wenige menschliche
   Sachverständige. Die Systeme sind auch imstande, einen Dialog mit dem
   Fragesteller zu führen, Entscheidungen zu treffen und plausibel zu machen
   sowie auch längere Wege der Entscheidungsfindung adäquat zu erklären.

3. **Deduktionssysteme** sind Systeme, die computergestützt logische Sach-
   verhalte verifizieren können. Dieses Gebiet umfaßt u.a. das Logische
   Programmieren und die Programmverifikation. Anwendung finden diese
   Methoden beispielsweise bei der Überprüfung von Hardwarekonfiguratio-
   nen.

4. Ziel der **Robotertechnologie** ist die Entwicklung von prozessorgestütz-
   ten Handhabungsautomaten (Roboter), die zunehmend Eigenintelligenz
   besitzen.

5. Das **Bildverstehen** befaßt sich mit der Nachbildung des menschlichen
   Sehvermögens oder allgemeiner mit der Wahrnehmung von Gegenständen.

Die unterschiedlichen, komplexen Anwendungen und Anforderungen aus diesen Gebieten forcieren den Entwurf und die Weiterentwicklung von Verarbeitungsmodellen (execution models) und Programmierstilen (programming styles), um effektive Systeme auf Rechnern implementieren zu können und nicht unbedingt an die von-Neumann Programmierung/Architektur gebunden zu sein.

Verarbeitungsmodelle und Programmierstile

Es werden daher neuartige, parallele Rechnerarchitekturen und Verarbeitungsmodelle entwickelt, die innovative Programmiersprachen- und –methoden unterstützen.

Mit dem Begriff der Programmiermethode ist der des Programmierstils verbunden. Ein Programmierstil basiert auf einer (möglicherweise spekulativen) Vorstellung von einem "Verarbeitungsmodell" des "Rechners". Ausführliche Übersichten und Diskussionen zur Thematik von Programmiermethoden, Programmierstilen und Verarbeitungsmodellen finden wir in [Stoy86]. Im folgenden beschreiben wir in Anlehnung an diese Veröffentlichung einige wesentliche Verarbeitungsmodelle und stellen einige Programmierstile vor.

1. **Das konventionelle Verarbeitungsmodell** entspricht von der Ablauflogik her einem endlichen deterministischen Automaten und verarbeitet sequentiell Folgen von intern repräsentierten Anweisungen durch Auslösen von Aktionen, die den Zustand der Maschine verändern. Eine *von-Neumann Maschine* verfügt über einen speziellen Datenspeicher, auf den diese Aktionen wirken und dadurch die gespeicherten Daten manipulieren.

2. **Das funktionale Verarbeitungsmodell** geht vom mathematischen Funktionsbegriff aus und kennt daher nur eindeutige Abbildungen aus einem Definitionsbereich in einen Wertebereich. Dem Rechner werden ein Funktionsname sowie die entsprechenden Argumente übergeben; aufgrund dieser liefert er die für die entsprechende Aktivierung gültigen Funktionswerte.

3. **Das relationale Verarbeitungsmodell** basiert auf dem mathematischen Relationenbegriff und weist eine gewisse Verwandtschaft mit dem funktionalen Modell auf. Dem Rechner werden der Name der Relation und die zugehörigen Argumente zur Aktivierung übermittelt. Dabei unterscheiden wir danach, ob **alle** Argumente oder ob die Argumente nur **teilweise übermittelt** worden sind. Im ersten Fall kann der Rechner nur das Vorhandensein des **einen** so spezifizierten Tupels überprüfen. Im zweiten Fall werden **alle** Tupel geliefert, die der Spezifikation entsprechen.

4. **Der allgemeine Problemlöser** verarbeitet Problemspezifikationen, die aus Angaben einer Anfangssituation, einer Zielsituation und einer Menge von Operatoren bestehen, die auf dem Weg vom Anfangszustand zum Zielzustand einsetzbar sind.

5. Im **Datenflußmodell** besteht das Operationsprinzip in erster Linie darin, daß die Steuerung des Ablaufs eines Algorithmus auf einem Rechner nicht explizit durch Kontrollinstruktionen gegeben ist - wie beim konventionellen Modell - sondern implizit aus dem Fluß der Daten zwischen den Teilschritten für jede Berechnungsfolge abgebildet wird.

Neben der Entwicklung nicht-konventioneller Verarbeitungsmodelle sind im Rahmen von KI-Forschungsaktivitäten Programmierstile aufgegriffen und in Form von Programmiersprachen und -systemen verfügbar gemacht worden. Neben dem

anweisungs-orientierten Programmieren (z.B. FORTRAN, Algol)

sind insbesondere folgende Programmierstile bekannt geworden:

1. **Das funktions-orientierte Programmieren** (auch funktionales oder applikatives Programmieren) setzt auf ein funktionales Verarbeitungsmodell auf. Bekanntester Vertreter dieser Kategorie ist die Programmiersprache LISP.

2. **Die regel-orientierte Programmierung** basiert auf dem Markov'schen Algorithmusmodell und hat enge Verwandtschaft zu den Post'schen Produktionen. METEOR [Bobr63] und OPS 5 [Forg81] [BFKM85] sind Beispiele für regel-basierte Programmiersprachen.

3. **Die objekt-orientierte Programmierung** basiert auf universellen, flexiblen Informationseinheiten, die Datenkapselung, Datenabstraktion, dynamische Typenbindung sowie Vererbung erlauben. Eine typische objektbasierte Sprache ist SmallTalk[GoRo83].

4. **Die logik-orientierte Programmierung** bedeutet ein Programmieren mit logischen Kalkülen. Prolog ist eine solche logik-basierte Programmiersprache.

Nach dieser Klassifizierung können wir Prolog gemäß Programmierstil und zugrundeliegendem Verarbeitungsmodell näher charakterisieren und einige prologspezifische Begriffe einführen.

Prolog – eine logik-basierte Programmiersprache

Wir können Prolog als eine *logik-orientierte Programmiersprache* ansehen, da sie die Verwendung einer Teilmenge von logischen Formeln zuläßt – die Menge der *Horn-Klauseln.*

Ein Prologprogramm entspricht demnach einer Menge von Formeln (Axiomen) und kann durch ein weiteres Axiom aktiviert werden. Auf diese Aktivierung hin erwarten wir als Antwort des Prologsystems einen Wahrheitswert, der uns darüber Auskunft gibt, ob das aktivierende Axiom aus den anderen beweisbar ist oder nicht.

Das Verarbeitungsmodell eines Prologsystems beinhaltet einen Interpreter, der die Ableitbarkeit der Aktivierungsformel aus den gegebenen Axiomen (Prolog-Programmformeln) zu zeigen versucht. Dabei wird diese Aktivierungsformel zunächst negiert, anschließend wird vom Interpreter versucht, einen Widerspruch zu den übrigen Klauseln zu finden (*Widerspruchsbeweiser*).

Vom Verarbeitungsmodell läßt sich Prolog als ein *Problemlöser* mit zusätzlichen Kontrolloperatoren ansehen, der auf einem bestimmten Theorembeweisverfahren der symbolischen Logik - der *Resolution* - aufsetzt.

Zu diesem Buch

Das Ziel dieses Buches ist es, einen systematischen Einblick in die Programmiersprache **Prolog** zu geben. Der Lehrstoff wird hierbei in drei **Tutorien** vermittelt, die aufeinander aufbauende **Lektionen** enthalten.

Im ersten Tutorium **Reines Prolog** werden die grundlegenden Sprachelemente und Verarbeitungsmechanismen der logik-orientierten Programmiersprache Prolog dargestellt. Außerdem werden in zwei Lektionen theoretische Aspekte der logischen Programmierung und der Beweisverfahren vermittelt. Diese Lektionen drei und vier setzen gute Grundkenntnisse in Mathematik voraus. Falls diese beim Leser nicht vorhanden sind, oder falls er es vorzieht, möglichst schnell einen Einblick in das Arbeiten mit Prolog zu gewinnen, so empfehlen wir, diese Lektionen zu überspringen und eventuell zu einem späteren Zeitpunkt zu bearbeiten.

Im zweiten Tutorium **Prolog – Programmiersprache und Programmierumgebung** werden die Grundideen der logischen Programmierung um weitere Konzepte ergänzt, um eine leistungsfähige logik-basierte Programmiersprache verfügbar zu machen. Zu diesen Konzepten zählen u.a. Steuerung des Kontroll-

und Datenflusses, Ein- und Ausgabefunktionen von Programmen sowie arithmetische und relationale Operationen. Dabei ist zu berücksichtigen, daß unterschiedliche Prologsysteme wie MProlog, c-Prolog, IF-Prolog, micro-Prolog [ClMe84], Quintus oder MLOG [GuGu84] sich nicht nur syntaktisch unterscheiden, sondern auch durch Art und Anzahl der vordefinierten Prädikate und Operatoren. Allerdings gibt es Prädikate und Operatoren, die in fast allen Prologsystemen vorhanden sind.

Außerdem werden in diesem Tutorium Methoden der Darstellung von Prologprogrammen beschrieben.

Ausführlich werden im dritten Tutorium mit dem Titel **Datenstrukturen, Algorithmentypen, Anwendungen** praxisrelevante, aktuelle Problemstellungen behandelt. Es werden spezielle Anwendungen aus den Gebieten Programmiersprachen und -techniken sowie Wissensbasierte Systeme vorgestellt, und es wird gezeigt, wie Basisfunktionalitäten vieler Problemstellungen wie Graphsuche, Listen- und Mengenoperationen etc. in der Programmiersprache Prolog adäquat beschrieben werden können.

In jeder Lektion gibt es neben zahlreichen, anschaulichen Beispielen **Übungen**, die den Charakter von Kontrollaufgaben besitzen und dazu dienen, daß der Lernende jederzeit seinen Wissensstand richtig einschätzen kann. Die Lösungen dieser Aufgaben befinden sich im Anhang dieses Buches. In jedem Tutorium finden sich **optionale Lektionen**. Diese durch * gekennzeichneten Lektionen haben einen vertiefenden Charakter oder betrachten Randaspekte, die für einen schnellen Einblick in die Sprache Prolog durchaus vernachlässigbar sind. Die aufbauende Struktur der ersten drei Tutorien wird durch diese optionalen Lektionen nicht unterbrochen.

Bei der Gestaltung des Manuskriptes wurden unterschiedliche Schriftarten benutzt. Zentrale Begriffe dieses Buches werden **fett** gedruckt, Begriffe, die im engen Zusammenhang mit der Programmierung mit Prolog stehen, werden *kursiv* geschrieben. Prolog-Programmkonstrukte sind durch den `Typewriter`-Modus kenntlich gemacht, Eingaben des Benutzers sind ebenfalls *kursiv*.

Tutorium I

Reines Prolog

Lektion 1

Fakten und Regeln

In dieser ersten Lektion werden zwei grundlegende Elemente der Programmiersprache Prolog erklärt und eine Vorstellung darüber vermittelt, aus welchen Bausteinen ein Prologprogramm aufgebaut ist.

Prologprogramme bestehen aus Klauseln, die nach *Regeln* und *Fakten* unterschieden werden. Da wir für bestimmte Problemkreise unser Wissen in Form von Fakten und Regeln darstellen können, bezeichnen wir Prologprogramme auch als *Wissensbasis*.

In der Literatur hat man den Begriff der "Wissensbasis" für Prologprogramme eingeführt, da bei einer sehr abstrakten Sichtweise auch das Weltwissen in Fakten und ableitbare Regeln unterteilbar ist.

1.1 Fakten

Aussagen über Objekte bezeichnen wir als *Fakten*. Wir können Prologfakten in der folgenden Form in Prolog ausdrücken:

Beispiel 1-1:

```
suppe(bouillabaisse).
kartoffelgericht(roesti).
kartoffelgericht(pommes_frites).
hauptgericht(schnitzel).
fleisch(schnitzel).
```

```
gemuese(rotkraut).
teigware(spaetzle).
nachtisch(eis).
fisch(heilbutt).
salat(weisskraut_salat).
```

Das Faktum "Bouillabaisse ist eine Suppe" wird dem Prologsystem also in der
Form 'suppe(bouillabaisse).' mitgeteilt.

Jedes Faktum aus Beispiel 1-1 setzt sich aus einem Beziehungsnamen, Funktor
genannt, und Objekten, Argumente genannt, zusammen. Diese Schreibweise
ermöglicht es, verschiedene Aussagen über das gleiche Objekt zu machen, wie

Schnitzel ist ein Hauptgericht.
Schnitzel ist Fleisch.

Es können auch Aussagen gleicher Art über verschiedene Objekte gemacht werden, wie

Rösti ist ein Kartoffelgericht.
Pommes Frites ist ein Kartoffelgericht.

Ein Prologsystem "versteht" diese Sätze allerdings nicht, sondern es verarbeitet
nur Folgen von Zeichen und Zeilen. Wir legen deshalb für diese Fibel folgendes
fest:

- Funktoren und Argumente *in Fakten* beginnen mit einem kleinen Buchstaben und werden mit (großen oder kleinen) Buchstaben, Ziffern oder
  Unterstrichen (_) fortgeführt.

- Die Argumente stehen nach dem Funktor von Klammern umschlossen und
  (bei mehreren) durch Kommata getrennt, wobei zwischen Funktor und
  Klammer *kein* Leerzeichen stehen darf.

- Eine Faktendefinition wird mit einem Punkt abgeschlossen.

Die Schreibweise (Syntax) von Klauseln in Prologsystemen ist allerdings noch
nicht normiert, hier bestehen Unterschiede zwischen den einzelnen Dialekten
der Sprache.

Es können auch mehrere Argumente in einem Faktum vorhanden sein, wobei die
Stellung der Argumente berücksichtigt werden muß, weil durch sie schematisch
die Bedeutung (Semantik) eines Faktums mit mehreren Argumenten festgelegt
wird:

Beispiel 1-2:

```
vater(zeus, ares).    /* Zeus ist der Vater von Ares  */
mutter(hera, ares).   /* Hera ist die Mutter von Ares */
vater(adam, abel).
```

```
mutter(eva, kain).
eltern(adam, eva, kain).  /* Adam und Eva sind die
                             Eltern von Kain        */
weiblich(eva).            /* Eva ist weiblich        */
```

Die zwischen '/*' und '*/' eingeschlossenen Zeichen werden in Prolog ignoriert, auf diese Weise können Kommentare, hier eine natürlichsprachliche Beschreibung der Fakten und ihrer Bedeutung, in den Programmtext eingebracht werden.

Die Faktenmengen der obigen Beispiele bilden bereits korrekte und vollständige Prologprogramme; wir können eine Faktenmenge als eine Art "Datenbank" ("Wissensbank") ansehen.

In Beispiel 1-2 erkennen wir, daß durch die Definition des dreistelligen Faktums 'eltern' eine gewisse Redundanz in der Wissensbank auftritt. Sie könnte vermieden werden, wenn es möglich wäre, aus der Kenntnis, daß eine Person P V zum Vater und M zur Mutter hat, zu bestimmen, daß V und M die Eltern von P sind. Diese Problematik führt auf die *Regeln*. Mit ihrer Hilfe können gewisse Aussagen aus anderen abgeleitet werden, so daß nicht alle benötigten Aussagen direkt als Fakten in der Wissensbank vorhanden sein müssen.

1.2   Regeln

Eine Regel ist eine logische Aussage, mit der aus bekannten Fakten ein neues Faktum gefolgert werden kann. Aus dem Faktum "Ein Apfel ist Obst" und der Regel "Ist ein Objekt X Obst, so ist X auch gesund" kann gefolgert werden, daß das Faktum "Ein Apfel ist gesund" gilt. Das erste Faktum besitzt in Prolog die Darstellung

```
obst(apfel).
```

Die Regel wird in der Form

```
gesund(X) :-obst(X).
```

dargestellt. X ist dabei ein *Stellvertreter* für Objekte, d.h. eine *Variable*, und wird zur Unterscheidung hier durch einen Großbuchstaben charakterisiert.

Beispiel 1-3:

```
eltern(V,M,P):-vater(V,P),
               mutter(M,P).
```

Mit dieser Regel wird folgende Beziehung ausgedrückt: V und M sind die Eltern von P, wenn V der Vater von P ist und M die Mutter. Das Prologatom ':-' kann also als 'wenn' gelesen werden, und das Komma zwischen den Ausdrücken der rechten Seite als 'und'.

```
'eltern(V,M,P)'
```

heißt in dieser Regel der *Kopf* der Klausel und

```
'vater(V,P), mutter(V,P)'
```

der *Rumpf*.

Eine Regel besagt, daß der Kopf dann wahr ist, wenn sich jeder einzelne Ausdruck des Rumpfes nachweisen läßt. Wir legen wie bei der Faktendefinition fest, daß jede Regel mit einem Punkt endet.

Unter Verwendung von Regeln lassen sich weitere Verwandtschaftsverhältnisse ausgehend vom Beispiel 1-2 definieren:

Beispiel 1-4:

Die Beziehungen werden als natürlichsprachliche Aussagen und als Prologregeln dargestellt.

1. Natürlichsprachliche Aussage

   (a) Für alle Personen X und Y gilt: Wenn X weiblich ist und X und Y dieselben Eltern haben, so ist X die Schwester von Y.

   (b) Für alle Personen X, Y und Z gilt: Wenn X der Vater von Y ist und Y der von Z, oder wenn X der Vater von Y ist und Y die Mutter von Z, dann ist X der Grossvater von Z.

2. Prolog-Regeln

   (a)
```
schwester(X,Y)   :-   weiblich(X),
                      eltern(V,M,X),
                      eltern(V,M,Y).
```

   (b)
```
grossvater(X,Z):- vater(X,Y), vater(Y,Z).
grossvater(X,Z):- vater(X,Y), mutter(Y,Z).
```

Die Großschreibung der ersten Buchstaben der Objekte (Argumente) gibt also an, daß nicht Personen mit den Namen 'X','Y' und 'Z' gemeint sind, sondern daß sich hier beliebige Namen einsetzen lassen.

Zu beachten ist der Gültigkeitsbereich einer Variablen . Bei mehrmaligem Auftreten einer Variablen in einer Klausel muß sie durch denselben Ausdruck ersetzt werden. Variablen in *verschiedenen* Klauseln dürfen auch bei Namensgleichheit durch verschiedene Ausdrücke ersetzt werden. Somit erstreckt sich der Gültigkeitsbereich einer Variablen nur auf die Klausel, in der sie auftritt.

Wir legen fest, daß Argumente, die mit einem Großbuchstaben beginnen, auch in Fakten zugelassen sind und dort als Variablen interpretiert werden:

Beispiel 1-5:

```
dieselben_menschen(Mensch,Mensch).
```

Klauseln (also Regeln und Fakten) können nach dem Funktor des Kopfes und der Zahl ihrer Argumente, die *Arity* oder *Stelligkeit* genannt wird, gruppiert werden.

Eine Menge von Klauseln mit demselben Funktor und gleicher Stelligkeit heißt *Prädikat*. Ein Prädikat wird häufig durch Angabe seines Funktors und seiner Stelligkeit in folgender Form charakterisiert: `dieselben_menschen/2`.
Ein Prologprogramm besteht aus einer Folge von Klauseln. Die Menge aller Klauseln eines Programms, d.h. die Menge aller Regeln und Fakten, die dem Prologsystem zur Verfügung gestellt werden, wird auch *Wissensbank* (knowledge base) oder *Datenbank* (database) genannt.

1.3 Übungsaufgaben

Übung 1-1:

Greifen Sie nochmals das Beipiel 1-1 ("Kulinarische Köstlichkeiten") auf.

a) Erweitern Sie die vorliegende Faktenmenge um einige Ihnen wichtig erscheinende Köstlichkeiten. Beispielsweise können sie dabei folgende Prädikate erweitern:

```
suppe/1, kartoffelgericht/1, fleisch/1, fisch/1,
gemuese/1, salat/1, teigware/1, nachtisch/1.
```

b) Schreiben Sie die folgenden einstelligen Prädikate:

   i. *vorspeise* (Eine Vorspeise kann sowohl ein Salat als auch eine Suppe sein).

   ii. *beilage* (Als Beilagen sollen Kartoffelgerichte und Teigwaren verstanden werden).

   iii. *hauptgericht* (Als Hauptgerichte werden in diesem Lokal Fisch- und Fleischgerichte angeboten).

c) Definieren Sie ein dreistelliges Prädikat *hauptgang*. Ein Hauptgang besteht aus einem Hauptgericht, einer Beilage und Gemüse.

d) Wie definieren Sie eine gesamte Mahlzeit in Form einer Prologregel ?

Übung 1-2:

Betrachten Sie das Beispiel der Verwandtschaftsbeziehungen. Es seien konkret folgende Prädikate vordefiniert:

```
vater/2
mutter/2
weiblich/1
maennlich/1
eltern(M, V, P) :- mutter(M, P), vater(V, P).
```

a) Warum ist die Definition der "schwester"-Regel in Beispiel 1-4 nicht korrekt?

b) Definieren Sie die folgenden Prädikate:

```
elternteil(E, P)   /* E ist Vater oder Mutter von P */
ist_sohn(S)        /* S ist ein Sohn */
grossmutter(G, P)  /* G ist die Grossmutter von P */
tochter(T, X)      /* T ist Tochter von X */
```

c) Läßt sich in der von uns geschaffenen Welt von Verwandtschaften ein
Prädikat

```
zwilling (Y, X)     /* X und Y sind Zwillinge */
```

definieren ?

Lektion 2

Arbeitsweise des Prologinterpreters

Die im vorigen Abschnitt beschriebenen Prologprogramme stellen eine Möglichkeit dar, eine Wissensbasis aufzubauen. Wie im einzelnen Anfragen über das Vorhandensein von Wissen an das System gestellt werden, und wie der Interpreter bei dem Versuch, eine Anfrage zu beantworten, vorgeht, ist Thema des folgenden Abschnittes.

2.1 Anfragen

Bisher behandelten wir ausschließlich Klauseln, Fakten oder Regeln also, die als wahr angenommen wurden. Diese Klauseln werden in einem *Einfügemodus* in die Wissensbasis des Prologsystems eingebracht. Im folgenden werden wir uns mit *Anfragen* an das Prologsystem beschäftigen; ein Ausdruck oder eine Anzahl von Ausdrücken, die durch Kommata verknüpft sind, wird dem System vorgegeben. Dieses soll dann versuchen, die Gültigkeit dieser Ausdrücke anhand der Wissensbasis nachzuweisen. Diese Ausdrücke werden im *Anfragemodus* vorgegeben. Wenn wir etwa davon ausgehen, daß das Programm aus Beispiel 1-1 in der Wissensbasis vorliegt, können z.B. folgende Anfragen vorgenommen werden:

Beispiel 2-1:

```
?- suppe(huehnersuppe).
?- gemuese(rotkraut).
?- fisch(F).
```

```
?-  kartoffelgericht(K).
```

Im Anfragemodus gibt der Rechner das *Prompt* '?-' aus. Auf dieses Prompt-
zeichen hin wird ein Ausdruck eingegeben, etwa 'suppe(huehnersuppe).', und
zwar *mit* dem abschliessenden Punkt. Der Form nach sind Fakten und Anfragen
gleich. Eine Anfrage stellt ein zu beweisendes *Ziel* für den Rechner dar, sie wird
deshalb auch englisch *Goal* genannt. Unter der Annahme, daß tatsächlich nur
die Fakten aus Beispiel 1-1 in der Wissensbasis vorhanden sind, erhalten wir
vom Rechner auf dieses Ziel hin die Antwort 'no' oder eine andere negative
Antwort, weil sich das erfragte Faktum weder in der Wissensbasis befindet noch
sich unter Zuhilfenahme von Regeln aus ihr ableiten läßt.
Wird im Gegensatz dazu 'gemuese(rotkraut)' zum Ziel gemacht, so ist die Antwort positiv; Prologinterpreter reagieren mit 'yes' oder einer anderen positiven
Antwort auf diese Anfrage.
Was passiert nun bei folgender Anfrage:

```
?-  fisch(F).
```

F ist eine logische Variable und kann deshalb für andere Ausdrücke stehen,
etwa für **hering** oder **heilbutt**, jedoch auch für **rosenkohl**; die Ausdrücke,
für die eine Variable steht, werden ihre *Werte* genannt. Wenn eine logische
Variable einen einzelnen Wert zugewiesen bekommt, so sagt man, sie sei mit
diesem Wert *instantiiert*. ?- *fisch(F)* ist also die Anfrage, ob die Variable F mit
einem Wert so instantiiert werden kann, daß **fisch(F)** beweisbar wird. Das ist
hier der Fall, da wir F mit **heilbutt** instantiieren können und sich das Faktum
fisch(heilbutt) in der Wissensbasis befindet.
Wenn in einem Ziel Variablen vorkommen, und diese bei einem erfolgreichen
Beweis des Ziels instantiiert werden, dann werden die Werte zusammen mit der
positiven Meldung, daß ein Beweis möglich war, ausgegeben. In unserem Fall
hat die Ausgabe folgendes Aussehen:

```
?-  fisch(F).

   F = heilbutt
[leereingabe]
   yes
?-
```

Dabei bedeutet *[leereingabe]*, daß wir die RETURN-Taste bzw. ENTER-Taste
nach der Ausgabe von F=heilbutt gedrückt haben.
Etwas komplizierter wird es bei dem letzten Ziel ?- *kartoffelgericht(K)*. Bei
näherer Betrachtung der Wissensbasis fällt auf, daß dieses Ziel sich auf zweifache
Weise nachweisen läßt: K läßt sich sowohl mit **roesti** als auch mit **pommes_frites**
erfolgreich instantiieren. Prologsysteme sind normalerweise darauf ausgelegt,
der Reihe nach alle Lösungen liefern zu können:

Nach der Ausgabe der ersten Lösung wartet der Interpreter auf eine Eingabezeile. Ist das erste Zeichen der Zeile *kein* Semikolon (;), so wird diese Zeile ignoriert und die Meldung 'yes' ausgegeben. Ist das erste Zeichen jedoch ein Semikolon, sucht das System nach weiteren Lösungen. Wird keine Alternative gefunden, so antwortet das System mit der negativen Meldung 'no', auch wenn zuvor Lösungen für das Ziel gefunden wurden. Wird eine Alternative gefunden, so wiederholt sich der Ablauf.

Ein Dialog könnte sich folgendermaßen gestalten:

```
?-  kartoffelgericht(K).
   K = roesti
 ;
   K = pommes_frites
 ;
   no
?-
```

Es können nicht nur einzelne Aufgaben gestellt werden. Nachfolgend drei Beispiele für zusammengesetzte Anfragen:

Beispiel 2-2:

```
?-  salat(S), nachtisch(E).
   S = weisskraut_salat, E = eis
 ;
   no
?-  salat(S), kartoffelgericht(K).
   S = weisskraut_salat, K = roesti
 ;
   S = weisskraut_salat, K = pommes_frites
 ;
   no
?-  salat(S), kartoffelgericht(S).
   no
?-
```

Das letzte Beispiel macht klar, daß Variablen mit gleichem Namen auch mit gleichen Werten instantiiert werden müssen, wenn sie innerhalb desselben Ausdruckes auftreten.

Es gibt eine Variable, die besonders behandelt wird: die *anonyme* Variable, geschrieben als Unterstrich (_ , englisch *underscore*). Wenn dieses Zeichen zweimal in einer Klausel auftaucht, so steht es nicht an beiden Stellen für die gleiche Variable, sondern kann mit verschiedenen Werten instantiiert werden.

Eine mögliche Verwendung der anonymen Variable ist die Anfrage, ob überhaupt ein Salat in der Wissensbasis ist, ohne daß die Art des Salat ausgegeben werden soll, oder auch die Anfrage, ob sich ein Salat und ein Kartoffelgericht in der Wissensbasis befinden. Hier ermöglicht die anonyme Variable, daß wir uns nicht für Argumente, deren Werte nicht interessieren, Variablennamen ausdenken müssen.

Beispiel 2-3:

```
?-  salat(_).
   yes
?-  salat(_), kartoffelgericht(_).
   yes
```

Die Prinzipien, auf denen die Arbeitsweise eines Prologinterpreters im wesentlichen beruht, *Unifikation* und *Backtracking*, sollen in den folgenden Abschnitten näher erläutert werden.

2.2   Unifikation

Wenn eine Anfrage beantwortet werden soll, so wird in der Wissensbasis nach einem Faktum oder dem Kopf einer Regel gesucht, der mit der Anfrage *unifiziert* (verschmilzt). Die Anfrage und der Klauselkopf (Faktum oder Kopf der Regel) unifizieren, wenn es möglich ist, Variablen so zu ersetzen, daß beide Ausdrücke gleich werden. Ein Beispiel: Befinden sich in der Wissensbasis die Klauseln aus Beispiel 1-2 und ist die Anfrage

$$?-\ vater(V, abel).\ ,$$

so wird die Wissensbasis von vorne nach hinten durchsucht, bis eine Klausel gefunden ist, deren Kopf der zweistellige Funktor `vater/2` und dessen zweites Argument `abel` oder eine noch nicht festgelegte Variable ist; wir sagen kurz, deren zweites Argument mit `abel` unifizierbar ist. Wenn an der zweiten Stelle in der Kopfklausel eine Variable ist, so wird diese an jeder Stelle in der Klausel mit `abel` instantiiert. Die obige Anfrage ist bezüglich Beispiel 1-2 nur mit `vater(adam,abel)` unifizierbar, die Variable `V` muß durch den Wert `adam` ersetzt werden.

Beispiel 2-4:
Wir betrachten das Prologprogramm

```
bruder(abel,kain).
vater(adam,Kind):-bruder(Kind,kain).
    /*        adam ist der Vater jedes Bruders von kain,
 oder: Wenn ein Kind Bruder von kain ist, so ist adam der
       vater dieses Kindes */
```

und stellen die Anfrage

> ?- *vater(V,abel).*   Wer ist der Vater von `abel` ?

Der Kopf der Regel ist mit der Anfrage unifizierbar, wir setzen dazu für V den Wert `adam` und für Kind den Wert `abel` ein und erhalten als spezielle Information

```
vater(adam,abel):-bruder(abel,kain)
```

und die spezielle Anfrage

> ?- *vater(adam,abel).*   Ist `adam` der Vater von `abel` ?

Wir können diese Anfrage offensichtlich dann bejahen, wenn wir das Faktum `bruder(abel,kain)` nachweisen. Dies können wir feststellen, indem wir eine neue Anfrage

> ?- *bruder(abel,kain).*

an das Prologprogramm stellen. Diese Anfrage wird bejaht, da das Faktum `bruder(abel,kain)` in der Wissensbasis steht. Um die erste Anfrage zu beantworten, haben wir eine neue, einfachere Anfrage gestellt. Man nennt diese neuen Anfragen deshalb auch *Teilziele* oder *Subgoals*.

Das Erzeugen von Teilzielen, das durch die Unifikation eingeleitet wird, geschieht in Prologsystemen automatisch. Dies wird im folgenden detaillierten Beispiel gezeigt:

Beispiel 2-5:
Die Wissensbasis enthalte für die Prädikate `vorfahr/2`, `mutter/2`, `vater/2` folgende Klauseln:

```
vorfahr(X,Y):-mutter(X,Y).
vorfahr(X,Y):-vater(X,Y).
vorfahr(X,Y):-mutter(X,Z), vorfahr(Z,Y).
vorfahr(X,Y):-vater(X,Z), vorfahr(Z,Y).

mutter(helga,peter).
mutter(elvira,sabine).
mutter(sabine,andrea).
mutter(andrea,oliver).
vater(karl,peter).
vater(karl,sabine).
vater(peter,ursula).
```

Die Anfrage sei

> ?- *vorfahr(andrea,Nachfahre).*

Die Wissensbasis wird jetzt *von vorne nach hinten* nach einer Klausel durchsucht, deren Kopf mit diesem Ausdruck unifiziert werden kann; die Unifikation gelingt schon mit dem Kopf der ersten Regel. X bekommt bei *dieser* Verwendung der ersten Klausel den Wert andrea, und Y wird mit Nachfahre unifiziert. Da Nachfahre noch keinen Wert hat, bedeutet dies, daß die Variablen Y und Nachfahre gleichwertig sind: Wenn eine der beiden später einen Wert erhalten sollte, bekommt die andere ihn automatisch auch.
Somit bleibt der Klauselrumpf der ersten Klausel zu beweisen; mit Ersetzung von X sieht das neue Teilziel folgendermaßen aus:

```
mutter(andrea,Nachfahre)
```

Bei der Suche nach einem Faktum oder einer Regel, deren Kopf mit diesem Teilziel unifiziert, findet sich als einziges das Faktum mutter(andrea,oliver). Bei der Unifikation wird Nachfahre mit oliver unifiziert und dieses Ergebnis anschließend ausgegeben:

```
Nachfahre=oliver
;
no
```

Wenn im Verlauf der gesamten Abarbeitung die erste Klausel noch ein weiteres Mal benutzt werden kann, liegt eine *andere* Verwendung vor. In einem solchen Fall ist der Wert von X und Y für die neue Verwendung nicht festgelegt:

Beispiel 2-6:
Die Anfrage sei

```
?- vorfahr(elvira,oliver).
```

Wenn man dieses Ziel mit der ersten Regel unifiziert, so erhält man das Teilziel mutter(elvira,oliver). Dies läßt sich nicht zeigen; der im nächsten Abschnitt im einzelnen dargestellte Mechanismus des Backtracking sorgt dafür, daß nach weiteren Alternativen gesucht wird. Die Anwendung der zweiten Regel schlägt auch fehl, und dann wird die dritte benutzt. Nach der Unifikation des Ziels mit dem Kopf ergibt sich das folgende Teilziel:

```
mutter(elvira,Z),vorfahr(Z,oliver).
```

Zum Beweis dieses Gesamtziels versucht der Interpreter, die beiden einzelnen Teilziele nacheinander nachzuweisen. Das Ziel mutter(elvira,Z) unifiziert mit dem zweiten Faktum für mutter, und dabei erhält Z den Wert sabine. Somit bleibt noch zu beweisen:

```
vorfahr(sabine,oliver)
```

Auch der Beweis dieses Ziels gelingt erst mit der dritten Regel; da dies eine andere Verwendung dieser Regel ist als die obige, gelten auch keine Variablenbindungen. Das neue Teilziel heißt

```
mutter(sabine,Z),vorfahr(Z,oliver)
```

Das Ziel `mutter(sabine,Z)` unifiziert mit `mutter(sabine,andrea)`, und somit bleibt noch

```
vorfahr(andrea,oliver)
```

zu beweisen.

Hier greift die erste Regel, und das dann durch den Regelrumpf entstehende Teilziel `mutter(andrea,oliver)` befindet sich in der Wissensbasis.

Man kann sich die Arbeitsweise gut veranschaulichen, wenn man den Stammbaum der Leute aus der Wissensbank aufzeichnet.

Weitere theoretische Grundlagen zum Thema Resolution und Unifikation werden in den Lektionen 3 und 4 dieses Buches behandelt.

Kann für ein Teilziel keine Klausel gefunden werden, deren Kopf mit dem augenblicklichen Teilziel unifiziert, so muß dies nicht unbedingt das Scheitern der gesamten Anfrage zur Folge haben. Es kann sein, daß für eine vorher erfolgte Unifikation noch Alternativen existieren, daß also mehr als ein Klauselkopf mit einem Ziel unifiziert. In diesem Fall erfolgt Backtracking.

2.3   Backtracking

Wenn wir den Interpreter durch Eingabe eines Semikolons dazu auffordern, nach Alternativen zu einer gefundenen Lösung eines Ziels zu suchen, benutzen wir dabei einen weiteren grundlegenden Mechanismus von Prologinterpretern: das *Backtracking*. Anhand des obigen Beispiels soll diese Methode näher erläutert werden.

Das Backtracking beruht darauf, daß bei der Unifikation eines Ziels mit einem Klauselkopf häufig noch Alternativen bestehen, daß also noch andere Klauselköpfe mit dem Ziel unifizieren können. Solche Zustände, zusammen mit den bis dahin durchgeführten Variablenbindungen, werden *Choicepoints* genannt. Schlägt einmal ein Teilziel fehl, so kehrt der Interpreter zum zuletzt besuchten Choicepoint zurück und versucht, mit einer alternativen Klausel das Ziel zu beweisen; die Rückkehr ist verbunden mit der Freigabe der Variablen, die seit dem ersten Anlaufen des Choicepoints instantiiert wurden.

Die Wissensbasis enthalte die Klauseln aus Beispiel 2-5. Beim Beweis des folgenden Ziels spielt Backtracking eine große Rolle:

Beispiel 2-7:
Die Anfrage sei folgende Klausel:

```
?- vorfahr(karl,Nachfahre).
```

Hier haben wir einen ersten Choicepoint, da die Köpfe aller vier Regeln mit `vorfahr(karl,Nachfahre)` unifiziert werden können. Das Ziel wird zuerst mit

dem Kopf der ersten Klausel unifiziert; allerdings schlägt das entstehende Teilziel `mutter(karl,Nachfahre)` fehl, da kein Klauselkopf einer Regel oder ein Faktum damit unifiziert.
Damit setzt Backtracking ein:

> Bei dem zuletzt besuchten Choicepoint wird die nächste Alternative geprüft, d.h., hier wird der Kopf der zweiten Regel mit dem Ziel unifiziert. Das entstehende Teilziel ist `vater(karl,Nachfahre)`, und es kann mit dem ersten Faktum in der Wissensbasis, das den Funktor `vater` trägt, unifiziert werden, wobei ein weiterer Choicepoint gemerkt wird.

Die erste Lösung steht fest, und die Instantiierung

```
Nachfahre = peter
```

wird ausgegeben.
Wird jetzt ein Semikolon eingegeben, so setzt wiederum Backtracking ein:
Der Interpreter kehrt zum letzten besuchten Choicepoint zurück und unifiziert das zugehörige Ziel mit dem Kopf der nächsten Alternative; hier wird das Teilziel `vater(karl,Nachfahre)` mit `vater(karl,sabine)` unifiziert, so daß als nächste Lösung

```
Nachfahre = sabine
```

ausgegeben wird.
Erneutes Backtracking führt bei dem letzten Choicepoint zu keiner weiteren Alternative, deshalb wird der vorletzte benutzt: das anfängliche Ziel wird mit dem Kopf der dritten Regel unifiziert. Da der Beweis des Teilziels

```
mutter(karl,Z),vorfahr(Z,Nachfahre)
```

fehlschlägt, wird die letzte Alternative benutzt; der Beweis dieses Teilziels bringt dann nacheinander durch Backtracking die Instantiierungen `ursula`, `andrea`, `oliver` für die Variable `Nachfahre`.

2.4 Übungsaufgaben

Übung 2-1:
Verdeutlichen Sie sich, wie die Lösungen `ursula`, `andrea`, `oliver` für die Variable `Nachfahre` in dieser Reihenfolge zustandekommen.

Übung 2-2:
Lassen Sie sich mit Hilfe der Klauseln aus Übung 1-1 alle Mahlzeiten ausgeben, deren Hauptgericht ein Schnitzel ist, und verdeutlichen Sie sich die Reihenfolge der Ausgaben.

Lektion 3

Grundlagen der Prädikatenlogik

In den folgenden beiden Lektionen werden die logischen Grundlagen von Prolog dargestellt. Die angegebenen Definitionen und Ergebnisse werden für die folgenden Lektionen **nicht** benötigt, jedoch ist es empfehlenswert, diese Lektionen (eventuell zu einem späteren Zeitpunkt) genau durchzuarbeiten, damit die Arbeitsweise von Prolog beherrscht wird.

Grundlage von Prolog ist die Prädikatenlogik (erster Stufe), mit der Weltausschnitte modelliert werden. Mit dieser Logik ist es möglich, Aussagen zu treffen, Relationen zwischen Aussagen auszudrücken und Schlüsse von Tatsachen auf andere Tatsachen zu ziehen.

3.1 Syntax

Wenn wir Aussagen über einen Weltausschnitt ausdrücken wollen, so müssen wir zuerst die Objekte beschreiben, die in ihr vorkommen, d.h., wir müssen die Syntax der Objekte angeben. Im Prädikatenkalkül heißen die Objekte Terme: Ein *Term* ist

- eine *Konstante* (`pommes_frites`, `zeus`, `a`, `b`, ...),

- eine *Variable* (`Mutter`, `Person`, `A`, `B`, `C`, ...) oder

- ein *zusammengesetzter Term*.

Ein *zusammengesetzter Term* besteht aus einem *Funktor* (Funktionssymbol), dem in Klammern und durch Kommata getrennt eine Liste von Termen folgt. Die Anzahl der Terme, die einem Funktor folgt, heißt *Stelligkeit des Funktors*. Beispiele für zusammengesetzte Terme sind

```
buch(kruse,X)
alter(cordes)
datum(12,9,52)
entfernung(braunschweig, hauptstadt(niedersachsen))
```

Zwischen diesen Objekten können wir Relationen mit Hilfe von *Formeln* ausdrücken.

Eine *atomare Formel* besteht aus einem *Prädikatsnamen* (`p`, `q`, `suppe`, ...), dem in Klammern und durch Kommata getrennt eine Liste von Termen folgt (Argumente des Prädikates).

Atomare Formeln haben wir im ersten Abschnitt behandelt, zum Beispiel sind `suppe(bouillabaise)` und `vater(rudolf,X)` atomare Formeln.

In Prolog werden Funktoren und Prädikatsnamen in ihrer Schreibweise nicht unterschieden.

Mit Hilfe von atomaren Formeln bilden wir auf verschiedene Arten neue (zusammengesetzte) Formeln. Die einfachste Methode ist die Verwendung von logischen Verknüpfungen:

Sind F und G Formeln, so sind auch

- $(\neg F)$ (Negation, $\neg$ bedeutet "nicht"),

- $(F \wedge G)$ (Konjunktion, $\wedge$ bedeutet "und"),

- $(F \vee G)$ (Disjunktion, $\vee$ bedeutet "oder") und

- $(F \Rightarrow G)$ (Implikation, $\Rightarrow$ bedeutet "aus..folgt")

Formeln.

So bedeutet zum Beispiel

$$vater(b, a) \wedge mutter(c, a),$$

daß b der Vater und c die Mutter von a ist,

$$vater(b, a) \wedge mutter(c, a) \Rightarrow eltern(b, c, a)$$

klärt die Beziehung zwischen Vater, Mutter und Eltern. Soll der Sachverhalt ausgedrückt werden, daß diese Formel für *alle* Individuen gilt, so kann dies in der Prädikatenlogik mit Hilfe der Sprachmittel *Variable* und *Allquantor* bewerkstelligt werden:

Für alle A, B, C gilt die Formel

$$vater(B, A) \wedge mutter(C, A) \Rightarrow eltern(B, C, A).$$

Ebenso können wir mit einem Existenzquantor ausdrücken, daß a einen Vater besitzt:
Es existiert ein Individuum D derart, daß die Formel

$$vater(D, a)$$

gilt.
Ist also F eine Formel und X eine Variable, dann sind auch

- $(\exists X : F)$ (Existenzquantor, "es existiert ein X"),

- $(\forall X : F)$ (Allquantor, "für alle X")

Formeln.
Die Sprache der Prädikatenlogik ist die Menge aller atomarer Formeln und aller Formeln, die nach den obigen Gesetzen gebildet werden können.
Beispiele sind

$$(\forall X : (\exists Y : (vater(Y, X))))$$

und

$$(\exists Y : (\forall X : (vater(Y, X)))),$$

wobei über die 'Richtigkeit' der Formeln noch nichts ausgesagt wird. Um bei größeren Formeln nicht so viele Klammern setzen zu müssen, vereinbaren wir Klammerersparnisregeln. Bei dem reduzierten Ausdruck

$$\forall X : \exists Y : vater(Y, X)$$

ist klar, wie der Ausdruck aufgebaut ist. Wir können also für jeden Ausdruck entscheiden, ob er eine Formel ist oder nicht.
Im Zusammenhang mit Prolog interessieren uns jedoch nicht alle Formeln, sondern nur diejenigen, bei denen die Frage, ob sie wahr oder falsch sind (zumindest prinzipiell) beantwortbar ist, d.h., wir betrachten nur *Aussagen*. In der Formel

$$vater(X, a)$$

kommt die Variable X vor, deshalb können wir dieser Formel *keine* sinnvolle Bedeutung zukommen lassen. Anders ist es, wenn wir die Variable X quantifizieren:

$$\forall X : vater(X, a)$$

$$\exists X : vater(X, a)$$

Für diese beiden Formeln kann die Frage "Ist die Formel wahr oder falsch ?" sinnvoll gestellt werden.
Wir beschränken uns daher auf Formeln, in denen alle vorkommenden Variablen gebunden sind (geschlossene Formeln, Aussagen) . In einer Formel F heißt X dabei *gebunden*, wenn es in F eine Teilformel der Form $(\forall X : G)$ oder $(\exists X : G)$ gibt und X nur in G vorkommt.

Beispiel 3-1:
Wir betrachten den Fall, daß mehrere Objekte zu einem Objekt zusammengefaßt werden sollen. Dies kann in der Prädikatenlogik mit Hilfe der speziellen Konstanten '[ ]' und einem zweistelligen Funktionssymbol '.' erreicht werden. Eine *Liste* ist entweder

- die Konstante [ ] (die leere Liste) oder

- ein Term mit dem Funktor '.', wobei die zweite Komponente wiederum eine Liste ist.

Dieser Begriff der Liste wird in Lektion 11 noch detailliert behandelt werden. Wir betrachten ihn hier ebenfalls, da einige nichttriviale Konzepte der Prädikatenlogik mit seiner Hilfe besonders einfach erläutert werden können.
Nach dieser Definition sind

$$[\,],$$
$$.(1, [\,]),$$
$$.(x, .(y, [\,])),$$
$$.(a, .(b, .(c, [\,])))$$

Listen. Die Eigenschaft eines Objektes, Liste zu sein, ist also rein syntaktisch definiert und auch so zu überprüfen.
Eine typische atomare Formel ist

$$liste(.(1, [\,])),$$

wobei *liste* ein einstelliges Prädikat ist, mit dem geprüft werden kann, ob

$$.(1, [\,])$$

eine Liste im obigen syntaktischen Sinne ist.
Wir müssen uns darüber klar sein, daß, obwohl die Wahl der Bezeichnungen (*liste*, etc.) eine Bedeutung suggeriert, sie in Wirklichkeit keine Bedeutung hat. Besser ist dies bei der Aussage

$$\forall X : (gg(f(X, X), X) \wedge gg(X, X))$$

zu sehen, die im Moment ohne Bedeutung ist.
Wir müssen deshalb versuchen, der Formel eine Bedeutung zu geben, d.h., wir müssen die Formel *interpretieren*.

3.2 Semantik

Im letzten Abschnitt haben wir definiert, wie Aussagen im Prädikatenkalkül aufgebaut sind. Im folgenden wird beschrieben, was die einzelnen Sprachmittel bedeuten. Dazu wählen wir eine Objektwelt und geben den Variablen, Konstanten, Quantoren, etc. aus Formeln eine konkrete Bedeutung in der Objektwelt mit Hilfe einer *Interpretation* $\sim$:

- Die (nichtleere) Menge M von Objekten, auf die sich die Interpretation $\sim$ bezieht, heißt *Universum* der Interpretation.

- Jeder Konstanten wird genau ein Element des Universums zugeordnet.

- Jedem n-stelligen Funktor wird genau eine Funktion

$$F : M^n \to M$$

zugeordnet.

- Jedem n-stelligen Prädikat wird genau eine Funktion

$$P : M^n \to \{wahr, falsch\}$$

zugeordnet.

Jedem atomaren Ausdruck kann mit Hilfe dieser Vorschrift ein Wahrheitswert *wahr* oder *falsch* bezüglich der gegebenen Interpretation zugewiesen werden.

Beispiel 3-2:
Wir betrachten die Formel

$$gg(f(a), a).$$

Das Universum M sei die Menge der natürlichen Zahlen, die Interpretation $\sim$ sei folgendermaßen definiert:

- a werde die Zahl 1 zugeordnet.

- f werde die Funktion

$$F : \mathbb{N} \to \mathbb{N}, n \mapsto n * n$$

zugeordnet.

- gg werde die Funktion

$$P : \mathbb{N}^2 \to \{wahr, falsch\}$$

zugeordnet, mit $gg(x, y) = wahr$ genau dann, wenn $x \geq y$.

Damit ist für die Formel bei der gegebenen Interpretation

$$1^2 \geq 1.$$

Die Formel ist *wahr* bezüglich dieser Interpretation; die Interpretation heißt in einem solchen Falle *Modell* für die Formel.
Wie werten wir bezüglich derselben Interpretation zusammengesetzte Ausdrücke wie

$$gg(f(a), a) \wedge gg(a, a)$$

aus ? Dies geschieht, wie im Aussagenkalkül auch, durch die Angabe von Wahrheitstafeln.

Sind F und G Formeln, dann erhält man den Wahrheitswert $w = wahr, f = falsch$ durch folgende Tabelle:

F	G	$F \wedge G$	$F \vee G$	$F \Rightarrow G$	$F \Leftrightarrow G$	$\neg F$
w	w	w	w	w	w	f
f	w	f	w	w	f	w
w	f	f	w	f	f	f
f	f	f	f	w	w	w

Für das obige Beispiel ergeben sich im Universum $\mathbb{N}$ die Ungleichungen

$$1 * 1 \geq 1 \text{ und } 1 \geq 1,$$

die beide bei der oben angegebenen Interpretation wahr sind, d.h. die Formel wird auf *wahr* abgebildet. Es bleibt die Frage, wie Ausdrücke, in denen Variablen und Quantoren vorkommen, ausgewertet werden.

In der Formel $gg(X, Y)$ tauchen z.B. die beiden freien Variablen X und Y auf. Die Auswertung dieser Formel hängt davon ab, wie X und Y "belegt" werden. In diesem Zusammenhang ist eine *Variablenbelegung* eine Vorschrift, die jeder Variablen X_i genau ein Element e_i des Universums zuordnet, d.h.

$$\Theta(X_i) = e_i, \quad i = 1, 2, \dots .$$

Wir verwenden auch die Schreibweise $\Theta = \{X_1|e_1, X_2|e_2, \dots\}$. Alle Formeln werden also immer bezüglich einer gegebenen Variablenbelegung ausgewertet. Komplizierter wird die Auswertung, wenn Quantoren in der Formel vorkommen. Es sei F eine Formel, Θ eine Variablenbelegung und $\sim$ eine Interpretation. $(\forall X : F)$ ist genau dann bezüglich Θ und $\sim$ wahr, wenn für alle Elemente e des Universums die Formel F bezüglich $\sim$ und der Variablenbelegung $\Theta[X|e]$ wahr ist. Dabei ist $\Theta[X|e]$ definiert durch

$$\Theta[X|e](X_i) = \begin{cases} e, & falls \quad X = X_i \\ \Theta(X_i), & falls \quad X \neq X_i \end{cases}$$

Analog ist $(\exists X : F)$ genau dann wahr bezüglich Θ und $\sim$, wenn es ein Element e des Universums gibt, für das F bezüglich $\sim$ und $\Theta[X|e]$ mit "wahr" ausgewertet wird.

Beispiel 3-3:

Wir betrachten die Formel $(\forall X : gg(X, Y))$ und die in Beispiel 3-2 beschriebene Interpretation. Bezüglich jeder Variablenbelegung Θ mit $\Theta(Y) = 1$ ist die Formel wahr, da für alle $e \in \mathbb{N}$ die Formel $gg(e, 1)$ mit wahr ist. Bezüglich jeder Variablenbelegung Θ mit $\Theta(Y) \neq 1$ wird die obige Formel mit falsch ausgewertet.

Um zu zeigen, daß die Formel

$$\forall Y : \exists X : gg(X, Y)$$

wahr bezüglich $\sim$ und der Variablenbelegung Θ ist, müssen wir prüfen, ob $\exists X : gg(X, Y)$ wahr bezüglich jeder Interpretation $\Theta[Y|e]$ ist, wobei e die Menge $\mathbb{N}$ durchläuft. Dies ist offenbar der Fall, da es für alle $e \in \mathbb{N}$ ein $e' \in \mathbb{N}$ mit $e' \geq e$ gibt.

Für Formeln *ohne* freie Variablen hängt die Auswertung nicht von der gewählten Variablenbelegung ab. Wir beschränken uns im folgenden darauf, nur *geschlossene* Formeln zu untersuchen.

Ist $\sim$ eine Interpretation mit Universum M, die die Formeln $F_1, \ldots, F_n$ alle mit *wahr* auswertet, so heißt $\sim$ ein *Modell* von $F_1, \ldots, F_n$. Weiter ist eine Formel F *erfüllbar*, wenn sie ein Modell besitzt. Formeln, die keine Modelle besitzen, heißen *unerfüllbar*. So ist zum Beispiel die Formel

$$\exists X : p(X) \wedge \neg p(X)$$

offenbar unerfüllbar, da sonst in einem Universum ein Element existieren müßte, für das das Prädikat p gleichzeitig wahr und falsch ist.

Eine Aussage F heißt *allgemeingültig*, wenn *jede* Interpretation von F ein Modell von F ist. Die Formel

$$\forall X : p(X) \vee \neg p(X)$$

ist eine solche Formel, die in allen Universen gilt.

Zwei Aussagen F und G heißen äquivalent, wenn jedes Modell von F ein Modell von G ist und umgekehrt jedes Modell von G eines von F.

Im Zentrum der logischen Programmierung steht der Folgerungsbegriff: Eine Formel G folgt aus $F_1, \ldots, F_n$, wenn für *jede* Interpretation $\sim$ gilt:

Ist $F_1, \ldots, F_n$ wahr bezüglich $\sim$, so ist auch G wahr bezüglich $\sim$.

Der Bezug zur Allgemeingültigkeit und zur Unerfüllbarkeit läßt sich herstellen. Es gilt hierbei die Gleichwertigkeit folgender Aussagen:

- G folgt aus $F_1, \ldots, F_n$.

- $(F_1 \wedge \ldots \wedge F_n \Rightarrow G)$ ist allgemeingültig.

- $((F_1 \wedge \ldots \wedge F_n) \wedge \neg G)$ ist unerfüllbar.

Wir können uns also beim Beweis der logischen Konsequenz auf den Nachweis der Unerfüllbarkeit beschränken.

Beispiel 3-4:

Wir betrachten die Formelmenge

$$F_1 : liste([\,])$$
$$F_2 : \forall X : \forall L : (liste(L) \Rightarrow liste\,(.(X, L)))$$

Kann hieraus gefolgert werden, daß die Formel

$$G : liste\,(.(a, [\,]))$$

gilt? Wir prüfen zuerst, ob die Formel $F_1 \wedge F_2 \Rightarrow G$ erfüllbar ist. In der Formel kommen die Konstanten $[\,]$, a, die Variablen X und L, das zweistellige Funktionssymbol '.' und das einstellige Prädikat *liste* vor. Für die Interpretation $\sim$ wählen wir das Universum $M = \{0, 1\}$ und die Zuordnungen

- $[\,] \sim 1$,

- $a \sim 0$,

- $. \sim f : M^2 \to M, f(i, j) = i * j$,

- $liste \sim l : M \to \{wahr, falsch\}, 0 \mapsto falsch, 1 \mapsto wahr$.

Bezüglich dieser Interpretation ist die Formel $F_1 \wedge F_2 \Rightarrow G$ wahr.
Sie ist also erfüllbar. Intuitiv ist klar, daß sie sogar allgemeingültig ist, denn sie spiegelt ja Grundsätze von Listenoperationen wider. Um dies zu beweisen, müssen wir jedoch nach dem oben Gesagten zeigen, daß die Auswertung von $(F_1 \wedge F_2) \wedge \neg G$ bezüglich *jeder* Interpretation falsch ist.
Unerfüllbarkeitsbeweise sind oft schwer zu führen. Wir werden deshalb Formelmengen in einer Normalform darstellen, bei der die Unerfüllbarkeit leichter überprüfbar ist.

3.3 Klauseln

In diesem Abschnitt wird beschrieben, wie beliebige Formeln der Prädikatenlogik in eine spezielle Normalform, die Klauselform, überführt werden.
Eine *atomare* Formel, vergleiche Abschnitt 3.1, ist ein Prädikatsname, der von seinen Argumenten gefolgt wird, z.B. $vater(a, b)$.
Ein *Literal* ist eine atomare Formel (positives Literal) oder das Negat einer atomaren Formel (negatives Literal), z.B. $\neg vater(a, b)$.
Eine *Klausel* ist ein Literal oder die Disjunktion mehrerer Literale, in denen alle Variablen durch Allquantoren gebunden sind; z.B. ist

$$\forall X_1 : \forall X_2 : \ldots \forall X_k : (\neg A_1 \vee \neg A_2 \vee \ldots \vee \neg A_n \vee B_1 \vee \ldots \vee B_m)$$

eine Klausel, wenn $X_1, \ldots, X_k$ *alle* in den Literalen $\neg A_1, \ldots, \neg A_n, B_1, \ldots, B_m$ vorkommenden Variablen sind.

Da $\neg A \vee B$ äquivalent zu $A \Rightarrow B$ und $\neg A \vee \neg A'$ äquivalent zu $\neg(A \wedge A')$ ist, kann die obige Formel auch in der Form

$$\forall X_1 : \forall X_2 : \ldots \forall X_k : (A_1 \wedge A_2 \wedge \ldots \wedge A_n \Rightarrow B_1 \vee B_2 \vee \ldots \vee B_m)$$

geschrieben werden. Wir schreiben die Klausel daher in folgender Kurzschreibweise:

$$A_1, \ldots, A_n \Rightarrow B_1, \ldots, B_m$$

Wir zeigen im folgenden, daß jede prädikatenlogische Formel schrittweise in eine Konjunktion von Klauseln überführt werden kann, ohne daß die Unerfüllbarkeit verändert wird.

1. Schritt: $\Rightarrow, \Leftrightarrow$ eliminieren

   1. $F \Rightarrow G$ äq $\neg F \vee G$

   2. $F \Leftrightarrow G$ äq $F \Rightarrow G \wedge G \Rightarrow F$

2. Schritt: Gültigkeitsbereiche der Negationszeichen verkleinern

   1. $\neg(F \vee G)$ äq $\neg F \wedge \neg G$

   2. $\neg(F \wedge G)$ äq $\neg F \vee \neg G$

   3. $\neg\neg F$ äq F

   4. $\neg(\forall X : F)$ äq $\exists X : \neg F$

   5. $\neg(\exists X : F)$ äq $\forall X : \neg F$

3. Schritt: Quantoren nach vorne ziehen
Die Variable Z komme in $A(X)$ und $B(X)$ nicht vor, X komme in E nicht vor, $Q, Q_1, Q_2 \in \{\forall, \exists\}$

   1. $(QX : A(X)) \wedge E$ äq $QX : (A(X) \wedge E)$

   2. $(QX : A(X)) \vee E$ äq $QX : (A(X) \vee E)$

   3. $\forall X : A(X) \wedge \forall X : B(X)$ äq $\forall X : (A(X) \wedge B(X))$

   4. $\exists X : A(X) \vee \exists X : B(X)$ äq $\exists X : (A(X) \vee B(X))$

   5. $Q_1 X : A(X) \wedge Q_2 X : B(X)$ äq $Q_1 X : Q_2 Z : (A(X) \wedge B(Z))$

   6. $Q_1 X : A(X) \vee Q_2 X : B(X)$ äq $Q_1 X : Q_2 Z : (A(X) \vee B(Z))$

4. Schritt: Den quantorenfreien Ausdruck als Konjunktion von Disjunktionen von Literalen darstellen

1. $(A \wedge B) \vee C$ äq $(A \vee C) \wedge (B \vee C)$

2. $A \vee (B \wedge C)$ äq $(A \vee B) \wedge (A \vee C)$

Die Schritte werden an einem Beispiel erläutert.

Beispiel 3-5:

$$A = \forall X : \forall Y : ((\exists Z : (p(X, Z) \vee p(Y, Z))) \Rightarrow (\exists Z : q(X, Y, Z)))$$

äq

$$\forall X : \forall Y : (\neg (\exists Z : (p(X, Z) \vee p(Y, Z))) \vee \exists Z : q(X, Y, Z)) \quad \text{(1. Schritt)}$$

äq

$$\forall X : \forall Y : ((\forall Z : (\neg p(X, Z) \wedge \neg p(Y, Z)) \vee \exists Z : q(X, Y, Z)) \quad \text{(2. Schritt)}$$

äq

$$\forall X : \forall Y : \forall Z : \exists U : ((\neg p(X, Z) \wedge \neg p(Y, Z)) \vee q(X, Y, U)) \quad \text{(3. Schritt)}$$

äq

$$\forall X : \forall Y : \forall Z : \exists U : ((\neg p(X, Z) \vee q(X, Y, U)) \wedge (\neg p(Y, Z) \vee q(X, Y, U)))$$
$$\text{(4. Schritt)}$$

Mit diesem Verfahren transformieren wir den Ausdruck in einen äquivalenten (äq) Ausdruck. Um die Klauselform zu erhalten, muß noch der Existenzquantor beseitigt werden. Dies geht nicht mehr mit einer äquivalenten Umformung, sondern über die Einführung von *Skolemfunktionen*.

5. Schritt: Eliminierung der Existenzquantoren: Q sei der am weitesten links stehende Existenzquantor im Ausdruck A.

- Wenn vor Q kein Allquantor steht, so wird (QX) aus A gestrichen und jedes X durch eine Konstante ersetzt, die noch nicht in A vorkommt.

- Sind $Q_1 X_1 : \ldots Q_m X_m$: alle Allquantoren, die links von Q stehen, so wählt man ein m-stelliges Funktionssymbol f, welches in A noch nicht vorkommt, ersetzt jedes Vorkommen von X durch $f(X_1, \ldots, X_m)$ und streicht (QX) in dem Ausdruck.

Dieses Verfahren wird iterativ so lange durchgeführt, bis sämtliche Existenzquantoren eliminiert sind. Schließlich wird der Ausdruck in eine Konjunktion von Klauseln umgeformt, wobei gegebenenfalls Variablen umbenannt werden müssen. In je zwei verschiedenen Klauseln kommen dann keine identischen Variablen vor.

6. Schritt: Darstellung als Klauselmenge

- $\forall X : (A(X) \wedge B(X))$ äq $(\forall X : A(X)) \wedge (\forall Y : B(Y))$

Beispiel 3-5 (Fortsetzung)

Die Variable U wird durch $f(X, Y, Z)$ ersetzt. Man erhält

$$\forall X : \forall Y : \forall Z :$$
$$(\neg p(X, Z) \vee q(X, Y, f(X, Y, Z))) \wedge (\neg p(Y, Z) \vee q(X, Y, f(X, Y, Z))).$$

Die Zerlegung in Klauseln ergibt

$$\forall X_1 : \forall Y_1 : \forall Z_1 : (\neg p(X_1, Z_1) \vee q(X_1, Y_1, f(X_1, Y_1, Z_1)))$$

$$\wedge \forall X_2 : \forall Y_2 : \forall Z_2 : (\neg p(Y_2, Z_2) \vee q(X_2, Y_2, f(X_2, Y_2, Z_2)))$$

oder in Kurzschreibweise (die Konjunktionszeichen weggelassen)

$$p(X_1, Z_1) \Rightarrow q(X_1, Y_1, f(X_1, Y_1, Z_1))$$

$$p(Y_2, Z_2) \Rightarrow q(X_2, Y_2, f(X_2, Y_2, Z_2))$$

Die so erzeugten Formeln sind im allgemeinen nicht mehr äquivalent zu den Ausgangsformeln, es gilt jedoch der folgende Satz:

Satz: Sei A eine Aussage, S sei die Klauselform von A. Dann ist A genau dann unerfüllbar, wenn S unerfüllbar ist.

Soll die Allgemeingültigkeit einer Aussage A gezeigt werden, so kann dies geschehen, indem die Unerfüllbarkeit der Klauselform T von $\neg A$ gezeigt wird. Dazu muß wiederum bewiesen werden, daß T falsch ist bezüglich aller Interpretationen in allen Universen $M \neq \emptyset$.

Beispiel 3-6:

Die Formel

$$F = (liste([\,]) \wedge \forall X : \forall L : (liste(L) \Rightarrow liste(.(X, L)))) \Rightarrow liste(.(a, [\,]))$$

ist (siehe Beispiel 3-4) erfüllbar. Um zu zeigen, daß sie auch *allgemeingültig* ist, können wir die äquivalente Eigenschaft, daß $\neg F$ unerfüllbar ist, beweisen. $\neg F$ besitzt die äquivalente Darstellung

$$\forall X : \forall L : (liste([\,]) \wedge (\neg liste(L) \vee liste(.(X, L))) \wedge (\neg liste(.(a, [\,]))))$$

Die Klauselform ist

$$
\begin{array}{llll}
F_1 : & & \Rightarrow & liste([\,]) \\
F_2 : & liste(L) & \Rightarrow & liste(.(X, L)) \\
G : & liste(.(a, [\,])) & \Rightarrow &
\end{array}
$$

Wir sehen, daß eine Darstellung als Prologprogramm entstanden ist. In Prolog dürfen nur spezielle Klauseln, sogenannte Hornklauseln, verwendet werden. Hornklauseln besitzen *höchstens ein* positives Literal.

In Analogie zu Prologprogrammen bezeichnen wir Klauseln der Form

$$A_1, \ldots, A_m \Rightarrow B.$$

als Regeln, Klauseln der Form

$$\Rightarrow B$$

als Fakten; Anfragen sind Klauseln der Form

$$A_1, \ldots, A_m \Rightarrow .$$

Die "leere" Klausel

$$\Rightarrow,$$

die im folgenden noch eine Rolle spielen wird, bezeichnen wir auch mit $\Box$.

Beispiel 3-7:
In der Klauselform des Beispiels 3-6 kommt bei der Anfrage keine Variable vor. Wir modifizieren die dritte Klausel und betrachten

$$
\begin{aligned}
F_1 : &&& \Rightarrow & liste([\,]) \\
F_2 : && liste(L) & \Rightarrow & liste\,(.(X, L)) \\
G' : && liste\,(.(Y, [\,])) & \Rightarrow & .
\end{aligned}
$$

Die Bedeutung dieser Klauselmenge ist

$$F_1 \wedge F_2 \wedge G'$$

äq

$$liste([\,]) \wedge \forall X : \forall L : (liste(L) \Rightarrow liste\,(.(X, L))) \wedge \forall Y : \neg liste\,(.(Y, [\,]))$$

äq

$$liste([\,]) \wedge \forall X : \forall L : (liste(L) \Rightarrow liste\,(.(X, L))) \wedge \neg \exists Y : liste\,(.(Y, [\,]))$$

Diese Formel ist genau dann unerfüllbar, wenn

$$[liste([\,]) \wedge \forall X : \forall L : (liste(L) \Rightarrow liste\,(.(X, L)))] \Longrightarrow \exists Y : liste\,(.(Y, [\,]))$$

allgemeingültig ist.
Um die Unerfüllbarkeit zu beweisen, muß gezeigt werden, daß bei *jeder* Interpretation $\sim$ über *jedem* Universum M mindestens ein Element $e \in M$ existiert, so daß

$$liste([\,]) \wedge [\forall X : \forall L : (liste(L) \Rightarrow liste\,(.(X, L)))] \wedge \neg liste\,(.(e, [\,]))$$

bezüglich $\sim$ als falsch ausgewertet wird.
Wir zeigen im folgenden, daß es zur Beantwortung der Frage nach der Unerfüllbarkeit ausreicht, alle Interpretationen $\sim$ über ein spezielles Universum, dem Herbrand-Universum, zu betrachten.

3.4 Übungsaufgaben

Übung 3-1:
Formalisieren Sie die folgenden Aussagen im Prädikatenkalkül erster Ordnung:

- Jede natürliche Zahl hat genau einen Nachfolger.

- Keine natürliche Zahl besitzt die Null als Nachfolger.

- Jede von Null verschiedene natürliche Zahl besitzt genau einen Vorgänger.

Übung 3-2:
Gegeben sei die Formel

$$\forall X : g(X, a) \Rightarrow g\left(f(X), a\right)$$

a) Zeigen Sie, daß die Formel erfüllbar ist.

b) Gibt es eine Interpretation, unter der die obige Aussage folgende Bedeutung erhält:
Das zweifache einer reellen, positiven Zahl ist ebenfalls positiv ?

c) Zeigen Sie, daß die Formel nicht allgemeingültig ist.

Übung 3-3:
Zeigen Sie die Äquivalenz folgender Aussagen:

a) G folgt aus $F_1, \ldots, F_n$.

b) $(F_1 \wedge \ldots \wedge F_n \Rightarrow G)$ ist allgemeingültig.

c) $((F_1 \wedge \ldots \wedge F_n) \wedge \neg G)$ ist unerfüllbar.

Übung 3-4:
Bestimmen Sie die Klauselform S für die Formel

$$A \equiv \neg\left[\forall X : p(X, X, e) \Rightarrow \forall U : \forall V : \forall W : (p(U, V, W) \Rightarrow p(V, U, W))\right]$$

Übung 3-5:
Bestimmen Sie die Klauselform S von

$$A \equiv \exists X : p(X)$$

und zeigen Sie, daß A und S nicht äquivalent sind.

Lektion 4

Grundlagen der logischen Programmierung

Bei der logischen Programmierung wird das Wissen in Form von Klauseln (Regeln und Fakten) abgespeichert, mit Hilfe von Anfragen können wir Schlußfolgerungen aus diesem Wissen ziehen. Dies geschieht mit speziellen Beweisprogrammen, die die Unerfüllbarkeit der Klauselmenge überprüfen müssen (siehe Lektion 3). Alle effizienten "maschinellen Beweiser" beruhen auf dem Resolventenprinzip, das im folgenden erläutert wird.

Im zweiten Teil dieser Lektion wenden wir die für beliebige Klauseln gewonnenen Resultate auf Hornklauseln an und erhalten eine Semantik für Prologprogramme.

4.1 Das Resolventenprinzip

Haben wir einen Weltausschnitt mit Hilfe prädikatenlogischer Formeln modelliert, so können wir die Frage nach Allgemeingültigkeit, logischer Konsequenz, etc. auf die Überprüfung der Unerfüllbarkeit einer Konjunktion von Klauseln (Klauselmenge) zurückführen. Wir zeigen im folgenden, daß die Unerfüllbarkeit sogar nur über einem speziellen Universum, dem Herbrand-Universum, nachgewiesen werden muß.

Zu einer Konjunktion von Klauseln S ist das Herbrand-Universum H_S definiert als die Menge aller Terme ohne Variablen, die mit den Konstanten und Funktoren gebildet werden können, die in den Klauseln von S vorkommen. Jeder dieser so gebildeten Terme ist ein Element des Herbrand-Universums. Genauer erhalten wir das Herbrand-Universum H_S für eine Klauselmenge S durch folgendes Verfahren:

$$H_0 \;\; := \;\; \begin{cases} \text{die Menge der in } S \text{ vorkommenden Konstanten, oder} \\ \{a\}, \text{ wenn in } S \text{ keine Konstante vorkommt} \end{cases}$$

$$H_{i+1} \;\; := \;\; H_i \cup \{f(t_1, \ldots, t_n) | t_j \in H_i, j = 1, \ldots, n \\ f \; n\text{-stelliges Funktionssymbol aus } S, n \geq 1\}$$

$$H_S \;\; := \;\; \bigcup_{i=0}^{\infty} H_i$$

Eine Interpretation für eine Formelmenge S heißt Herbrand-Interpretation, wenn gilt:

- Das Universum der Interpretation ist H_S.

- Jeder Konstanten wird die gleiche Konstante in H_S zugeordnet.

- Jedem n-stelligen Funktor f aus S wird eine Funktion f' zugeordnet, wobei

$$f' : (H_S)^n \to H_S, (h_1, \ldots, h_n) \mapsto f(h_1, \ldots, h_n)$$

ist.

Für die Zuordnung der Prädikate gibt es keine weiteren Einschränkungen.

Diejenigen Herbrand-Interpretationen, die Modelle für die gegebenen Formeln sind, heißen Herbrand-Modelle. Es gilt der folgende

Satz: Eine Formel S in Klauselform ist genau dann unerfüllbar, wenn sie kein Herbrand-Modell besitzt.

Beispiel 4-1:
In dem Beispiel 3-4 ist die einzige Konstante [], einziges Funktionssymbol ist '.', wir erhalten für das Herbrand-Universum

$$H_S = \{[], .([], []), .(.([], []), []), \ldots\}.$$

Der Konstanten '[]' wird also das Element [] aus H_S zugeordnet, dem zweistelligen Funktor '.' wird diejenige Funktion zugeordnet, die zwei Elemente t_1, t_2 aus H_S auf das Element $.(t_1, t_2)$ aus H_S abbildet. Weiter kann dem Prädikat *liste* eine beliebige Funktion $l : H_S \to \{wahr, falsch\}$ zugeordnet werden, und liefert dann jeweils eine Herbrand-Interpretation.
Wir betrachten wieder die Formel

$$S \equiv liste([]) \wedge (\forall X : \forall L : (liste(L) \Rightarrow liste\,(.(X, L)))) \wedge \neg \exists Y : liste\,(.(Y, []))$$

und ihre Herbrand-Interpretation. Es gibt vier mögliche Zuordnungen von Wahrheitswerten für die Prädikate $liste([])$ und $liste(.([],[]))$:

$liste([])$	$liste(.([],[]))$
w	w
w	f
f	w
f	f

In allen vier Fällen wird die Formel bei jeder Herbrand-Interpretation mit f ausgewertet, es gibt also kein Herbrand-Modell, folglich ist die Formel unerfüllbar.

Das Austesten aller Herbrand-Interpretationen ist im allgemeinen sehr aufwendig. In einigen speziellen Fällen kann die Unerfüllbarkeit von Klauselformeln jedoch sofort eingesehen werden. Die Klauselmenge

$$\begin{aligned} &\Rightarrow\ p(a)\\ p(a)\ &\Rightarrow \end{aligned}$$

ist offenbar unerfüllbar, die Formel entspricht $p(a) \wedge \neg p(a)$. Auch die Formel

$$\forall Y : p(a, f(Y)) \wedge \forall X : \neg p(X, f(b))$$

oder

$$\begin{aligned} p(a, f(Y))\ &\Rightarrow\\ &\Rightarrow\ p(X, f(b)) \end{aligned}$$

ist unerfüllbar, denn wenn wir für $X = a$ und $Y = b$ setzen, ergibt sich sofort die Richtigkeit dieser Überlegung. Wir müssen nur überprüfen, ob die Ausdrücke

$$p(a, f(Y)) \quad \text{und} \quad p(X, f(b))$$

durch geeignetes Ersetzen von Termen für die Variablen identisch werden. Eine Substitution ist eine endliche Menge der Form

$$\{v_1 | t_1, \ldots, v_n | t_n\},$$

wobei v_i verschiedene Variablen und t_i Terme mit $v_i \neq t_i$ sind. Ist Θ eine solche Substitution und E eine Formel, so bezeichnet ΘE die Formel, die wir erhalten, wenn wir jedes Vorkommen von v_i in E durch t_i ersetzen. Die leere Substitution wird mit ϵ bezeichnet.

$\Theta' \circ \Theta$ oder $\Theta' \Theta$ bezeichnet die Hintereinanderschaltung zweier Substitutionen, wobei zuerst Θ ausgeführt wird.

Zur Überprüfung der Unerfüllbarkeit brauchen wir spezielle Substitutionen, *Unifikatoren* (Verschmelzer) genannt. Eine Substitution heißt Unifikator für zwei Terme T_1 und T_2, wenn $\Theta(T_1) = \Theta(T_2)$ gilt. Sind zum Beispiel die Terme

$$\begin{aligned} T_1\ &=\ liste(X, .(Y, [])) \text{ und}\\ T_2\ &=\ liste(a, .(Z, W)) \end{aligned}$$

gegeben, so sind

$$\begin{aligned}
\Theta_1 &= \{X|a, Y|a, Z|a, W|[]\} \text{ und} \\
\Theta_2 &= \{X|a, Y|Z, W|[]\}
\end{aligned}$$

beides Unifikatoren, wobei in Θ_2 möglichst viele Variablen beibehalten wurden. Θ_2 ist also 'allgemeiner' als Θ_1.

Ein Unifikator Θ von A und B heißt allgemeinster Unifikator, wenn es zu jedem Unifikator Ψ von A und B eine Substitution *Lambda* gibt, so daß die Hintereinanderschaltung von Θ und Λ die Substitution Ψ ergibt, in Zeichen $\Psi = \Lambda \circ \Theta$. Wir geben einen Algorithmus an, der allgemeinste Unifikatoren findet.

Eingabe: Zwei zu unifizierende Terme T_1 und T_2.

Ausgabe: Im Falle der Existenz eines Verschmelzers der allgemeinste Verschmelzer, andernfalls eine "Nichtverschmelzbar"-Meldung.

Algorithmus:

1. $k := 0$, $M_0 := \{T_1, T_2\}$, $\Theta_0 = \epsilon$ (leere Substitution)

2. Enthält M_k nur identische Terme, d.h. als Menge *einen* Term, so ist Θ_k eine allgemeinste Substitution, Ende.

3. Man bilde die Abweichungsmenge A_k von M_k, die aus den Termen besteht, die an der Stelle beginnen, wo die Ausdrücke in M_k, von links nach rechts gesehen, zum ersten Male nicht übereinstimmen. Gibt es eine Variable V_k in A_k und einen Term t_k in A_k, so daß V_k nicht in t_k vorkommt, so setze

$$\begin{aligned}
\Theta_{k+1} &:= \{V_k|t_k\} \circ \Theta_k \\
M_{k+1} &:= \{V_k|t_k\}(M_k) \\
k &:= k+1
\end{aligned}$$

und fahre mit 2. fort. Falls es eine solche Variable V_k und einen Term t_k in A_k nicht gibt, so sind T_1 und T_2 nicht unifizierbar, Meldung über Nichtverschmelzbarkeit, Ende.

Beispiel 4-2:

a) $T_1 \equiv p(a, X, f(g(Y)))$
    $T_2 \equiv p(Z, f(Z), f(V))$

Der Algorithmus durchläuft dann folgende Schritte:

$$\begin{aligned}
\Theta_0 &= \epsilon, \\
M_0 &= \{T_1, T_2\}, \\
A_0 &= \{a, Z\}
\end{aligned}$$

$$\begin{aligned}
\Theta_1 &= \{Z|a\} \circ \Theta_0 = \{Z|a\}, \\
M_1 &= \{Z|a\} M_0 = \{p(a, X, f(g(Y))), p(a, f(a), f(V))\}, \\
A_1 &= \{X, f(a)\}
\end{aligned}$$

$$\begin{aligned}
\Theta_2 &= \{X|f(a)\} \circ \Theta_1 = \{X|f(a), Z|a\}, \\
M_2 &= \{p(a, f(a), f(g(Y))), p(a, f(a), f(V))\}, \\
A_2 &= \{g(Y), V\}
\end{aligned}$$

$$\begin{aligned}
\Theta_3 &= \{V|g(Y), X|f(a), Z|a\}, \\
M_3 &= \{p(a, f(a), f(g(Y)))\}
\end{aligned}$$

T_1 und T_2 sind unifizierbar mit $\Theta = \Theta_3$.

b) $\quad\begin{aligned}
T_1 &\equiv q(f(a), g(X)) \\
T_2 &\equiv q(Y, Y)
\end{aligned}$

$$\begin{aligned}
\Theta_0 &= \epsilon, \\
M_0 &= \{T_1, T_2\}, \\
A_0 &= \{Y, f(a)\}
\end{aligned}$$

$$\begin{aligned}
\Theta_1 &= \{Y|f(a)\}, \\
M_1 &= \{q(f(a), g(X)), q(f(a), f(a))\}, \\
A_1 &= \{g(X), f(a)\}
\end{aligned}$$

Kein Element von A_1 ist eine reine Variable, also sind T_1 und T_2 nicht unifizierbar.

Kommen in einer Menge von Klauseln also zwei Klauseln vor, von denen die eine eine Klausel '$C_1 : L \Rightarrow$', die andere Klausel '$C_2 :\Rightarrow L$' ist, so ist die Klauselmenge offenbar unerfüllbar. Kommt ein solches Klauselpaar nicht vor, so versuchen wir, mit Hilfe des Resolventenprinzipes ein solches Paar zu erzeugen. Dieses Prinzip beruht auf der Idee, daß in der Klauselmenge nach zwei sogenannten Elternklauseln gesucht wird, die ein positives bzw. negatives Literal L enthalten. Ist die Klauselmenge zum Beispiel

$$p(a), q(a) \Rightarrow s(a) \quad \text{und} \quad r(c) \Rightarrow p(a),$$

so existiert ein solches Literalpaar. Aus einem solchen Klauselpaar erhalten wir die Resolvente, indem das komplementäre Literalpaar aus den Klauseln gestrichen wird und anschließend die verbleibenden Literale zu einer neuen Klausel,

$Res(C_1, C_2)$, vereinigt werden. Wir erhalten

$$Res(C_1, C_2) : q(a), r(c) \Rightarrow s(a).$$

Bei dieser Regel, die *Resolution* genannt wird, ist auch zugelassen, daß Klauseln der Form '$\Rightarrow L$' und '$L \Rightarrow$' resolviert werden. Das Ergebnis ist hier die sogenannte leere Klausel '$\Rightarrow$' oder $\square$, die immer unerfüllbar ist. Dabei gilt offenbar:

- Ist $\sim$ ein Herbrand-Modell von $C_1 \wedge C_2$, so ist $\sim$ auch ein Herbrand-Modell von $Res(C_1, C_2)$.

Stoßen wir also nach einer Reihe von solchen Resolventenbildungen auf eine leere Klausel, so wissen wir, daß die Ausgangsklauselmenge unerfüllbar sein muß. Dies ist die Grundidee des Resolventenprinzips.
Wir betrachten die Klauselmenge

$$
\begin{aligned}
C_1 : &\quad p(X), p(f(Y)) \Rightarrow \\
C_2 : &\quad \Rightarrow p(f(g(a)))
\end{aligned}
$$

entsprechend

$$C_1 \wedge C_2 : \forall Y : \forall X : (\neg p(X) \vee \neg p(f(Y))) \wedge (p(f(g(a))))$$

Hier existiert zwar kein komplementäres Literalpaar, wir können jedoch zuerst die Literale in C_1 mit einem allgemeinsten Unifikator verschmelzen. Wir erhalten die Substitution $\Theta_1 = \{X | f(Y)\}$ und die Klausel

$$C_1' = \Theta_1 C_1 : p(f(Y)) \Rightarrow .$$

C_1' ist ein *Faktor* von C_1. Es gilt die Beziehung: Aus C_1 folgt C_1'.
Danach können wir mit einem weiteren allgemeinsten Unifikator $\Theta_2 = \{Y | g(a)\}$ jeweils die nur aus einem Literal bestehenden Klauseln

$$
\begin{aligned}
\Theta_1 C_1 = C_1' : &\quad p(f(Y)) \quad \Rightarrow \\
\text{und} \qquad C_2 : &\qquad\qquad\quad \Rightarrow \quad p(f(g(a)))
\end{aligned}
$$

umwandeln, und wir erhalten mit

$$
\begin{aligned}
\Theta_2 \Theta_1 C_1 : &\quad p(f(g(a))) \quad \Rightarrow \\
\text{und} \qquad \Theta_2 C_2 : &\qquad\qquad\qquad \Rightarrow \quad p(f(g(a)))
\end{aligned}
$$

zwei Elternklauseln. Die Resolvente $Res(\Theta_2 \Theta_1 C_1, \Theta_2 C_2)$ ist die leere Klausel, folglich muß die Ausgangsklauselmenge unerfüllbar sein.
Oben wurde bewiesen, daß mit der Ableitung der leeren Klausel die Unerfüllbarkeit gezeigt werden kann. Wir werden die Begriffe zuerst präzisieren und dann den Hauptsatz für das Resolventenprinzip formulieren.

Wenn zwei Literale einer Klausel C einen allgemeinsten Unifikator Θ besitzen, so heißt ΘC ein Faktor von C. Die leere Substitution ϵ ist dabei erlaubt.

C_1 und C_2 seinen zwei Klauseln, die keine gemeinsamen Variablen besitzen, und C_1' bzw. C_2' seien Faktoren von C_1 bzw. C_2. L_1 sei ein positives Literal in C_1', L_2 sei ein negatives Literal in C_2'. Ist Θ ein allgemeinster Unifikator von L_1 und $\neg L_2$, so besitzen die Klauseln $\Theta C_1'$ und $\Theta C_2'$ die Form

$$\begin{aligned} \Theta C_1' : \quad & A_1, \ldots, A_m \quad \Rightarrow \quad B_{m+1}, \ldots, B_n \\ \Theta C_2' : \quad & C_1, \ldots, C_r \quad \Rightarrow \quad D_{r+1}, \ldots, D_s. \end{aligned}$$

Wir nehmen an, daß $\Theta L_1 = \Theta \neg L_2 = A_i = D_j$ für geeignete i, j gilt. Der Fall, daß L_1 negatives, L_2 positives Literal ist, wird analog behandelt. Unter diesen Voraussetzungen ist dann die Klausel

$$A_1, \ldots, A_{i-1}, A_{i+1}, \ldots, A_m, C_1, \ldots, C_r$$
$$\Rightarrow$$
$$B_{m+1}, \ldots, B_n, D_{r+1}, \ldots, D_{j-1}, D_{j+1}, \ldots, D_s$$

eine Resolvente von C_1 und C_2. Da i. a. mehrere Faktoren gebildet werden können und da es mehrere komplementäre Literale geben kann, gibt es auch mehrere Resolventen von C_1 und C_2.

Es sei S eine Klauselmenge. Dann ist die Ableitung von C_n aus S eine Folge von Klauseln $(C_1, C_2, \ldots, C_n)$, wobei für $i = 1, \ldots, n$ gilt:

1. Entweder ist C_i Klausel in S, oder

2. C_i ist eine Resolvente von C_j und C_k mit $j, k < i$.

Der Ableitungsbegriff ist korrekt, es gilt: besitzt C eine Ableitung aus S, so ist $S \Rightarrow C$ eine allgemeingültige Formel. Für uns ist besonders der folgende Satz von Bedeutung:

Satz: S ist genau dann unerfüllbar, wenn es eine Ableitung der leeren Klausel $\square$ aus S gibt.

Beispiel 4-3:

$$S \equiv (\forall X : (\neg p(X) \vee \neg p(b))) \wedge (\neg p(a) \vee p(b)) \wedge (p(a) \vee \neg p(b)) \wedge \forall Y : (p(a) \vee p(Y))$$

$$\begin{aligned} C_1 : \quad & & p(X), p(b) &\Rightarrow \\ C_2 : \quad & & p(a) &\Rightarrow p(b) \\ C_3 : \quad & Res(\{X|a\}(C_1), p(a) \Rightarrow p(b)) &\equiv \quad p(a) &\Rightarrow \\ C_4 : \quad & & p(b) &\Rightarrow p(a) \\ C_5 : \quad & Res(C_3, C_4) &\equiv \quad p(b) &\Rightarrow \\ C_6 : \quad & &\Rightarrow p(a)&, p(Y) \\ C_7 : \quad & Res(\{Y|b\}(C_6), C_5) &\equiv \quad &\Rightarrow p(a) \\ C_8 : \quad & Res(C_3, C_7) &\equiv \quad \square \end{aligned}$$

Wir sehen, wie die leere Formel relativ einfach durch Probieren der verschiedenen Resolutionsmöglichkeiten gefunden werden kann. Dieses Durchprobieren aller Möglichkeiten soll dem Rechner überlassen werden. Die Probleme vereinfachen sich wesentlich, wenn wir, wie in Prolog üblich, nur Hornklauseln verwenden.

Prinzipielle Grenzen sind jedoch durch die Nicht-Entscheidbarkeit des Prädikatenkalküls erster Stufe gesetzt: Wenn eine Formel allgemeingültig ist, so findet ein Beweisprogramm nach endlich langer Zeit einen Beweis. Man kann jedoch keine allgemeine Terminationsbedingung angeben. Wenn eine Formel nicht allgemeingültig ist, so kann es sein, daß das Beweisprogramm gar nicht hält. Wenn das Programm schon sehr lange gelaufen ist, so wissen wir prinzipiell nicht, ob es daran liegt, daß kein Beweis existiert, oder daran, daß der Beweis nur noch nicht gefunden wurde. Beweisprogramme für die Prädikatenlogik erster Stufe sind eben nur semi-entscheidbar. Dieses Tatsache schränkt die Möglichkeiten des maschinellen Beweisens natürlich stark ein, für viele Anwendungsfälle jedoch reichen maschinelle Beweiser aus.

4.2   Semantik von Prologprogrammen

In diesem Abschnitt beschäftigen wir uns mit der Semantik, d.h. der Bedeutung von Prologprogrammen. Ein Prologprogramm ist eine endliche Anzahl von Fakten und Regeln

$$\Rightarrow \quad B$$
$$A_1, \ldots, A_m \quad \Rightarrow \quad B,$$

eine Anfrage an diese Wissensbasis hat die Form

$$C_1, \ldots, C_n \Rightarrow$$

In jedem Falle dürfen nur Hornklauseln verwendet werden.
Ein einfaches Beispiel ist folgendes Programm:

Beispiel 4-4:

$$\Rightarrow \quad liste([\,])$$
$$liste(L) \quad \Rightarrow \quad liste(.(L, [\,]))$$
$$liste(.(Y, [\,])) \quad \Rightarrow \quad ,$$

die übliche Notation ist

```
liste([]).
liste('.'(L,[])) :- liste(L).
?- liste('.'(Y,[])).
```

Die Anführungsstriche in '.' werden verwendet, um anzuzeigen, daß nicht das Ende der Klausel gemeint ist.

Das Prologprogramm beantwortet einerseits die Frage, ob die Schlußfolgerung

$$\text{aus } [liste([]) \wedge \forall L : liste(L) \Rightarrow liste(.(L, []))] \text{ folgt } \exists Y : liste(.(Y, []))$$

richtig ist, d.h. ob

$$(liste([]) \wedge \forall L : liste(L) \Rightarrow liste(.(L, []))) \Longrightarrow (\exists Y : liste(.(Y, [])))$$

allgemeingültig ist. Kommen in der Anfrage Variablen vor, so soll das Programm außerdem Werte aus dem Herbrand-Universum angeben, die man für die Variablen einsetzen kann, damit die logische Konsequenz erfüllt ist. Wir erhalten hier für Y den Wert $.([], [])$ als mögliche Ersetzung.

Allgemein heißt das Ersetzen von Variablen in einem Term durch andere Terme eine *Substitution*. Wenn P ein Programm mit der Anfrage $A_1, \ldots, A_n \Rightarrow$ ist, so heißt jede Substitution Θ der in $A_1, \ldots, A_n \Rightarrow$ vorkommenden Variablen *Antwort*. $\Theta(A_1 \wedge \ldots \wedge A_n)$ ist die Formel, die sich ergibt, wenn die Variablen in $A_1 \wedge \ldots \wedge A_n$ entsprechend der Substitution Θ ersetzt werden. $X_1, \ldots, X_k$ seien die noch in $\Theta(A_1, \ldots, A_n)$ vorkommenden Variablen. Eine Antwort Θ heißt *korrekt*, wenn

$$\forall X_1 : \forall X_2 : \ldots \forall : X_k : \Theta(A_1 \wedge \ldots \wedge A_n)$$

aus den Regeln und Fakten des Programmes P folgt.
Wir betrachten als nächstes das Programm

$$\Rightarrow nonsense(M, [])$$

mit der Anfrage

$$nonsense(N, []) \Rightarrow .$$

Offenbar ist die Substitution

$$\Theta_1 = \{N \,|\, []\}$$

eine korrekte Antwort, die Substitution

$$\Theta_2 = \{N \,|\, M\}$$

ist ebenfalls korrekt, jedoch allgemeiner in dem Sinne, daß mit der Substitution $\eta := \{M \,|\, []\}$ die Beziehung

$$\Theta_1 = \eta(\Theta_2)$$

gilt.
Durch die Angabe aller korrekten Antworten ist also die Bedeutung eines Prologprogrammes festgelegt. Wir haben eine *deklarative Semantik* definiert.
Aufgrund der Untersuchungen des letzten Kapitels ist klar, daß mit dem Resolventenprinzip solche korrekten Antworten berechnet werden können. Der Sprache Prolog liegt daher eine *prozedurale Semantik* zugrunde.
Gegeben ist eine Anfrage

$$A_1, \ldots, A_n \Rightarrow$$

und eine Hornklausel

$$B_1, \ldots, B_m \Rightarrow B.$$

Ist Θ ein allgemeinster Unifikator für A_1 und B, so heißt die Anfrage

$$\Theta B_1, \ldots, \Theta B_m, \Theta A_2, \ldots, \Theta A_n \Rightarrow$$

ableitbar aus der ersten Anfrage und der Klausel. Es wird also nur erlaubt, das erste Literal einer Anfrage mit dem postitiven Literal einer Programmklausel (Regel oder Faktum) zu verschmelzen.

Ist P ein Programm mit Klauseln $K_1, \ldots, K_n$ und Anfrage A, so ist ein *Beweis von A* eine Folge von Anfragen

$$S_1 \vdash S_2 \vdash \ldots \vdash S_k,$$

bei der $S_1 \equiv A, S_k \equiv \square$ gilt, und bei der jedes S_{i+1} aus S_i und einer Programmklausel K_i (in der eventuell einige Variablen umbenannt werden müssen, um Kollisionen zu vermeiden) ableitbar ist.

Ist P ein Programm mit Anfrage A und ist ein Beweis von A gegeben, so ist eine *berechnete Antwort* eine Substitution Θ einiger in A vorkommender Variablen. Bezeichnet Θ_i den allgemeinsten Unifikator von S_1 und K_i, und $\Theta_{k-1} \circ \ldots \circ \Theta_2 \circ \Theta_1$ die Hintereinanderschaltung dieser Substitutionen, so besteht Θ aus der Ersetzung aller Variablen, die in A vorkommen, und für die eine Ersetzung in $\Theta_{k-1} \circ \ldots \circ \Theta_1$ existiert.

Jede berechnete Antwort ist auch eine korrekte Antwort, wobei die berechneten Antworten im folgenden Sinne die allgemeinsten Antworten darstellen: Für jede korrekte Antwort Θ gibt es eine berechnete Antwort Θ' und eine Substitution η, so daß $\Theta = \eta \circ \Theta'$ gilt.

Wir wissen nun, daß ein Beweis eine korrekte Antwort liefert, wir haben jedoch noch keinen Weg angegeben, wie man solche Beweise tatsächlich findet.

Beispiel 4-5:
Wir betrachten das Prologprogramm (in Klauselnotation)

$$
\begin{array}{lrcl}
K_1: & p(Y, Z), q(X, Y) & \Rightarrow & p(X, Z) \\
K_2: & & \Rightarrow & p(W, W) \\
K_3: & & \Rightarrow & q(a, b)
\end{array}
$$

und die Anfrage

$$A : p(S, b) \Rightarrow .$$

Prologsysteme finden keine Antwort auf die Anfrage A (bitte ausprobieren), obwohl die Substution $\{S|b\}$ offensichtlich eine Antwort darstellt. Um diese Eigenart von Prologsystemen zu erklären, stellen wir unsere Versuche, einen Beweis für $p(S, b)$ zu finden, in Form eines Baumes dar, wobei bei jeder Verzweigung alle möglichen allgemeinsten Unifikatoren untersucht werden.

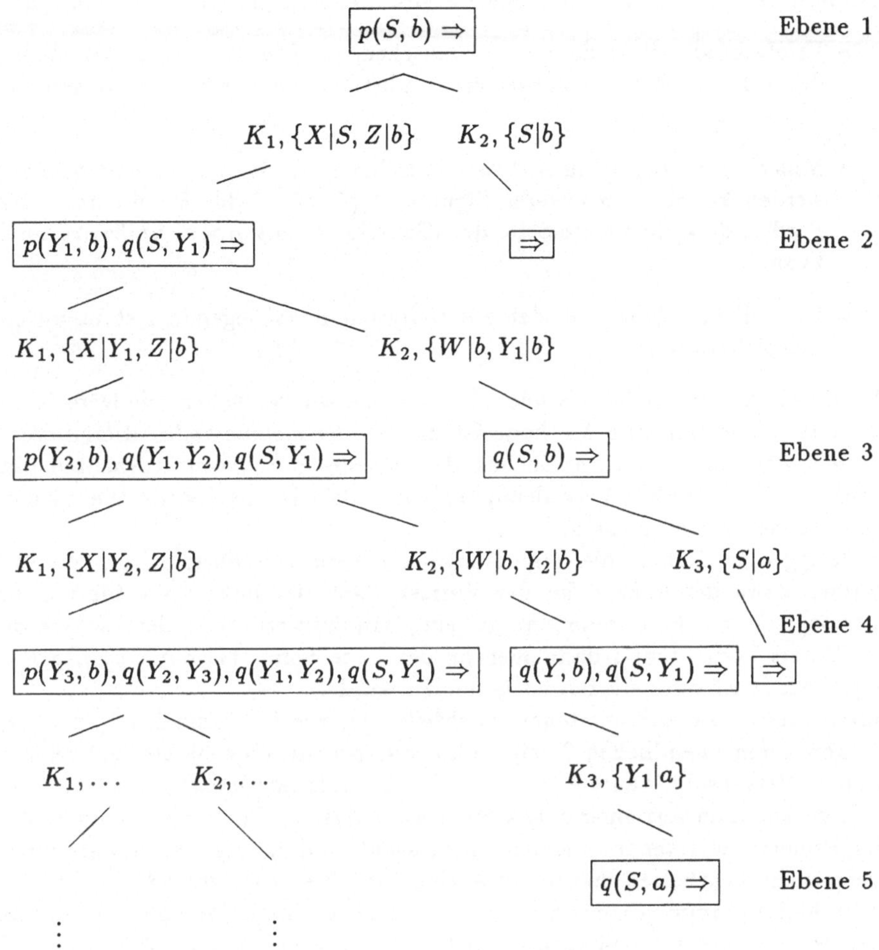

Die Anfrage '$S_1 : p(S, b) \Rightarrow$' ist immer Ausgangspunkt eines möglichen Beweises, als zweite Anfrageklausel S_2 in einem Beweis kommen dann die Resolventen von S_1 mit den Programmklauseln K_i in Frage, hier also nur K_1 und K_2. Der allgemeinste Unifikator für die Resolution mit K_1 ist $\{X|S, Z|b\}$, der mit K_2 ist $\{S|b\}$. Im ersten Fall erhalten wir '$p(Y_1, b), q(S, Y_1) \Rightarrow$'; da die Variablen in verschiedenen Klauseln jeweils als verschieden vorausgesetzt werden müssen, führen wir Y_2 ein. Im zweiten Fall erhalten wir die leere Klausel '$\Rightarrow$' und haben bereits einen Beweis gefunden.

Insgesamt erhalten wir den *Suchbaum*, jeder Pfad durch den Baum kommt als

Kandidat für einen Beweis in Frage. Es gibt drei verschiedene Arten von Pfaden:

- Erfolgspfade, die in der leeren Klausel enden. Die Hintereinanderschaltung der auf dem Pfad zurückgelegten Substitutionen liefert eine allgemeinste Antwort.

- Mißerfolgspfade, die in Antwortklauseln enden, die nicht weiter bearbeitet werden können. In unserer Figur ist '$q(S,a) \Rightarrow$' das Ende eines solchen Pfades, da keine rechte Seite der Klauseln K_i mit $q(S,a)$ unifiziert werden kann.

- Unendliche Pfade, wie der am weitesten links liegende Ast in unserem Beispielbaum.

Wollen wir also einen Beweis finden, so müssen wir versuchen, die leere Klausel zu finden. Die sicherste Methode ist die *Breitensuchmethode*: Hierzu werden nacheinander die einzelnen Ebenen des Baumes durchsucht. Nachteil dieser Strategie ist ein hoher Verwaltungsaufwand, da wir uns jeweils alle Elemente einer Ebene merken müssen.

In Prolog wird deshalb die *Tiefensuchmethode* durchgeführt, bei der zuerst die Wurzel, dann der linke Sohn der Wurzel, dann der linke Sohn hiervon usw. untersucht wird. Erst wenn einmal kein Sohn existiert, wird der nächste Sohn des Vaters besucht und dann hiervon der linke Sohn, bis der gesamte Baum abgearbeitet ist oder ein Beweis gefunden wurde.

Durch diese Strategie entstehen Nachteile, da, wie in Beispiel 4-5, das Suchverfahren den unendlichen Zweig endlos durchsucht, obwohl Erfolgszweige existieren. Vertauscht man die ersten beiden Literale in Klausel K_1 (siehe Übung 4-2), so hat man aus einer Logik-Sicht zwar das gleiche Problem beschrieben. Der Prologinterpreter muß jedoch einen leicht modifizierten Suchbaum mit der Tiefensuche bearbeiten und findet auch sofort einen Erfolgspfad.

In Prologprogrammen kommt es also sehr stark auf die Reihenfolge der Klauseln und der Literale auf den rechten Seiten der Regeln an. Die Reihenfolge hat Einfluß auf den Erfolg eines Beweises in Prolog. Dieser Problematik muß man sich immer bewußt sein, wir werden in den folgenden Kapiteln noch näher darauf eingehen.

4.3 Übungsaufgaben

Übung 4-1:
Es sei die Klauselmenge S,

$$\begin{aligned} &\Rightarrow\ p(X) \\ p(X)\ &\Rightarrow\ q(f(X)) \\ q(f(a))\ &\Rightarrow \end{aligned}$$

gegeben.

1. Bestimmen Sie das Herbrand-Universum für S.

2. Überlegen Sie sich eine systematische Auflistung aller Herbrand-Interpretationen und zeigen Sie, daß die Klauselmenge unerfüllbar ist.

Übung 4-2:
Für das Programm

$$
\begin{aligned}
q(X,Y), p(Y,Z) &\Rightarrow p(X,Z) \\
&\Rightarrow p(W,W) \\
&\Rightarrow q(a,b)
\end{aligned}
$$

und die Anfrage

$$p(S,b) \Rightarrow$$

bestimmen Sie den Suchbaum.

Übung 4-3:
Gegeben sei der logische Ausdruck (V steht für Vorgänger)

$$
\begin{aligned}
\{V(Henke, Struck) \wedge V(Rust, Wild) \wedge V(Struck, Rust) \wedge V(Ernst, Henke) \\
\wedge \forall X : \forall Y : \forall Z : (V(X,Y) \wedge V(Y,Z) \Rightarrow V(X,Z))\} \Rightarrow V(Ernst, Wild)
\end{aligned}
$$

Schreiben Sie diesen Ausdruck als Prologprogramm mit Anfrage und geben Sie den Beweis einschließlich Resolventen und Unifikatoren jedes einzelnen Schrittes an.

Tutorium II

Prolog - Sprache und Programmierumgebung

Lektion 5

Prädikate mit Seiteneffekten

In dieser Lektion geht es um vordefinierte Prädikate, die *Seiteneffekte* bewirken: Beim Beweisversuch oder Beweis dieser Prädikate werden Änderungen hervorgerufen, die im Verlaufe des Backtracking nicht wieder rückgängig gemacht werden. Im Gegensatz zu anderen Prädikaten, die nur fehlschlagen oder gelingen und im Falle des Gelingens Variablen instantiieren können, verändern die hier behandelten Prädikate die Wissensbank, ermöglichen Ein- und Ausgaben oder leiten künftige Ein- und Ausgaben um.

Die Eigenschaft, Wirkungen zu erzielen, die sich nicht lokal erkennen lassen, macht diese Prädikate im allgemeinen schwieriger handhabbar als andere; dennoch sind sie notwendig. So werden z.B. Ein- und Ausgabeprädikate benötigt, um einem laufenden Programm Informationen zuführen oder entnehmen zu können, Wissensbankprädikate ermöglichen erst die Übernahme von geschriebenen Programmen in den Speicher des Interpreters. Außerdem erlauben sie das Schreiben von Prädikaten, die in bestimmten Fällen alle zulässigen Instantiierungen einer Variablen in einem Ziel bestimmen. Aus diesem Grund soll jedes der Prädikate vorgestellt und an einem Beispiel erläutert werden.

5.1 Ein- und Ausgabe

Das Prädikat **read/1** dient dem Einlesen von Prologtermen. Im allgemeinen wird als Argument eine Variable mitgegeben, die mit dem nächsten eingelesenen

Prologterm unifiziert wird. Am Ende eines Prologterms muß stets ein Punkt stehen. Zu beachten ist, daß auch Variablen eingegeben werden können.

Beispiel 5-1:

```
?-    read(Eingabe).
   Hallo.


Eingabe = _15
yes
```

In diesem Fall ist die Eingabe nicht mit dem Atom 'Hallo' unifiziert worden, sondern mit einer Variablen. Diese wird als _15 ausgegeben, da die eigentlichen Namen von Variablen nach dem Einlesen vergessen werden. Großgeschriebene Atome lassen sich mit **read** also nicht ohne Schwierigkeiten einlesen. Ganze Zahlen, Terme in Funktorschreibweise sowie Terme in Operatorschreibweise und auch kleingeschriebene Atome jedoch lassen sich mit diesem Prädikat problemlos einlesen.
In Beispiel 6-10 wird das Prädikat **read/1** benutzt.

Ebenso, wie es Prädikate gibt, die die Eingabe von Termen ermöglichen, gibt es auch solche für die Ausgabe von Termen. Drei wichtige Ziele, die mit der Ausgabe von Termen verfolgt werden, sind folgende:

- Ausgabe von Informationen über das Terminal an den Benutzer.

- Eintragen von Termen zur Speicherung in eine Datei.

- Verifikation eines Ergebnisses.

Die erste Verwendungsweise tritt zum Beispiel auf, wenn das Programm eine Eingabe erwartet und der Benutzer darüber informiert werden soll. In Beispiel 5-2 wird ein Fall beschrieben, in dem das Prädikat **write/1** gut geeignet ist.

Wenn Terme auf dem Bildschirm ausgegeben werden, so werden Konstanten, die bei der Eingabe mit Hochkommata versehen werden müssen, weil sie mit einem Großbuchstaben beginnen ('Hallo') oder weil sie Sonderzeichen enthalten ('%&%$(%$% '), ohne diese Hochkommata ausgegeben. Sollen aber solche Terme, die einmal in eine Datei ausgegeben wurden, mit dem Prädikat **read/1** auch wieder eingelesen werden, so müssen die Hochkommata vorher auch mit ausgegeben werden. Hierzu dient das Prädikat **writeq/1**, das Atome, falls nötig, mit Hochkommata versieht.

Ein weiteres häufig vorhandenes Ausgabeprädikat ist **display/1**. Es gibt Terme stets in Funktorschreibweise aus:

```
?-    read(Term),display(Term),nl.
   3+summe _ von _ morgen.

  +(3,summe_von_morgen)

  Term = 3 + summe_von_morgen
  yes
```

Wenn wir verschiedene Operatordefinitionen benutzen, so können wir uns mit diesem Prädikat in Zweifelsfällen Klarheit darüber verschaffen, wie die implizite Klammerung erfolgt, welche Operatoren stärker als andere binden und ob sie links- oder rechtsassoziativ definiert sind. In Lektion 10 werden Operatordeklarationen ausführlich behandelt.

Ein weiteres sehr häufig benutztes Ausgabeprädikat ist nl/0. Es dient der Ausführung eines Zeilensprunges, d.h., die auf ein nl folgenden Ausgaben erscheinen erst in der nächsten Ausgabezeile.

Es gibt in Prolog nicht nur die Möglichkeit, Prologterme einzulesen und auszugeben — auch mit einzelnen Zeichen kann dies erfolgen. Hierfür existieren die Prädikate get/1 und get0/1. get0 liest dabei das nächste Zeichen von der Tastatur und unifiziert den Zahlencode der Taste mit seinem Argument. Der Zahlencode, der jeder Taste eine Zahl zuordnet, ist häufig der ASCII (American Standard Code for Information Interchange).
get arbeitet so ähnlich wie get0, nur werden hier nichtdruckbare Zeichen, wie das Tabulatorzeichen, das Leerzeichen oder das Zeichen, das die Return- oder Entertaste produziert, überlesen.
Ein sinnvolles Beispiel für get ist ein Programm, das als Eingabe ein einzelnes Zeichen benötigt, dieses Zeichen einliest und dann testet, ob das Zeichen ein j oder ein n ist:

Beispiel 5-2:

```
lies_j_oder_n(Zeichen):-
   repeat,
   write('Eingabe: j/n'),nl,
   get(Zeichen),
   ( Zeichen=106    % ASCII-Wert fuer j
   ; Zeichen=110    % ASCII-Wert fuer n
   ),
   !.
```

Dabei testet das Ziel 'Zeichen=106', ob der Code des eingelesenen Zeichens gleich dem des 'j' ist. repeat/0 ist auf Backtracking hin immer wieder erfüllbar.

Das Prädikat skip/1, mit numerischem Argument, dient zum Überlesen der eingegebenen Buchstaben, bis ein Zeichen gelesen wird, dessen Code gleich dem

Argument ist. Die Verwendung ist dann sinnvoll, wenn immer nur eine ganze Zeile auf einmal vom Terminal an den Rechner abgeschickt werden kann, aber nur das erste eingelesene Zeichen betrachtet werden soll. Nach dem Lesen des ersten Zeichens kann dann ein *Skip* bis zum Zeilenendezeichen durchgeführt werden. Das Zeilenendezeichen hat in Rechnern, die mit ASCII arbeiten, häufig den Wert 10 oder 13. Ein Programm, das ein Zeichen einliest und dann die Zeichen bis zum Zeilenende überliest, ist folgendes:

Beispiel 5-3:

```
lies_ein_zeichen(Zeichen):-
    get0(Zeichen),
    skip(10).
```

Eine weitere Anwendung ist das Einlesen einer Liste von Zeichen bis zu einem vorgegebenen Endezeichen. Dieses Beispiel läßt sich auch leicht mit Listen realisieren, die in Lektion 11 erläutert werden.

Beispiel 5-4:

```
lies_folge_bis(Endzeichen,Folge_von_zeichen):-
    get0(Zeichen),
    lies_folge_hilfspraedikat(Endzeichen,
      Zeichen,
      Folge_von_zeichen).


% Wenn das Endzeichen gelesen wurde: Ende
lies_folge_hilfspraedikat(Endzeichen,
                          Endzeichen,
                          kein_zeichen_mehr).


% Wenn nicht das Endzeichen gelesen wurde: Restfolge lesen,
lies_folge_hilfspraedikat(Endzeichen,
                          Zeichen,
                          folge(Zeichen,
                               Restfolge)):-
    Endzeichen \= Zeichen,
    get0(Neueszeichen),
    lies_folge_hilfspraed(Endzeichen,
                          Neueszeichen,
                          Restfolge).
```

(Der Infixoperator \= gelingt, wenn die beiden Argumente nicht miteinander unifizierbar sind. Er wird in Lektion 8 näher besprochen. In diesem Beispiel stellt er in der letzten Klausel sicher, daß das eingelesene Zeichen *ungleich* dem Endzeichen ist.)

Das Ergebnis einer solchen Eingabe kann folgendermaßen aussehen:

```
% 10 ist haeufig der Code des Zeilenendezeichens,
% 68 der von 'D', 117 der von 'u' und 33 der von '!'
?- lies _ folge _ bis(10,Folge).
  Du!


  Folge=folge(68,folge(117,folge(33,kein_zeichen_mehr)))
  yes
```

Neben zeichenorientierten Eingabeprädikaten existiert auch das zeichenorientierte Ausgabeprädikat put/1. Es erhält ein numerisches Argument, dessen korrespondierendes Zeichen dann ausgegeben wird. Hiermit können auch Zeichen ausgegeben werden, die sich nicht als Argument eines write/1 angeben lassen, wie etwa ein Zeilensprung oder ein Tabulatorvorschub.
Eine andere Anwendung ist die Ausgabe einer mit lies_liste_bis eingelesenen Folge:

Beispiel 5-5:

```
% Ein Zeilensprung nach Ausgabe der Folge
gib_folge_aus(kein_zeichen_mehr):-nl.

% Wenn Folge noch nicht leer: Ausgabe eines Zeichens
gib_folge_aus(folge(Erstes,Rest)):-
    put(Erstes),
    gib_folge_aus(Rest).
```

Ein Ausgabeprädikat, das nicht termorientiert arbeitet, ist tab/1. Es erhält ein numerisches Argument und gibt so viele Leerzeichen aus, wie in dem Argument angegeben sind. Mit Hilfe dieses Prädikates lassen sich Ausgaben angenehmer formatieren als mit write/1 oder put/1 allein.

5.2 Dateibearbeitung

Nachfolgend werden einige Prädikate beschrieben, die es ermöglichen, Ein- und Ausgaben nicht nur über den Bildschirm und die Tastatur erfolgen zu lassen, sondern Daten auch in Dateien zu sichern und aus Dateien zu lesen. So gibt es Prädikate, die es ermöglichen, die aktuelle Eingabedatei und die aktuelle Ausgabedatei zu bestimmen, andere Dateien zu aktuellen Ein- oder Ausgabedateien zu machen und diese Dateien zu schließen, um weiter über Tastatur und Bildschirm zu arbeiten.
Die ersten drei Prädikate, die behandelt werden sollen, ermöglichen das Einlesen von Daten aus einer Datei. Im Zusammenhang damit ist der Begriff des *Kanals* wichtig: Aus- und Eingaben erfolgen stets über Kanäle an die Außenwelt. Diese

Kanäle können mit dem Bildschirm, der Tastatur oder auch Dateien verbunden sein.

- Das Prädikat seeing/1 unifiziert sein Argument mit dem Namen des augenblicklichen Eingabekanals. Dies ist beispielsweise nützlich, wenn Ausgaben kurzfristig auf einen anderen Kanal erfolgen sollen, etwa auf das Terminal und dann wieder weiter auf den vorherigen Kanal.

- see/1 öffnet den als Argument angegebenen Kanal als Eingabekanal. Das Argument ist dabei normalerweise die Bezeichnung für eine Datei, etwa eingabe.daten, oder eine Sonderbezeichnung für das Terminal, zum Beispiel user.

- seen/0 schließt den augenblicklichen Eingabekanal. Nachfolgende Eingaben werden vom Terminal erwartet.

Die folgenden drei Prädikate entsprechen den soeben behandelten, nur beziehen sie sich auf Ausgaben und nicht auf Eingaben.

- Das Prädikat telling/1 ermöglicht es, den Namen des augenblicklichen Ausgabekanals festzustellen. Die Funktion entspricht der von seeing/1: Wenn Ausgaben für einen kurzen Zeitraum auf einen anderen Kanal als den augenblicklichen erfolgen sollen, kann mit diesem Prädikat der Name des augenblicklichen Kanals festgestellt werden. Dieser wird mit dem Argument unifiziert, der Kanal wird dann geschlossen, der andere geöffnet, und nach erfolgter Ausgabe wird wieder auf den früheren Kanal umgeschaltet.

- tell/1 richtet den im Argument angegebenen Kanal als aktuellen Ausgabekanal ein; dies erfolgt analog zu see/1.

- told/0 schließt den augenblicklichen Ausgabekanal; weitere Ausgaben erfolgen über das Terminal.

Diese Prädikate ermöglichen es also, Daten in eine Datei zu schreiben.

Bevor wir zu einer sinnvollen Anwendung der obigen Prädikate kommen, soll noch ein hilfreiches Prädikat erwähnt werden: listing/1. Dieses Prädikat gibt alle Klauseln aus der Wissensbank zu dem Funktor aus, der als Argument angegeben wurde. Wollen wir uns beispielsweise aus einer Wissensbank über Verwandtschaftsverhältnisse alle vater-Klauseln ausgeben lassen, so können wir dies folgendermaßen erreichen:

Beispiel 5-6:

```
?- listing(vater).
   vater(kasimir,berta).
```

```
vater(jonathan,sabine).
vater(_14,_16):-
    eltern(_15,_14,_16).
yes
?-
```

Im allgemeinen funktioniert dies jedoch nur für Prädikate, die der Benutzer
selbst definiert hat, nicht jedoch für die im System vordefinierten.
Eine andere Verwendung von `listing/1` besteht im Schreiben eines Teils der
Wissensbank in eine Datei. Da die Ausgabe des Prädikates sich auf den aktuel-
len Ausgabekanal bezieht, muß dieser zuvor auf eine Datei umgeleitet werden.
Folgendes Programm ist beim Abspeichern von Daten in eine Datei hilfreich:

Beispiel 5-7:

```
listing_in_datei(Funktor,Datei):-
    telling(Aktuelle_ausgabe),
    tell(Datei), listing(Funktor),
    told,
    tell(Aktuelle_ausgabe).
```

Ein Programm, das diese Daten auf den Bildschirm ausgibt, ist das folgende:

Beispiel 5-8:

```
inhalt_der_prologdatei(Datei):-
    seeing(Aktuelle_eingabe),
    see(Datei),
    read(Term),
    lies_und_gib_aus(Term), seen,
    see(Aktuelle_eingabe).

lies_und_gib_aus(end_of_file).
lies_und_gib_aus(Term):-
    Term \= end_of_file,
    write(Term),nl,
    read(Neuer_term),
    lies_und_gib_aus(Neuer_term).
```

Dieses Prädikat funktioniert allerdings nur dann, wenn das Prologsystem beim
Lesen des Endes einer Datei das Atom `end_of_file` liefert.

In einer Datei stehende Prologklauseln, seien sie von einem Programm dort
eingetragen oder von einem Menschen geschrieben, können mit den Prädikaten `consult/1` oder `reconsult/1` in die Wissensbank eingelesen werden, wobei
das Argument der Name einer Datei ist. Dabei überschreibt `reconsult` schon

vorher in der Wissensbank vorhandene Versionen von Prädikaten, die in der
eingelesenen Datei vorkommen, während consult die neuen Klauseln einfach
zur Wissensbank hinzufügt.

Beispiel 5-9:
Die Datei mutter.daten habe folgenden Inhalt:

```
/* Datei mutter.daten */
mutter(kunigunde, bertha).
mutter(kunigunde, leopold).
/* Ende der Datei */
```

Die Wissensbank enthalte:

```
mutter(marianne, udo).
```

Dann ist folgender Beispieldialog denkbar:

```
?-  listing(mutter).
   mutter(marianne, udo).
   yes
?-  consult('mutter.daten').
   yes
?-  listing(mutter).
   mutter(marianne, udo).
   mutter(kunigunde, bertha).
   mutter(kunigunde, leopold).
   yes
?-  consult('mutter.daten').
   yes
?-  listing(mutter).
   mutter(marianne, udo).
   mutter(kunigunde, bertha).
   mutter(kunigunde, leopold).
   mutter(kunigunde, bertha).
   mutter(kunigunde, leopold).
   yes
?-  reconsult('mutter.daten').
   yes
?-  listing(mutter).
   mutter(kunigunde, bertha).
   mutter(kunigunde, leopold).
   yes
```

5.3   Veränderung der Wissensbank

Die oben erwähnten Prädikate consult/1 und reconsult/1 verändern die Datenbasis; dies ist neben der Veränderung von Ein- und Ausgaben die zweite Möglichkeit, Seiteneffekte hervorzurufen. Zur Veränderung der Wissensbank dient eine Anzahl von Prädikaten, die einzelne Klauseln an bestimmten Stellen in die Wissensbank einfügen, einzelne Klauseln aus der Wissensbank löschen oder ganze Prädikate auf einmal aus der Wissensbank entfernen. Solche Prädikate werden zum Beispiel häufig bei der Realisierung der Prädikate consult/1 und reconsult/1 benutzt.

Jedes der Prädikate soll zunächst einmal vorgestellt werden, und im Anschluß daran soll ein allgemein gebräuchliches Prädikat angegeben werden, bei dessen Definition sich die Benutzung der Wissensbank als Zwischenspeicher anbietet. Zunächst sollen zwei Prädikate angesprochen werden, die das Hinzufügen von Klauseln in die Wissensbank ermöglichen:

- asserta/1: Das Argument muß eine gültige Prologklausel sein. Sie wird in die Wissensbank an vorderster Stelle eingefügt, d.h., bei dem Versuch, ein Teilziel zu beweisen, wird diese Klausel als erste auf Anwendbarkeit überprüft.

  Dieses Prädikat wird häufig bei der Sicherung von Zwischenergebnissen in der Wissensbank benutzt, von denen wir wissen, daß wir in kurzer Zeit doch wieder auf sie zugreifen werden.

- assertz/1: Auch dieses Prädikat fügt sein Argument als Klausel zur Wissensbank hinzu. Allerdings wird es hinten angefügt, d.h., sie wird erst dann auf Anwendbarkeit überprüft, wenn alle anderen Klauseln fehlgeschlagen sind.

  Dieses Prädikat wird z.B. von consult benutzt; neu eingelesene Klauseln werden an das Ende der Wissensbank eingetragen, und Klauseln, die in der Datei hintereinander stehen, haben auch in der Wissensbank die gleiche Reihenfolge.

Ebenso wie es Prädikate gibt, die Klauseln zur Wissensbank hinzufügen, existiert eines, das einzelne Klauseln aus der Wissensbank entfernt. retract/1 unifiziert die erste Klausel in der Wissensbank, bei der das möglich ist, mit seinem Argument und löscht dann diese Klausel aus der Wissensbank. Dabei muß darauf geachtet werden, daß der Kopf des Argumentes von retract soweit instantiiert ist, daß sich Funktor und Stelligkeit erkennen lassen, weil die Wissensbank im allgemeinen anhand dieser beiden Informationen durchsucht wird.

Zwei Prädikate, die alle zu einem bestimmten Prädikat gehörigen Klauseln aus der Wissensbasis entfernen, sind retractall/1 und abolish/2. retractall löscht alle Klauseln aus der Wissensbank, deren Kopf sich mit seinem Argument unifizieren läßt. Ein Prologprogramm, das diese Funktion ausführt, läßt sich beispielsweise folgendermaßen programmieren:

Beispiel 5-10:

```
my_retractall(Kopf):-
    retract((Kopf:-_)),
    fail.
my_retractall(_).
```

my_retractall/1 entfernt alle Klauseln, deren Kopf mit dem Argument unifiziert, mit Hilfe des Prädikates retract/1 per Backtracking aus der Wissensbank. Wenn schließlich keine Klausel mehr gefunden wird, schlägt die erste Klausel fehl, und die zweite wird versucht. Diese gelingt sofort.

Ein weiteres Prädikat, das alle Klauseln eines Prädikates auf ein Mal aus der Wissensbank entfernen kann, ist abolish/2. Das erste Argument dieses Prädikates ist ein Funktor und das zweite die Stelligkeit. Es werden sämtliche Prädikate aus der Wissensbank entfernt, deren Kopf diesen Funktor und diese Stelligkeit aufweisen. Dieses Prädikat läßt sich leicht mit Hilfe der Prädikate retractall/1 und functor/3 nachbauen:

Beispiel 5-11:

```
my_abolish(Funktor,Stelligkeit):-
    functor(Kopf,Funktor,Stelligkeit),
    retractall(Kopf).
```

Bemerkung: Das Prädikat functor/3, das hier dazu dient, zu einem gegebenen Funktor und einer Stelligkeit einen Term mit Kopf zu unifizieren, der den gegebenen Funktor mit der gegebenen Stelligkeit trägt und dessen Argumente alle freie Variablen sind, wird in Lektion 9 näher erläutert.

Eine Anwendung, die Wissensbankprädikate finden, ist neben dem Speichern der Klauseln der abzuarbeitenden Programme auch das Festhalten von Zwischenergebnissen. Diese Möglichkeit wird etwa bei dem Prädikat findall/3 benutzt: Das zweite Argument wird als Ziel aufgefaßt. Es wird versucht, dieses Ziel durch Backtracking so oft wie möglich zu beweisen, wobei Variablen instantiiert werden können. Diese Variablen werden in einem Term als erstes Argument angegeben. Die möglichen Instantiierungen dieses Terms werden dann als Liste mit dem dritten Argument unifiziert.

Beispiel 5-12:
Zur Bestimmung einer Liste aller Kinder von Kasimir könnte folgender Dialog ablaufen:

```
?- findall(Kind,vater(kasimir,Kind),Kinderliste).
   Kind=_24,
```

```
    Kinderliste=[alfred,sabine,ulrike,peter]
yes
```

Auf diese Weise lassen sich auch alle Lösungen eines Prädikates bestimmen, ohne ständig ein Semikolon einzugeben — allerdings nur dann, wenn es endlich viele Lösungen gibt.

Das Problem bei der Realisierung dieses Prädikates liegt in der Notwendigkeit, einerseits durch Backtracking alle Lösungen zu finden, andererseits aber Instantiierungen, die sich bei einer Lösung ergeben haben, nicht wieder zu vergessen. Dies läßt sich erreichen, indem wir gefundene Lösungen in der Wissensbank zwischenspeichern und dann Backtracking durchführen, weil in diesem Falle die Lösungen ja noch zugänglich bleiben. Nachdem einmal alle Lösungen gefunden sind, werden die Zwischenergebnisse aus der Wissensbank in einer Liste gesammelt. Hier eine Realisierung dieses Prädikates:

Beispiel 5-13:

```
findall(Pattern, Ziel, _):-
      asserta(gefunden(markierung)),
      Ziel,
      asserta(gefunden(Pattern)),
      fail.

findall(_,_,Liste):-
      retract(gefunden(Pattern)),
      sammel_patterns(Pattern,Liste).

sammel_patterns(markierung,[]).
sammel_patterns(Pattern,[Pattern|Rest]):-
      Pattern \== markierung,
      retract(gefunden(Neues_pattern)),
      sammel_patterns(Neues_pattern,Rest).
```

Bemerkung: In manchen Prologimplementierungen muß statt des Terms `Ziel` in der dritten Zeile der ersten Klausel auch `call(Ziel)` geschrieben werden; in jedem Fall wird der Wert der Variablen `Ziel` als Goal aufgefaßt, dessen Beweis versucht wird. Dieses Prädikat wird in Lektion 9 näher behandelt. Das Prädikat `\==` in der drittletzten Zeile des Programmes gelingt, wenn die Argumente keine identischen Werte haben; es wird in Lektion 8 erläutert.

Bevor das Ziel in `findall` das erste Mal aufgerufen wird, wird in die Wissensbank ein Faktum `gefunden(markierung)` eingefügt. Für jede erfolgreiche Ausführung des `call` wird der Term, der die gesuchten Variablen enthält (hier `Pattern` genannt) mit dem Prädikat `asserta/1` vorne in die Wissensbank eingefügt. Damit wird ermöglicht, daß beim Sammeln der Daten die gefundenen Lösungen nacheinander wieder aus der Wissensbank entfernt werden können, bis die anfangs abgelegte Markierung erreicht ist. Sobald der Beweisversuch des Ziels fehlschlägt, tritt die zweite Klausel in Aktion; rekursiv werden über das Prädikat `sammel_patterns` die gemerkten Instantiierungen wieder eingesammelt, bis die Markierung erreicht wird.

5.4 Übungsaufgaben

Übung 5-1:
Schreiben Sie ein Prädikat, das alle Väter, die sich nach Klauseln wie denen von Beispiel 1-2 in der Datenbank befinden, in die Datei 'vaeter.namen' schreibt.

Übung 5-2:
Wie reagiert das Prädikat `lies_ein_zeichen/1` aus Beispiel 5-3, wenn vor der Betätigung der RETURN-Taste kein Zeichen eingegeben wurde ? Wie läßt sich das vermeiden ?

Übung 5-3:
Benutzen Sie `findall/3`, um nach Beispiel 2-5 alle Nachfahren von 'andrea' zu bestimmen.

Lektion 6

Kontrollstrukturen

Der Prologinterpreter kontrolliert die Abarbeitung von Programmen, indem er Backwardchaining durchführt, d.h., indem er zum Beweis eines Ziels die rechten Seiten der Regeln zu beweisen versucht, mit deren Kopf das Ziel unifiziert werden kann, und mit Backtracking. Das folgende Kapitel erläutert die Benutzung von expliziten Kontrollanweisungen, mit denen wir den Ablauf von Prologprogrammen feiner steuern können, als es mit Backwardchaining und Backtracking allein möglich wäre. Wir können mit ihnen auch eine verbesserte Lesbarkeit der Programme erzielen.

6.1 *Und* und *Oder*

Die gebräuchlichste Kontrollstruktur ist das *Und*, geschrieben als ' ,'; es taucht so oft auf, daß es häufig gar nicht als Kontrollstruktur aufgefaßt wird. Die Funktion des *Und* ist folgende:

> Wenn 'G1,G2' zwei Ziele sind, die durch ein *Und* verbunden werden, so bedeutet dies, daß der Beweis von G1 versucht wird. Für den Fall, daß G1 fehlschlägt, schlägt auch das Gesamtgoal fehl; im anderen Falle wird versucht, G2 zu beweisen, und der Gesamtausgang hängt von dem Ausgang dieses Beweisversuches ab. Wenn Backtracking stattfindet, wird zunächst versucht, Alternativen für den Beweis von G2 zu finden, und erst wenn das fehlschlägt, werden alternative Beweismöglichkeiten für G1 gesucht.

Das *Oder*, ebenfalls ein vordefiniertes Prädikat, wird als Semikolon '(;)' geschrieben und läßt sich folgendermaßen als Prologklausel schreiben:

```
';'(G1,G2):-G1.
';'(G1,G2):-G2.
```

Weil das Semikolon ein Infixoperator ist, kann es auch in der Form

```
G1 ; G2:-G1.
G1 ; G2:-G2.
```

dargestellt werden.

Aus diesen Definitionen läßt sich die Abarbeitung des Ziels '(G1;G2)' ablesen.

Wir können in einer Prologklausel sowohl das *Oder* als auch das *Und* benutzen. Dabei ergeben sich einige Probleme: Ebenso, wie es bei einem arithmetischen Ausdruck, z.B. bei 2+3*5, auf die Klammerung ankommt, weil verschiedene Klammerung [2+(3*5) oder (2+3)*5] zu verschiedenen Ergebnissen führt, spielt auch bei einem zusammengesetzten Ziel oder Klauselrumpf die Klammerung eine Rolle.

Beispiel 6-1:

```
tauscht_um(Person,Ding):-
     geschmack_ploetzlich_geaendert(Person)
   ; hat_gekauft_fuer(Andere_person,Ding,Person),
     gefaellt_nicht(Ding,Person).
```

Die Klammerung eines zusammengesetzten Ziels 'G1 ; G2,G3' ist dabei explizit 'G1 ; (G2,G3)', *Und* bindet also stärker als *Oder*; durch explizite Klammerung können auch andere Verschachtelungen erreicht werden. Dies wird weiter unten gezeigt.

Programme, in denen das *Oder* viel benutzt wird, tendieren zur Unübersichtlichkeit; ein Mittel, um diesen Effekt einzudämmen, ist die "auffällige" Schreibweise, die auch in Beispiel 6-1 verwendet wird. Hin und wieder bietet es sich an, das *Oder* zu verwenden, auch wenn dazu keine echte Notwendigkeit besteht. Eine sinnvolle Anwendung findet sich in Beispiel 6-10.

6.2 Das *Fail*

Ein häufig benutztes Prädikat, das zur Steuerung des Ablaufs eines Programmes dient, ist das *Fail*, geschrieben 'fail'. Auch dieses Prädikat läßt sich durch eine Prologklausel nachbilden:

Beispiel 6-2:

```
\* Beginn des Praedikates fail *\
\* Ende des Praedikates fail *\
```

Im obigen Programm ist nichts vergessen worden: Die besondere Eigenschaft des *Fail* ist tatsächlich, daß es nicht in der Datenbasis vorkommt. Wenn es also in einer Konjunktion auftritt, so muß diese letztendlich fehlschlagen, der Beweis von Zielen, die erst nach dem Beweis des *Fail* in Angriff genommen würden, wird gar nicht versucht.

Der Sinn des Prädikats ist folgender: Zum einen wird dies Prädikat häufig in der *Cut-Fail*-Kombination benutzt, die weiter unten im Zusammenhang mit dem Prädikat *Cut* näher betrachtet wird, zum anderen kann damit ein sofortiges Backtracking erzwungen werden. Letzteres ist nützlich, wenn wir alle Väter aus der Datenbank des Beispiels 1-2 bestimmen wollen:

Beispiel 6-3:

```
?-   vater(V, _ ),write(V),nl,fail.
   zeus
   adam
no
```

Eine Anfrage dieser Art macht es möglich, sich die Lösungen und Alternativlösungen anzusehen, mit denen ein Ziel bewiesen wird, ohne das Semikolon zu benutzen; man kann sich also Arbeit sparen. Da aber Variablenbelegungen nur ausgegeben werden, wenn ein Ziel bewiesen wurde, muß die Ausgabe hier explizit durch ein 'write/1' (vgl. Lektion 5) erfolgen. Aus Gründen der leichteren Lesbarkeit bietet es sich an, nach der Ausgabe eines Ergebnisses mit 'nl' einen Zeilensprung durchzuführen.

Ein Problem stellen für diesen Ansatz Prädikate dar, bei denen Anfragen unendlich viele Lösungen haben können:

Beispiel 6-4:

```
mehr_s_vorne(X,s(X)).
mehr_s_vorne(X,s(Y)):-mehr_s_vorne(X,Y).
```

Bei diesem Inhalt der Datenbank werde die folgende Anfrage gestellt:

```
?-   mehr _ s _ vorne(innen,Innen _ mit _ Ssen),
   write(Innen _ mit _ Ssen),
   fail.
```

Da das Prädikat durch Backtracking immer wieder erfüllbar ist, werden so lange Ergebnisse ausgegeben, bis der Speicher durch den immer tiefer verschachtelten Aufruf des Prädikates gefüllt ist, oder bis die Geduld des Benutzers ein Ende findet. Für diesen Fall stellen die meisten Prologimplementierungen eine Möglichkeit zur Verfügung, ein laufendes Programm abzubrechen; häufig ist dies die Tastenkombination Ctrl-C (wird durch Anschlagen der Taste 'c' erzeugt, während die mit `Ctrl` oder `Kontrolle` markierte Taste gedrückt ist). Diese Möglichkeit sollte möglichst früh vertraut sein, weil Fälle dieser Art unbeabsichtigt recht häufig auftreten.

6.3 Das *Cut*

Das *Cut*, geschrieben als ' ! ', ist ein Kontrollprädikat, das sich nicht durch einfache Prologklauseln ausdrücken läßt. Es wird verwendet

- wenn die Erfüllbarkeit eines Ziels von der Erfüllbarkeit *einer bestimmten Klausel* eines Prädikates abhängig gemacht werden soll, oder

- wenn wir uns bei der Abarbeitung einer Klausel auf *eine* in der Klausel erfolgte Variablenbindung festlegen wollen.

Dies wird erreicht, indem das Backtrackverhalten für das Ziel, in dem das *Cut* vorkommt, verändert wird. Wir können uns die Wirkung eines *Cut* folgendermaßen verdeutlichen:
Wenn ein *Cut* als Teil einer Konjunktion auftritt, so gilt es direkt als erfüllt. Erst wenn im Verlauf von Backtracking eine zweite Lösung für das *Cut* gesucht werden muß, tritt ein besonderes Verhalten auf:

> Das augenblickliche Teilziel schlägt sofort fehl, d.h., es werden einerseits keine Alternativen für Teilziele gesucht, die vorher in der Konjunktion bewiesen wurden, noch werden andererseits alternative Klauseln für das gerade im Beweis befindliche Teilziel gesucht.

Beispiel 6-5:
Die Prädikate 'a/0' und 'b/0' bestehen aus folgenden Klauseln:

```
a:-write(vor_dem_cut),nl,!,write(hinter_dem_cut),nl.
a:-write(klausel_ohne_cut),nl.

b:-a,fail.
```

Das augenblickliche Teilziel sei 'b'. Es wird zunächst versucht, das erste Teilziel des dazugehörigen Rumpfes, nämlich 'a', zu beweisen. Die Abarbeitung der ersten Klausel für 'a' führt zur Ausgabe der Terme 'vor_dem_cut' und 'hinter_dem_cut'. Damit ist 'a' bewiesen, und der zweite Teil des Rumpfes müßte abgearbeitet werden. *Fail* schlägt aber fehl, und so wird Backtracking erzwungen; für 'nl' und 'write(hinter_dem_cut)' bestehen keine alternativen Beweismöglichkeiten.
Als nächstes wird nach Alternativen für das *Cut* gesucht. Das *Cut* bildet aber eine Schranke, die durch Backtracking nicht überwunden werden kann: Das Teilziel 'a' schlägt fehl, ohne daß eine Alternative dafür gesucht wird. Somit bleibt auch die zweite Klausel unberücksichtigt, und der Beweisversuch von 'b' ist fehlgeschlagen.
Eine Anwendung des *Cut* ist die folgende:

Beispiel 6-6:
Die Datenbank enthalte die Klausel aus Beispiel 1-2 und zusätzlich:

```
familienmitglied(vater,V):-!,vater(V,_).
familienmitglied(mutter,M):-!,mutter(M,_).
familienmitglied(kind,K):-vater(_,K).
familienmitglied(kind,K):-!,mutter(_,K).
```

Das Prädikat 'familienmitglied/2' ermöglicht es, unter Angabe von 'vater', 'mutter' oder 'kind' als erstem Argument das zweite Argument mit den Namen von Mitgliedern der jeweiligen Gruppen zu unifizieren. Das *Cut* macht dabei in der ersten Klausel deutlich, daß für den Fall der Unifikation eines Ziels mit dem Klauselkopf nur diese erste Klausel betrachtet werden soll. Wird per Backtracking nach Alternativen gesucht, nachdem der Kopf der ersten Klausel einmal mit dem augenblicklichen Teilziel unifiziert worden ist, so werden weitere Klauseln nicht geprüft.

Falls feststeht, daß beim Beweis eines Teilziels nur eine bestimmte Klausel zum Ziel führen kann, sobald der Kopf mit dem Teilziel unifiziert werden konnte, kann durch das *Cut* unterbunden werden, daß im Falle von Backtracking eine letztendlich doch erfolglose Suche nach Alternativen durchgeführt wird. Die Verwendung des *Cut* kann also zu Zeitersparnis bei der Ausführung eines Programmes führen.

Es ergibt sich aber bei der Verwendung des *Cut* ein besonderes Problem, das mit folgendem Beispiel erläutert wird:

Beispiel 6-7:
Wenn mit Backtracking alle Väter, Mütter und Kinder mit Hilfe des Prädikates aus Beispiel 6-6 gefunden werden sollen, könnte sich bei einem naiven Benutzer folgender Bildschirmdialog abspielen:

```
?-  familienmitglied(Funktion,Name),
    write(Funktion),write('  '),write(Name),nl,
    fail.

   vater   zeus
   vater   adam
no
```

Hier fehlen alle Lösungen, die mit anderen als der ersten Klausel des Prädikates 'familienmitglied/2' hätten gefunden werden können. Das *Cut* hat auch hier die Benutzung der anderen Klauseln unterbunden, obwohl sie sehr wohl zum Erfolg hätten führen können. Der Unterschied zur geplanten Verwendungsweise liegt bei der Benutzung des ersten Argumentes: Während bei der Definition davon ausgegangen wurde, daß das erste Argument instantiiert ist, so daß sich daraus die richtige Klausel für die Abarbeitung bestimmen läßt, ist hier das erste Argument eine Variable. Das Ziel unifiziert mit dem Kopf der ersten Klausel von 'familienmitglied/2', und durch das *Cut* wird die Abarbeitung dann auf diese Klausel festgelegt, so daß Lösungen, die sich aus der Abarbeitung anderer Klauseln ergeben hätten, nicht gefunden werden.

6.4 Die *Cut-Fail*-Kombination

Wie schon angemerkt sind es häufig Effizienzgründe, die zur Verwendung des *Cut* führen. Man sollte sich aber, wie bei Benutzung des *Oder*, darüber im Klaren sein, daß das *Cut* Prologprogramme sehr unübersichtlich machen kann; das Beispiel 6-6 verdeutlicht dies.

Eine andere Verwendung des *Cut* findet sich zum einen in der Verwendung mit dem *Repeat*; diese Benutzung wird auch bei der Beschreibung dieses Prädikates in Abschnitt 6.5 näher erläutert. Eine weitere Verwendungsweise des *Cut* ist die *Cut-Fail*-Kombination. Hier wird die Art und Weise benutzt, in der in Prolog die Negation ausgedrückt wird: durch das Fehlschlagen eines Ziels, auch *negation on failure* genannt. Wenn sich durch den Nachweis einiger Teilziele feststellen läßt, daß ein Ziel fehlschlägt, so können wir diesen testenden Teilzielen nicht einfach ein *Fail* anfügen, um damit die Gesamtkonjunktion fehlschlagen zu lassen, weil in diesem Fall möglicherweise noch eine alternative Klausel gefunden wird. Eine dann oft verwendete Technik ist das Vorstellen eines *Cut* vor das *Fail*: Das von *Fail* initiierte Backtracking wird bei Erreichen des *Cut*, also sofort, das Fehlschlagen des Ziels bewirken:

Beispiel 6-8:

```
unifizierbar(X,X).

nicht_unifizierbar(X,X):-!,fail.
nicht_unifizierbar(_,_).
```

Das Prädikat 'unifizierbar/2' gelingt, wenn die beiden Argumente unifizierbar sind. Gleichzeitig werden die Argumente auch wirklich unifiziert. Im Gegensatz dazu schlägt das Prädikat 'nicht_unifizierbar/2' im Falle der Unifizierbarkeit der Argumente fehl; das *Cut* vor dem *Fail* sorgt dabei dafür, daß bei Fehlschlagen der ersten Klausel nicht die Anwendbarkeit der zweiten geprüft wird. Sind die beiden Argumente nicht unifizierbar, so schlägt die Klausel schon bei dem Versuch der Unifizierung des Ziels mit dem Kopf der Klausel fehl. Als Alternative wird die zweite Klausel geprüft, die zum Erfolg führt. (Diese beiden Prädikate sind in Prolog schon als die Infixoperatoren '=' und '\=' enthalten.)

Ein weiteres vordefiniertes Prädikat ist 'not/1'. Es gelingt, wenn sein Argument, das ein Ziel sein muß, fehlschlägt, und schlägt fehl, wenn sein Argument gelingt. Um es in Prolog zu schreiben, ist ein anderes vordefiniertes Prädikat notwendig: 'call/1'. Der Interpreter faßt das Argument von 'call' als Ziel auf, und Gelingen oder Fehlschlagen des Ziels ist direkt vom Gelingen oder Fehlschlagen des Argumentes abhängig. (Statt 'call(X)' kann in vielen Prologdialekten auch einfach 'X' geschrieben werden.)

Ein Prologprogramm, das 'not/1' realisiert, ist folgendes:

Beispiel 6-9:

```
not(Ziel):-call(Ziel),!,fail.
not(_).
```

6.5   Das *Repeat*

Das letzte hier behandelte Prädikat zur expliziten Steuerung des Kontrollflusses
in Prologprogrammen ist das *Repeat*. Auch dies ist ein vordefiniertes Prädikat,
daß sich in seiner grundsätzlichen Funktion leicht in Prolog nachbilden läßt:

```
repeat.
repeat:-repeat.
```

Die Arbeitsweise wird an der Abarbeitung des folgende Ziels illustriert:

```
?-   repeat,write(hallo),nl,fail.
     hallo
     hallo
     hallo
     ......
```

Das Teilziel 'write(hallo),nl' wird ständig wieder neu erfüllt, weil sich für das
Repeat immer wieder eine Alternative finden läßt: Beim ersten Beweisversuch
gelingt die erste Klausel, beim Backtracking wird als Alternative die zweite
gefunden, für deren Rumpf dann zunächst wieder die erste Klausel zum Beweis
herangezogen wird. Erneutes Backtracking läßt auch hier als Alternative die
zweite Klausel finden, für deren Rumpf dann wiederum die erste Klausel zum
Beweisen dient, und dies ad infinitum.

Aus dieser Beschreibung wird auch der Unterschied zu einem weiteren Prädikat deutlich, auf das hier kurz eingegangen werden soll: das 'true/0'. Dieses,
in der Datenbank definiert wie ein Faktum 'true.', gelingt *genau einmal*, bei
Backtracking wird keine alternative Beweismöglichkeit gefunden, und es schlägt
fehl.

Die Abarbeitung einer Klausel, die ein 'repeat' enthält, wird im allgemeinen
dadurch beendet, daß die Gesamtkonjunktion bewiesen werden kann, das zu
beweisende Teilziel kann also gezeigt werden. Es gibt jedoch eine weitere Möglichkeit:

Da das *Repeat* auf Backtracking hin immer eine Alternative bietet, kann der
Beweisversuch einer Konjunktion mit einem *Repeat* auch damit enden, daß das
Backtracking unterbunden wird. Dieses aber läßt sich leicht mit einem *Cut*
erreichen:

Beispiel 6-10:

```
lies_ja(JN):-
    repeat,
    read(JN),
    ( JN==ja
    ; JN==nein
    ),
    !,
    JN==ja.
```

Dieses Beispiel stellt ein Prädikat vor, das so lange Prologterme einliest, bis
der eingelesene Term mit 'ja' oder 'nein' identisch ist (diese Identität prüft
das Prädikat '==/2', im Gegensatz zur einfachen Unifizierbarkeit). Es gelingt
allerdings nur dann, wenn der Term auch ein 'ja' war, ansonsten schlägt es fehl.

6.6   Übungsaufgaben

Übung 6-1:
Klären Sie folgende Fragen:

1. Was ist nötig, damit ein *Oder*-Ziel '(G1;G2)' in Prolog bewiesen werden
   kann ? Wann kann es nicht bewiesen werden ?

2. Wie reagiert ein solches Ziel auf Backtracking ? Was passiert, wenn G1
   genau dreimal erfüllbar ist, G2 jedoch gar nicht ?

3. Wie wird das Ziel

$$?- \quad A=die \_ eine \_ ausgabe, write(A), nl$$
$$; A=die \_ andere \_ ausgabe, write(A), nl.$$

   abgearbeitet, und wie reagiert es auf die Eingabe eines Semikolons ?

Übung 6-2:
Verdeutlichen Sie sich die Arbeitsweise des Prädikates 'not/1'.

Übung 6-3:
Welche Unterschiede bestehen zwischen 'a/0' und 'b/0', wenn sich für diese
Prädikate folgende Klauseln in der Datenbank befinden:

```
a:-c,!,d.
a:-e.
```

```
b:-c,d.
b:-not(c),e.
```

Hinweis: c, d und e können zum Beispiel Bildschirmausgaben durchführen.

Übung 6-4:
Gegeben sei das folgende Prologprogramm:

```
b.
c.
a:-b,c,!,d.
a:-b,c.
```

1. Was passiert bei der Anfrage '?- *a*.' ?

2. Man vertausche die beiden Regeln für 'a/0'. Was passiert dann bei der Anfrage '?- *a*.' ?

Lektion 7

Graphische Darstellung von Prologprogrammen

Prolog als logik-basierte Programmiersprache besitzt momentan noch kein allgemein akzeptiertes Verfahren zur Darstellung von Programmen, geschweige denn einen allgemeinen Ansatz zur Programmentwicklung und damit verbunden zum Software-Engineering.

Für die Beschreibung und Darstellung von Prolog-Programmen scheiden Verfahren wie Flußdiagramme und Struktogramme aus, da sie speziell zur Darstellung von Kontroll- und Informationsfluß in anweisungs-orientierten Programmiersprachen konzipiert worden sind. Diese Methoden beschreiben nur, wie Verfahren zu implementieren sind, es handelt sich jedoch nicht um eine Spezifikation von Programmen. Da in Prolog Probleme in Teilprobleme gegliedert werden können, liegt es nahe, hierarchische Beschreibungsverfahren zu wählen.

In dieser Lektion werden zwei Möglichkeiten für die graphische Darstellung von Prolog-Programmen vorgestellt:

- die Beschreibung durch *Beweisbäume* (Und-Oder Baum, And/Or Tree) und

- die Darstellung durch das *Vierportmodell*.

Zur Erläuterung beider Verfahren benutzen wir ein kleines Prolog-Programm,
das durch die Definition der Klauseln 'a/0', 'b/0' und 'd/0' gegeben ist.
Die kleinen Buchstaben stehen für beliebige Terme.

Beispiel 7-1:

```
a :- b, c, d.
b :- e, f.
b :- g, h, i.
b :- j, k.
d :- l.
d :- m, n.
```

7.1   Der Beweisbaum

Ein *Beweisbaum*, auch *Und/Oder Baum (AO-Tree)* genannt, ist durch eine
Menge von Knoten und Kanten (vergleiche Lektion 13) festgelegt. Die Knoten
bilden hierbei zu beweisende Aussagen; jeder Knoten kann einen oder mehrere
Nachfolgeknoten haben, wobei die Aussagen, die durch die Nachfolgeknoten
repräsentiert werden, zum Beweis der ursprünglichen Aussage des Ursprungs-
knotens benötigt werden. Die Aussagen der Nachfolgeknoten können entweder
konjunktiv oder disjunktiv miteinander verknüpft werden. Wir erhalten so eine
Struktur von *Und-* und *Oder-* verknüpften Knoten für jede Ebene des Baumes.

Beispiel 7-2:
Der Beweisbaum der aussagenlogischen Aussage

$$((P \vee Q) \wedge R) \vee (S \wedge (T \vee U))$$

hat folgende Struktur:

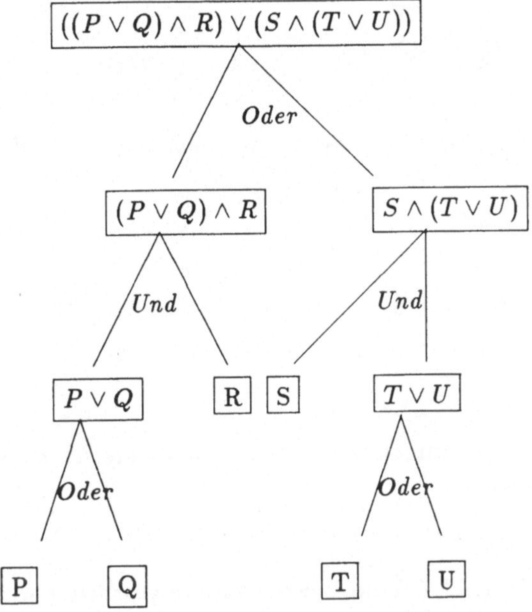

Der *Beweisbaum* zu einem Prolog-Programm läßt sich wie folgt konstruieren:

1. Die zu beweisende Aussage bildet die Wurzel des Baumes.

2. Für jedes Teilziel (Prämisse) einer Klausel, d.h. für jede Klausel einer rechten Seite einer Aussage, wird ein Nachfolgerknoten eingetragen. Die Knoten werden mit *Und* verbunden.

3. Für jede Klausel (Axiom) der Definition des Prädikats (der Prozedur) dieser Aussage, d.h. für jede Alternativregel, wird ein Nachfolgerknoten eingetragen. Diese Knoten sind durch *Oder* verbunden.

4. Dieser Prozeß wird für die einzelnen Ziele, die ebenfalls zu beweisende Aussagen sind, wiederholt.

Für das Beispiel 7-1 ergibt sich unter der Voraussetzung, daß 'a/0' die zu beweisende Aussage ist, der folgende Beweisbaum:

Bild 7-1:

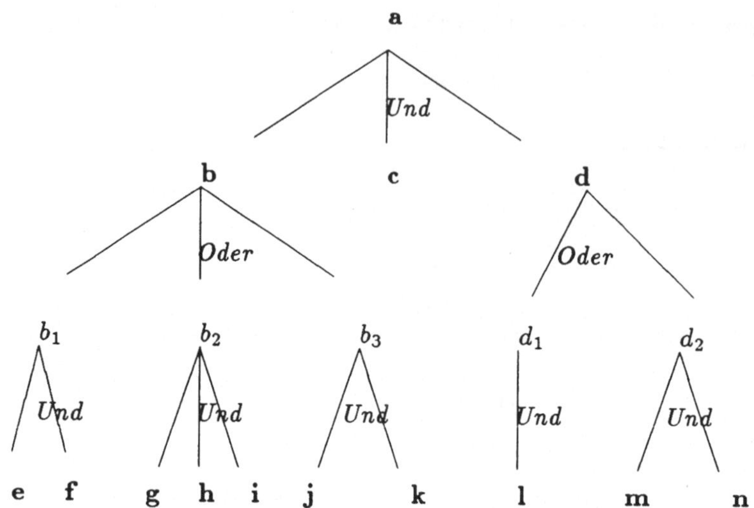

An derartigen Beweisbäumen läßt sich nochmals die Arbeitsweise des Prolog-Interpreters erklären.

Die Methode, nach der ein Beweisbaum abgearbeitet wird, ist *depth first, left to right*.

Dabei müssen bei einem *Und*-Knoten alle Nachfolger erfolgreich bearbeitet werden, dagegen reicht bei einem *Oder*-Knoten bereits die erfolgreiche Bearbeitung eines Nachfolgers aus.

Ist an einem Knoten die Fortsetzung des Beweises nicht möglich, so gehen wir im Baum bis zum nächsten darüberliegenden *Oder*-Knoten zurück (Backtracking), bei dem rechts eine nicht getestete Alternative vorhanden ist. Es erfolgt der Beweisversuch dieser Alternative. Auf dem Weg zurück müssen alle Variablenbelegungen, die auf diesem Weg vorgenommen wurden, wieder rückgängig gemacht werden.

Bei der Auswertung eines *Cuts* wird im Beweisbaum der übergeordnete *Oder*-Knoten abgeschnitten, so daß die noch nicht getesteten Alternativen bei einem späteren Backtracking nicht mehr gefunden werden können.

Beispiel 7-3:

```
z :- b, a.
a :- c, !, d.
a :- x.
c.
x.
b.
```

Falls die Anfrage z ist, so läßt sich dieses Prolog-Programm durch den folgenden Beweisbaum darstellen.

Bild 7-2:

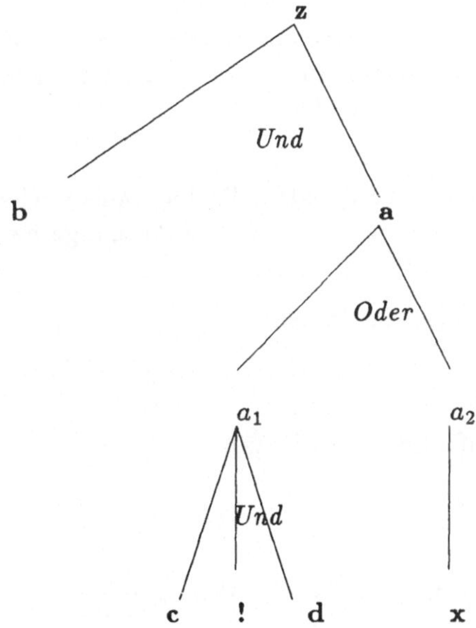

Der Beweis von b gelingt sofort. Es wird dann versucht, z zu beweisen, dazu wird aufgrund der *depth-first-left-to-right* Strategie zunächst a und dann c gezeigt.

Danach wird das *Cut* erreicht. Der Beweis des *Cuts* gelingt sofort, und die Instantiierung für c wird festgehalten. Als Seiteneffekt wird im Beweisbaum vermerkt, daß der Knoten, der zu a gehört, nicht wieder erreicht werden kann, d.h., der gesamte Teilbaum, der a zur Wurzel hat, wird zum „Abtrennen" vorgemerkt. Als nächstes mißlingt d , und beim Wieder-Erfüllen des *Cuts* wird beim Backtracking der vorgemerkte Teilbaum „abgetrennt".

In unserem Fall ist also der Beweis des Ziels z mißlungen, und es wird mit Backtracking fortgefahren. Durch die Verwendung des *Cuts* ist es allerdings nicht mehr möglich, die Alternative a_2 des Ziels a zu überprüfen: Der Beweis des Ziels z schlägt endgültig fehl, obwohl die Teilziele x und b , die zum Erfüllen hinreichend wären, in der Wissensbank vorhanden sind.

7.2   Das Vierportmodell

Beweisbäume entsprechen der Sichtweise eines "Problemlösers". Für eine *prozedurale* Beschreibung von Prolog-Programmen eignet sich eher die graphische Darstellung als Vierportmodell.

Beim *Vierportmodell* wird jedem Prologprädikat (jeder Prozedur) ein Kasten (Box) zugeordnet, der je zwei Ein- und Ausgänge besitzt.

Die Eingänge tragen die Namen:

1. *CALL* (Aufruf des Prädikats),

2. *REDO* (Wieder-Erfüllen des Prädikats).

Als Ausgänge stehen zur Verfügung:

1. *FAIL* (Mißlingen des Prädikats),

2. *FINISH* (Erfolgreicher Beweis des Prädikats).

Bild 7-3 zeigt den formalen Aufbau eines Prädikats gemäß des Vierportmodells, Bild 7-4 stellt das Prädikat b aus Beispiel 7-1 als Vierportmodell dar.

Bild 7-3:

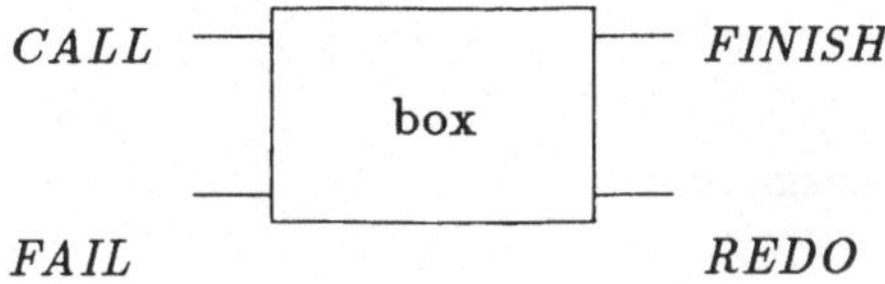

Bild 7-4:

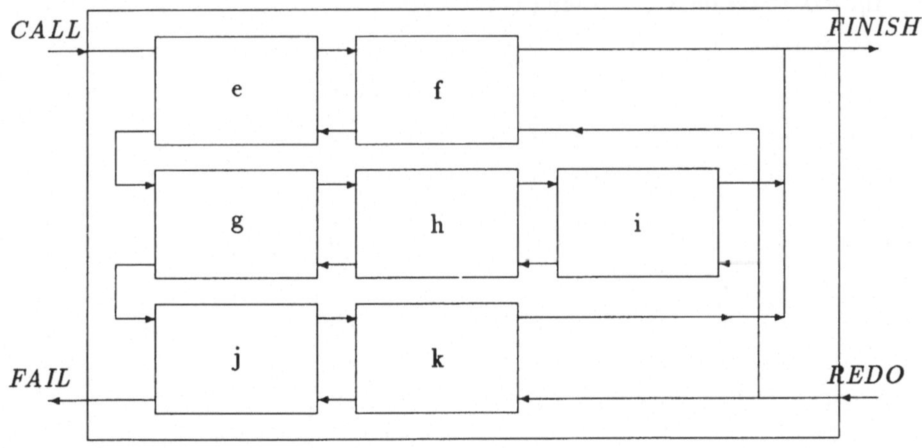

Jede Box wird zunächst durch den *CALL*-Eingang betreten. Gelingt der Beweis, so wird sie durch den *FINISH*-Ausgang, andernfalls durch den *FAIL*-Ausgang verlassen. Der *FINISH*-Ausgang einer Box ist mit dem *CALL*-Eingang der nächsten Box, der *FAIL*-Ausgang mit dem *REDO*-Eingang der vorhergehenden Box verbunden. Bei der Definition einer Prozedur mit mehreren Klauseln wird derjenige *REDO*-Eingang der Klausel gewählt, von dessen *FINISH*-Ausgang die Definition zuletzt verlassen wurde.

Beispiel 7-4:
Die Prädikate *Cut* und *Fail* entsprechen den folgenden beiden Boxen:

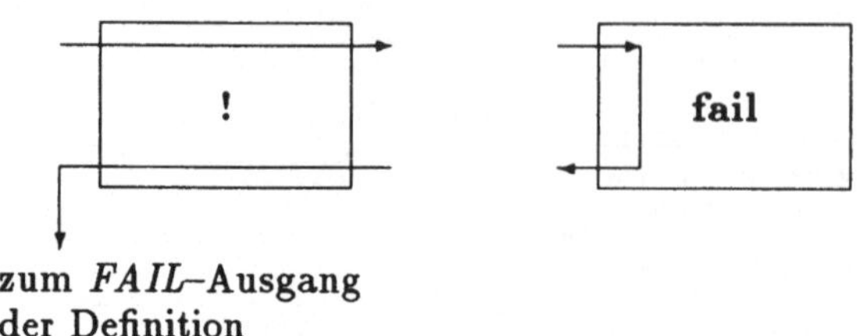

zum *FAIL*–Ausgang
der Definition

7.3   Übungsaufgaben

Übung 7-1:
Wie sieht das Vierportmodell des Prädikats not(X) aus ?

Übung 7-2:
Klären Sie anhand eines Beweisbaumes die Arbeitsweise des Prolog-Interpreters
für das Programm aus Übung 6-4.

Lektion 8

Arithmetische und relationale Operatoren

In dieser Lektion werden Operatoren und Prädikate vorgestellt, die arithmetische Untersuchungen in Prolog erlauben. Zusammen mit weiteren Vergleichsoperatoren ist es dann nicht nur möglich, beliebige Terme in Beziehung zu setzen und zu vergleichen, sondern auch ganzzahlige Berechnungen durchzuführen und die Ergebnisse arithmetischer Ausdrücke zu vergleichen.

8.1 Arithmetische Operatoren

In Prolog können ganzzahlige arithmetische Ausdrücke in Infixnotation geschrieben und auch ausgewertet werden.

Allgemein bieten alle Prologsysteme folgende vordefinierte arithmetische Infixoperatoren an:

+	Addition,
–	Subtraktion,
*	Multiplikation,
/	Division (ganzzahlig) und
mod	Restklassenbildung.

Ferner werden die vordefinierten Präfixoperatoren

+   (unäres Plus) und
−   (unäres Minus)

benutzt.

Wir können in Prolog arithmetische Ausdrücke in normaler Infixnotation schreiben:

$$3 * 5$$
$$X + 2 - N$$
$$-(K \; mod \; 3) * (J - 1)$$

Der arithmetische Ausdruck

$$2 * 3 + 5 - 7$$

muß also nicht in der Präfixnotation

$$-(+(*(2, 3), 5), 7)$$

mit den Funktionssymbolen -, + und * dargestellt werden.

Wollen wir einen arithmetischen Ausdruck auswerten und ihn nicht nur als beliebigen Term betrachten, so muß zunächst der Ausdruck *vollständig instantiiert* sein, d.h., alle freien Variablen müssen derart gebunden sein, daß sie arithmetisch auswertbar sind.

Beispiel 8-1:
Vollständig instantiierte arithmetische Ausdrücke sind:

- 3*5

- X + 2 - N, wenn X   mit 4 * 5 und N   mit 2 instantiiert ist, und

- -(K mod 3)*(J-1), wenn K   mit 7*2-3   und J   mit K+2*K   instantiiert ist.

Die eigentliche Auswertung eines arithmetischen Ausdrucks Ausdruck erfolgt
mit einem speziellen Prädikat, dem Infixoperator *Is* (`'is'`/2).

Das Argument Ausdruck auf der rechten Seite von

```
X is Ausdruck
```

muß ein vollständig instantiierter arithmetischer Ausdruck sein. Der
berechnete Wert wird mit X unifiziert. Das *Is* schlägt fehl, falls X ein
Term, eine Konstante oder eine bereits instantiierte Variable ist und
der Wert ungleich dem Ergebnis des arithmetischen Ausdruckes ist.

Beispiel 8-2:

```
2 is 1 * 1 + 1 ..................................... ist beweisbar
1+1 is 1 * 1 + 1 ................................... schlägt fehl
testx( X ) :- X is 0, X is 2+3 ................. schlägt fehl
testy( Y ) :- Y is 5, Y is 2+3 ............... ist beweisbar
```

Die arithmetischen Operatoren lassen sich **nicht** mit den Mitteln der Logik
beschreiben. Dies liegt daran, daß das Prädikat `'is'` *partiell* ist. In der Logik
sind Prädikate für beliebige Terme definiert; dies ist bei dem *Is* nicht der Fall,
da es sowohl für das erste als auch für das zweite Argument Restriktionen gibt.

8.2 Relationale Operatoren für arithmetische Ausdrücke

Neben den Operatoren zur Auswertung arithmetischer Ausdrücke gibt es in
den meisten Prologsystemen folgende Vergleichsoperatoren für arithmetische
Ausdrücke:

```
<      kleiner
=<     kleiner gleich
=:=    gleich
= \ =  ungleich
>=     größer gleich
>      größer
```

Die Vergleichsoperatoren (*relop*) werden ebenfalls in der Infixnotation

$$X \quad relop \quad Y$$

verwendet. Sie werden sofort ausgewertet und sind als (Teil-)Ziele erfolgreich,
wenn X und Y vollständig instantiierte arithmetische Ausdrücke sind und die
Werte in der geforderten Relation zueinander stehen.

Die folgende Prolog-Prozedur berechnet die Fakultät von n (n!).

Beispiel 8-3:

```
fakultaet( 0, 1).
fakultaet( N, FakN) :- N > 0,
                       N1 is N - 1,
                       fakultaet( N1, FakN1 ),
                       FakN is N * FakN1.
```

Die relationalen Operatoren sind ebenfalls partielle Prädikate, da ihre Argumente vollständig instantiierte arithmetische Ausdrücke sein müssen.

8.3 Relationale Operatoren für Terme

Für die Überprüfung relationaler Beziehungen zwischen beliebigen Termen stehen in den meisten Prologsystemen Operatoren für den Test auf Gleich- und Ungleichheit sowie für Vor- und Nachbeziehungen bezüglich einer *Standardordnung* zur Verfügung.

Für den Test auf Gleichheit bzw. Ungleichheit gibt es in Prolog die Infixoperatoren:

```
=       gleich,
\ =     ungleich,
==      verschärftes gleich und
\ ==    verschärftes ungleich.
```

Um das Prologziel *Gleich* (X = Y) zu erfüllen, wird versucht, die Terme X und Y zu unifizieren. Ist einer der beiden Terme eine uninstatiierte Variable, so wird diese zwangsläufig mit dem anderen Term instantiiert.
Das *verschärfte Gleich* (X == Y) ist für uninstantiierte Variablen X und Y nur dann erfüllt, wenn X und Y bereits unifiziert sind.
Den Unterschied zwischen dem *Gleich* und dem *verschärften Gleich* verdeutlicht das folgende Beispiel:

Beispiel 8-4:
Stellen wir die Anfrage

$$?- \quad A == B.$$

so liefert der Prolog-Interpreter die Antwort

```
no.
```

Das *verschärfte Gleich* schlägt fehl, da A und B noch nicht unifiziert sind. Bei Eingabe von

$$?- \quad A = B.$$

antwortet der Interpreter mit

```
A =   _23, B = _23
yes
```

In diesem Fall wird **A** mit **B** unifiziert, und als Antwort wird der gemeinsame Speicherplatz von **A** und **B** (in diesem Fall _23) geliefert. Kombinieren wir in der Form

$$?- \quad A = B, \ A == B.$$

so erhalten wir als Antwort

```
A = _23, B = _23
yes
```

Da **A** und **B** unifiziert worden sind und logisch und physikalisch identisch sind, gelingt auch das *verschärfte Gleich*, und wir erhalten den gemeinsamen Speicherplatz von **A** und **B** als Ergebnis.

Der grundlegende Unterschied zwischen dem *Gleich* und dem *verschärften Gleich* liegt darin, daß beim normalen *Gleich* (=) eine nicht-instantiierte Variable jedem Term gleich ist; beim *verschärften Gleich* (==) kann eine nicht-uninstantiierte genau dann zu einer anderen Variablen gleich sein, wenn beide Variablen logisch und physikalisch identisch sind, d.h., wenn sie bereits vorangehend miteinander unifiziert worden sind.

Das *Ungleich* (X \ = Y) und das *Verschärfte Ungleich* (X \ == Y) lassen sich in Prolog mit *Cut-Fail-Kombinationen* definieren.

Ungleich:

```
X \= Y :- X = Y, !, fail.
X \= Y.
```

verschärftes Ungleich:

```
X \== Y :- X == Y, !, fail.
X \== Y.
```

In einigen Prologsystemen sind Vergleichsoperatoren vordefiniert, die die *Standardordnung* von Prologtermen ausnutzen. Diese wird folgendermaßen festgelegt:

1. *Variablen* werden gemäß ihres erstmaligen Auftretens in einem Beweis geordnet. Unabhängig vom Variablennamen liegen somit „ältere" Variablen *vor* „jüngeren" Variablen.

2. *Zahlen* sind im normalen mathematischen Sinn geordnet.

3. *Atome* sind gemäß ihrer entsprechenden lexikographischen Ordnung sortiert, d.h. entweder gemäß ASCII- oder EBCDIC-Kodierungstabelle.

4. *Strukturen* sind zunächst nach ihrer Stelligkeit geordnet. Also ist z(3,b) vor a(2,x,y). Falls gleiche Stelligkeit vorliegt, wird nach Funktornamen geordnet. Es ist a(juergen) vor b(juergen) . Falls sowohl die Stelligkeiten als auch der Funktornamen identisch sind, so wird nach den Argumenten von links nach rechts geordnet, d.h., vater(adam, kain) liegt hinter vater(adam,abel) .

5. Die Reihenfolge der Punkte 1 - 4 gehört ebenfalls zur Ordnung: Variablen liegen vor Zahlen, Zahlen vor Atomen und Atome vor Strukturen.

Die meisten Prologsysteme bieten folgende Operatoren zum Termvergleich an:

A @< B gelingt, falls der Term A bezüglich einer Standardordnung vor B liegt,

A @> B gelingt, falls der Term A in der Standardordnung größer ist als B,

A @=< B gelingt, falls A nicht größer ist als B und

A @>= B gelingt, falls A nicht kleiner ist als B.

8.4 Übungsaufgaben

Übung 8-1:
Was geschieht bei der Anfrage

   ?- fakultaet(X, 120).

an das Programm aus Beispiel 8-3 ?

Übung 8-2:
Schreiben Sie eine Prozedur

    power(X, N, Y),

die die Exponentation $Y = X^N$ durchführt.

Übung 8-3:
Schreiben Sie eine Prozedur

    ggt(N, M, T),

die den größten gemeinsamen Teiler T zweier natürlicher Zahlen N und M berechnet.

Lektion 9

Klassifikation, Analyse und Synthese von Termen

In dieser Lektion werden einige Prädikate vorgestellt, mit denen wir Terme klassifizieren und analysieren können. Diese Prädikate werden häufig extralogisch genannt, weil ihre Bedeutung nicht von der rein prädikatenlogischen Semantik erfaßt wird.

9.1 Klassifikation von Termen

Folgende Prädikate ermöglichen eine Klassifikation von Termen:

- Das Prädikat var/1 gelingt, wenn sein Argument eine *freie Variable* ist. Wir können hiermit sicherstellen, daß eine Klausel nur dann zum weiteren Beweisversuch herangezogen wird, wenn ein bestimmtes Argument nicht instantiiert ist. Ein Beispiel für eine freie Variable ist die anonyme Variable ' _ '.

- nonvar/1 gelingt, wenn das Argument *keine* freie Variable ist. Wenn das Argument eine Struktur ist, dürfen deren Argumente (auch freie) Variablen sein.

  Mit Hilfe einer *Cut-Fail*-Kombination können wir dieses Prädikat folgendermaßen ausdrücken:

```
nonvar(X):-var(X),!,fail.
nonvar(_).
```

- `integer/1` gelingt genau dann, wenn das Argument eine ganze Zahl ist.

- `atom/1` ist erfolgreich, wenn das Argument eine Konstante ist, jedoch keine Zahl.

- `atomic/1` gelingt genau dann, wenn eines der beiden Prädikate `integer/1` oder `atom/1` erfolgreich ist. Wir können es in Prolog also in der Form

```
atomic(Term):-integer(Term).
atomic(Term):-atom(Term).
```

schreiben.

Die Argumente der obigen Prädikate können auch Variablen sein, die mit einem Term des jeweiligen Typs unifiziert sind.

Mit Hilfe dieser Prädikate können wir Eingaberoutinen für Terme schreiben, die testen, ob die Eingabe zu einem bestimmten Term-Typ gehört. Außerdem ist es möglich, Prädikate zu schreiben, die bei verschiedenen Instantiierungsweisen der Argumente unterschiedlich reagieren.

Beispiel 9-1:

```
addiere(Term1,Term2,Summe):-
    integer(Term1),
    integer(Term2),
    Summe is Term1 + Term2.

addiere(Term1,Term2,Summe):-
    integer(Term1),
    integer(Summe),
    Term2 is Summe - Term1.

addiere(Term1,Term2,Summe):-
    integer(Term2),
    integer(Summe),
    Term1 is Summe - Term2.
```

Dieses Prädikat gelingt höchstens dann, wenn zwei der Argumente mit ganzen Zahlen unifiziert sind. Es unifiziert dann das dritte der der Argumente so mit einer Zahl, daß die Gleichung

$$\text{Summe} = \text{Term1} + \text{Term2}$$

wahr wird. Wenn diese Unifikation fehlschlägt, schlägt auch das Prädikat fehl.

9.2   Analyse und Synthese von Termen

Die im folgenden behandelten Prädikate analysieren und synthetisieren Terme
verschiedener Art. Bislang nicht weiter analysierbare Einheiten, wie die Zeichenfolge innerhalb eines Atomes, die Klauseln eines Prädikates oder der Funktor
eines Terms mit beliebiger Stelligkeit, können mit Hilfe dieser Prädikate untersucht und zum Teil auch verändert werden. Es wird dann möglich, aus einer
Liste von Zeichen ein Atom und aus einem Funktor und einer gegebenen Stelligkeit einen Term zu konstruieren; wir können die An- oder Abwesenheit einer
Klausel in der Wissensbank überprüfen, ohne daß sie dazu entfernt werden muß,
wie es bei der Benutzung von `retract\1` der Fall ist.

- name/2: Dieses Prädikat ist auf zwei Arten einsetzbar: Wenn das erste
  Argument mit einem Atom instantiiert ist, dann wird das zweite mit der
  Liste (siehe Lektion 11) der Zeichencodes des Atoms unifiziert.

  ```
  ?-  name(otto,Liste).

  Liste = [111,116,116,111]
  yes

  ?-  name('**Hallo**',Liste).

  Liste = [42,42,72,97,108,108,111,42,42]
  yes
  ```

  Wenn eine Liste von Codes als zweites Argument angegeben wird, wird das
  erste mit einer Konstanten unifiziert, die aus den entsprechenden Zeichen
  besteht:

  ```
  ?-  name(Atom,[43,43,87,105,108,108,105,43,43]).
    Atom = '++Willi++'
  yes
  ```

- Auch das Prädikat =../2, ein Infixoperator, hat zwei Funktionsweisen:
  Wenn das erste Argument eine Struktur ist, so wird das zweite mit einer
  Liste unifiziert, deren erstes Element der Funktor ist und deren restliche
  Elemente aus den Argumenten des Funktors bestehen. Auf diese Weise
  können wir den Funktor eines Terms untersuchen, ohne die Stelligkeit be-
  achten zu müssen.

  ```
  ?-  mutter(kunigunde, bertha) =.. Liste.
    Liste = [mutter, kunigunde, bertha]
  yes
  ```

```
?-  (4+kasimir) =.. Liste.
  Liste = [+, 4, kasimir]
  yes
```

Andererseits ist es möglich, mit diesem Prädikat bei gegebenem Funktor
und gegebenen Argumenten die zugehörige Struktur aufzubauen:

```
?-  Struktur =.. [wie, du, mir].
  Struktur = wie(du,mir).
  yes
```

```
?-  Struktur =.. [dies _ ist _ ein _ atom].
  Struktur = dies_ist_ein_atom
  yes
```

In dem zweiten Beispiel wird deutlich, daß ein Atom als eine Struktur mit
der Stelligkeit 0 aufgefaßt wird.

- Das Prädikat functor/3 ermöglicht es einerseits, Funktor und Stelligkeit
  einer Struktur zu bestimmen. Wenn wir die Struktur als erstes Argument
  vorgeben, so veranlassen wir die Unifikation des Funktors mit dem zweiten
  Argument und die der Stelligkeit mit dem dritten.

  Wenn andererseits Funktor und Stelligkeit als zweites und drittes Argument vorgegeben werden, so wird das erste Argument mit einer Struktur
  unifiziert, die den Vorgaben entspricht und deren Argumente freie Variablen sind:

```
?-  functor(sucht(walter,peter), Funktor, Stelligkeit).
  Funktor = sucht
  Stelligkeit = 2
  yes
```

```
?-  functor(3+4, F, S).
  F = +
  S = 2
  yes
```

```
?-  functor(Term, funktor, 4).
  Term = funktor(_27,_28,_29,_30).
  yes
```

Mit diesem Prädikat können einige Funktionen von =.. ausgeführt werden, wie die Festlegung eines Funktors und der Stelligkeit eines Terms.
Allerdings erlaubt dieses Prädikat nicht den Zugriff auf einzelne Argumente.

- Das zweite Argument des Prädikates arg/3 ist eine Struktur. Das erste
  Argument ist eine positive Zahl, die kleiner oder gleich der Stelligkeit der
  Struktur ist. Unter diesen Bedingungen gelingt das Ziel genau dann, wenn
  das dritte Argument mit dem Argument der Struktur unifiziert werden
  kann, das durch die angegebene Zahl gekennzeichnet ist.

```
?-  arg(2,mutter(mareile, Kind), dietrich).
  Kind = dietrich
  yes
```

```
?-  functor(Term,abstand,3),
  arg(1,Term,hannover),
  arg(2,Term,braunschweig),
  arg(3,Term,Abstand),
  write('Abstand zwischen Hannover und Braunschweig:'),
  nl,
  read(Abstand).

  Abstand zwischen Hannover und Braunschweig:
    64.

  Term = abstand(hannover,braunschweig,64)
  Abstand = 64
  yes
```

Es ist also prinzipiell möglich, mit functor und arg die Funktionen, die
=.. realisiert, nachzubilden und umgekehrt.

- Das Prädikat clause/2 überprüft, ob sich eine Klausel in der Wissensbank
  befindet, deren Kopf mit dem ersten und deren Rumpf mit dem zweiten
  angegebenen Argument unifiziert. Aus dem ersten Argument muß dabei
  der Funktor und die Stelligkeit erkennbar werden, wir dürfen also nicht
  nur eine Variable angeben.

  Wenn mit diesem Prädikat auf Fakten in der Wissensbank zugegriffen
  werden soll, die keinen Rumpf haben, wird deren Rumpf immer als true
  angenommen.

  Im Gegensatz zu retract/1, das eine solche Klausel dann aus der Wissensbank entfernt, geschehen hier jedoch keine Seiteneffekte. Das Prädikat
  wird eingesetzt, um eine Klausel nur dann zur Wissensbank hinzuzufügen,
  wenn sie noch nicht in ihr enthalten ist.

Beispiel 9-2:

```
assert_falls_nicht_da(Klausel):-
    atom(Klausel),
    not(clause(Klausel,true)),
    asserta(Klausel).
assert_falls_nicht_da(Klausel):-
    not(var(Klausel)),
    not(atomic(Klausel)),
    Klausel =.. [:-, Kopf, Rumpf],
    functor(Kopf,        % Funktor und Stelligkeit
            Funktor,     %    bestimmen
    Stelligkeit),
    functor(Kopie_mit_freien_argumenten,
            Funktor,     % Hier wird eine Kopie des
            Stelligkeit), % Kopfes angelegt
    not(( clause(Kopie_mit_freien_argumenten,
                    Rumpf1),
        Kopf == Kopie_mit_freien_argumenten,
        Rumpf == Rumpf1
      )),
    asserta(Klausel).
```

9.3   Ausführen von Termen: Das *Call*

Das Prädikat `call/1` wurde schon bei der Definition von `findall/3` und `not/1` in Beispiel 5-12 und 6-9 benutzt. Das Argument wird als ein zu beweisendes Ziel aufgefaßt; das Ziel mit dem *Call* gelingt genau dann, wenn dies auch für das Argument der Fall ist.

Mit Hilfe des *Calls* ist es möglich, ein von der Tastatur eingelesenes Ziel einem Beweisversuch zu unterziehen.

```
?-  read(Ziel),call(Ziel).
 A is 4+28.
  Ziel = 32 is 4+28.
  yes


?-  read(Ziel),call(Ziel).
  3 < 1.
 no
```

Auf dieser Basis können wir *in Prolog* eine Prologoberfläche programmieren, die die Eingabe von Termen ermöglicht, sie als Ziele auffaßt, mit `call` abarbeitet, Ergebnisse ausgibt und die Suche nach alternativen Lösungen veranlaßt.

9.4   Übungsaufgaben

Übung 9-1:
Definieren Sie in Prolog ein Prädikat, das Terme klassifiziert: Auf dem Bildschirm soll ausgegeben werden, ob eine Struktur, eine Variable oder eine ganze Zahl vorliegt. Wenn der Term eine Struktur ist, so sollen Funktor und Stelligkeit ausgegeben und die Argumente klassifiziert werden.

Übung 9-2:
Das Prädikat upcase/2 unifiziert das zweite Argument mit einem Atom A, wobei A gleich dem ersten Argument ist bis auf die Tatsache, daß alle Kleinbuchstaben durch entsprechende Großbuchstaben ersetzt werden.
Schreiben Sie dieses Prädikat in Prolog, wobei Sie beachten müssen, daß das erste Argument keine ganze Zahl oder Struktur sein darf.

Übung 9-3:
Ist es möglich, einen Term mit dem Funktor + und der Stelligkeit 4 zu benutzen ?

Übung 9-4:
Erklären Sie die Funktion des Prädikates assert_falls_nicht_da/1 aus Beispiel 9-2.

Lektion 10

Terme und Operatoren

Die einfache Syntax von Prolog ermöglicht es, für viele Probleme relativ gut lesbare Programme zu schreiben. Dies liegt daran, daß in Prolog ein aufwendiges und leistungsfähiges Kontrollkonzept schon im Interpreter selbst verwirklicht ist. Schleifen und Auswahlanweisungen, deren Zusammenhang mit der Problemlösung oft nicht direkt erkennbar ist, spielen daher in Prolog eine weniger ausgeprägte Rolle als in anderen Programmiersprachen. In Prolog können explizite Kontrollanweisungen oft durch einen impliziten Kontrollfluß mit Backtracking und Rückwärtsverkettung ersetzt werden.
Die Lesbarkeit von Programmen wird außerdem erhöht, weil die weitaus größte Zahl der Prädikate als Aussagen über Objekte angesehen werden kann. Durch dieses einfache Konzept wird dem Leser eine Vorstellung der Bedeutung des Prädikates erleichtert. In aktionsorientierten Programmiersprachen müssen wir einem Leser verdeutlichen, welche Aktionen von einer Prozedur ausgeführt werden; Aktionen haben im allgemeinen eine weitaus komplexere Struktur als Prädikate.
Eine weitere Möglichkeit, die Lesbarkeit von Prologprogrammen zu steigern, ist die Benutzung von Infix-, Präfix- oder Postfixoperatoren. Die Fakten

```
mutter(sabine,erna).
mutter(doris,gisela).
```

beschreiben Mutter-Kind-Beziehungen. Es ist jedoch für einen Leser nicht klar, ob das Kind im ersten oder zweiten Argument steht. Prolog bietet die Möglich-

keit, eigene Operatoren zu definieren, die zwischen den beiden Argumenten
stehen. Verwenden wir den Operator `ist_mutter_von`, so ist die Darstellung
der obigen Fakten in der Form

```
erna ist_mutter_von sabine.
gisela  ist_mutter_von doris.
```

wesentlich übersichtlicher. In Lektion 15 sind Anwendungen von Operatoren zu
finden.

In dieser Lektion werden Eigenschaften von Operatoren beschrieben, einige vordefinierte Operatoren aufgelistet und Probleme bei der Benutzung von Operatoren behandelt.

10.1 Definition von Operatoren

Operatoren müssen definiert werden, bevor sie benutzt werden können. Die
Definition erfolgt durch die Ausführung des Ziels

$$?-\ op(Praezedenz, Assoziativitaet, Funktor).$$

Die Abarbeitung dieses Ziels bewirkt Seiteneffekte, wie es beispielsweise auch bei
der Abarbeitung von `asserta/1` geschieht. Bei der Abarbeitung eines Ziels `op/3`
werden die Arbeitsweise von Ein- und Ausgabeprädikaten verändert: Terme,
deren Funktor in einem solchen Ziel aufgetaucht ist, und bei denen die Anzahl der Argumente gleich der in einem solchen Ziel spezifizierten ist, werden
auf besondere Weise ausgegeben und können auch in besonderer Weise eingegeben werden. Im folgenden wird dargelegt, welche neuen Möglichkeiten nach
einer solchen Definition bestehen und welche Funktion die einzelnen Argumente
haben.

Für die Definition des oben verwendeten Operators `ist_mutter_von` wird beispielsweise folgendes Ziel abgearbeitet:

$$?-\ op(10, xfx, ist\_mutter\_von).$$

Danach kann die oben verwendete Schreibweise zur Eingabe von Termen mit
dem Funktor `ist_mutter_von` verwendet werden, und auch bei der Ausgabe
eines Terms mit diesem Funktor und der Stelligkeit 2 wird die Infixschreibweise
benutzt.

Die Präzedenz legt die "Bindungsstärke" des Operators durch Angabe einer
ganzen Zahl fest. Je kleiner diese Zahl ist, desto größer ist die Bindungsstärke.
In den verschiedenen Prologimplementierungen sind Zahlenwerte zwischen 0 und
1200 beziehungsweise zwischen 0 und 255 üblich. Eine Präzedenzangabe ist
nötig, um eine eindeutige Auswertung von Ausdrücken zu ermöglichen, in denen
mehrere Operatoren auftreten: Der Operator * für die Multiplikation bindet z.B.
stärker als der für die Addition (+). Auf diese Weise ist gewährleistet, daß der
Term 2+3*4 durch `is/2` zu 14 und nicht zu 20 ausgewertet wird.

Nur mit Hilfe der Präzedenz können wir nicht immer eindeutig klären, wie die Klammerstruktur eines Terms mit mehreren Operatoren aussieht. Der Ausdruck 2-3-4 ist z.B. als (2-3)-4=-5 oder als 2-(3-4)=3 auswertbar. Diese Klammerstruktur wird deshalb in dem zweiten Argument der Operatordefinition, der Assoziativitaet, geregelt.

Hier wird zum einen festgelegt, ob der Operator ein Präfix-, Infix- oder Postfixoperator ist. fx und fy stehen für Präfixoperatoren, xfy, yfx und xfx für Infixoperatoren und xf, yf für Postfixoperatoren. f steht dabei immer für den Funktor und x oder y sind Platzhalter für die Argumente des Operators.

Die Argumente besitzen ebenfalls Präzedenzen: Die Präzedenz von geklammerten Ausdrücken, Konstanten und Termen in Funktorschreibweise hat den Wert 0. Termen, die einen Operator enthalten, wird die Präzedenz dieses Operators zugeordnet.

Wählen wir y als Platzhalter für das Argument des Operators, so bedeutet dies, daß hier nur Ausdrücke mit einer Präzedenz eingetragen werden dürfen, die kleiner oder gleich der Präzedenz des zu definierenden Operators ist. Ein x bedeutet, daß die Präzedenz *echt kleiner* sein muß.

Das Minuszeichen '-' besitzt im allgemeinen eine Operatordeklaration der Form

$$? - \quad op(500, yfx, '-').$$

Für den Ausdruck 2-3-4 sind die Schreibweisen '-'(2,3-4) und '-'(2-3,4) denkbar, die obige Deklaration erlaubt jedoch nur die zweite Möglichkeit, da nur die Präzedenz des Ausdrucks 4 echt kleiner ist als die von '-'. Die implizite Klammerung entspricht also der mathematischen Konvention (2-3)-4.

Die Unterscheidung der Argumente durch die Angabe von x oder y hat bei Präfix- oder Postfixoperatoren Sinn, bei denen festgelegt werden soll, ob mehrere Operatoren gleicher Präzedenz direkt aufeinander folgen dürfen. Dies wird in Beispiel 10-1 für die Operatoren '?-' und '˜' beschrieben.

Zur Veranschaulichung hier ein Beispiel eines vordefinierten Operators für jeden zulässigen Typ von Präfix- und Infixoperatoren.

Beispiel 10-1:

- Der Operator ?- mit der Assoziativität fx wird benutzt, wenn beim Einlesen von Dateien mit consult/1 Ziele bewiesen werden sollen, wie es bei der Definition eines Operators notwendig ist. Als Argument wird ein Term geringerer Präzedenz erwartet. Da dieser Operator aber schon maximale Präzedenz besitzt, und andere Operatoren gleicher Präzedenz ausschließlich bei der Definition von Klauseln für die Wissensbank Verwendung finden, bedeutet dies im allgemeinen keine Einschränkung. Allerdings sind die Eingaben ' *?- a:-b.*' und ' *?- ?- a.*' syntaktisch falsch.

- Bei dem Operator ' ˜ ', der häufig als Verneinung einer Aussage interpretiert wird, kann eine Staffelung von Operatoren gleicher Präzedenz sinnvoll sein; deshalb ist er auch mit der Assoziativität **fy** definiert. Die Zeichenfolge '˜ ˜ **Term**' ist daher ein zulässiger Prologterm.

- Auch das Komma (**,**) ist als Operator definiert. Es hat die Assoziativität **xfy** und die Präzedenz 1000.

  Um bei der Abarbeitung einer Konjunktion möglichst direkt auf das erste Teilziel zugreifen zu können, ist der Operator rechtsassoziativ (**xfy**) definiert. Dies hat zur Folge, daß ein Term a,b,c,d die implizite Klammerung a,(b,(c,d)) besitzt.

- Wie oben erläutert wird der Subtraktionsoperator '−' ebenso wie die anderen mathematischen Operatoren linksassoziativ (**yfx**) definiert.

- Bei allen Vergleichsprädikaten müssen beide Argumente eine geringere Präzedenz haben, als sie der Operator trägt. Daher ist beispielsweise das **is/2** mit der Assoziativität **xfx** definiert.

- Im allgemeinen existieren keine vordefinierten Postfixoperatoren, d.h., **yf** und **xf** kommen bei vordefinierten Operatoren nicht als Assoziativitäten vor.

Auch beim Einlesen einer Datei, die mit **consult** oder **reconsult** in die Wissensbank geladen wird, können Ziele abgearbeitet werden, indem der Term, der nicht in die Datenbank eingelagert, sondern bewiesen werden soll, mit einem vorgestellten ?− gekennzeichnet wird. Mit dieser Technik können wir Operatordefinitionen auch in Dateien durchführen, die mit **consult/1** geladen werden.

Im folgenden geben wir eine Übersicht über vordefinierte Operatoren, die besonders häufig benutzt werden.

Beispiel 10-2:

```
?-  op(1200,xfx, :-).
?-  op(1200,xfx, -->).
?-  op(1200,fx,  ?-).
?-  op(1100,xfy, ;).
?-  op(1000,xfy, ',').
?-  op(800, fy,   not).
?-  op(750, xfy, '.').
?-  op(700, xfx, =).
?-  op(700, xfx, \=).
?-  op(700, xfx, is).
?-  op(700, xfx, =..).
?-  op(500, yfx, -).
?-  op(500, yfx, +).
?-  op(400, yfx, *).
```

```
?-  op(400, yfx, /).
?-  op(400, yfx, mod).
?-  op(300, fy,  ~).
```

Wenn mehrere Operatoren mit gleicher Assoziativität und gleicher Präzedenz definiert werden sollen, kann man sie in vielen Prologdialekten auch in einem einzigen Ziel in einer Liste angeben:

Beispiel 10-3:

```
?-  op(500, yfx, [-,+]).
?-  op(400, yfx, [*,/,mod]).
```

10.2   Probleme bei der Benutzung von Operatoren

Die Möglichkeit der Operatordefinition führt zu Einschränkungen in der Syntax, die zunächst nicht einsichtig sind. Wir werden deshalb in den folgenden Bemerkungen eine Reihe von Hinweisen geben, wie Syntaxfehler vermieden werden können.

- Es ist nur dann erlaubt, in einem Term eine Lücke zwischen einem Funktor und einer öffnenden Klammer zu lassen, wenn der Funktor vorher als Präfixoperator definiert wurde. Die Zeichenfolge 'fakultaet (7)' ist also nur dann ein gültiger Prologterm, wenn vorher bereits ein Ziel der Art '?- op(100,fx,fakultaet)' abgearbeitet wurde.

- Werden sehr viele Operatoren definiert, so wird die Struktur von Termen leicht unübersichtlich, wenn Operatoren mit verschiedenen Assoziativitäten und Präzedenzen verwendet werden. Das in Lektion 5 vorgestellte Prädikat 'display/1' ermöglicht es, sich in solchen Fällen Klarheit über die Struktur eines Terms zu verschaffen.

- In dem Prologfragment

  Beispiel 10-4:

```
/* mehrdeutige Zeichenfolgen */
?-  op(40,fy,einkommen _ von).
?-  op(40,yf,mit _ familie).
?-  display(einkommen _ von kasimir mit _ familie).
```

kann die Zeichenfolge 'display(einkommen_von kasimir mit_familie)' auf verschiedene Arten interpretiert werden. Es hängt von der jeweiligen Implementierung ab, ob die Zeichenfolge als syntaktisch inkorrekt zurückgewiesen wird oder ob eine bestimmte Klammerung gewählt wird.

- Mehrfache Operatordefinitionen bereiten ebenfalls größere Schwierigkeiten: So ist es zwar wünschenswert, daß das Minuszeichen '–' sowohl als Infix- als auch als Präfixoperator definiert werden kann, um mit einem Zeichen die Funktionen des monadischen und des dyadischen mathematischen Minusoperators nachzubilden. Da diese Möglichkeit jedoch zu Mehrdeutigkeiten führt, wird sie nicht von jeder Implementierung geboten. Mit dem Prädikat 'display/1' können wir wieder feststellen, welche Deklaration beim Einlesen eines Terms mit Minuszeichen verwendet wurde.

- Abschließend behandeln wir einige Probleme, die bei der Operatordefinition für das Komma bestehen. In vielen Prologimplementierungen ist das Komma als Infixoperator mit der Präzedenz 1000 definiert.

  Wir betrachten das Prädikat `fuege_zu_wissensbank/1` und das Prädikat `fuege_zu_wissensbank/2` und wollen das Ziel

  ?- fuege _ zu _ wissensbank(a:-b,c).

  abarbeiten. Welches der Prädikate soll aktiviert werden ?

  Fassen wir die Zeichenfolge `a:-b,c` als Klausel auf, so sollte das erste Prädikat aktiviert werden. Allerdings funktioniert das nur, wenn das Komma hier nicht zu Trennung von Argumenten benutzt wird. Wenn diese Zeichenfolge andererseits als zwei durch ein Komma getrennte Argumente aufgefaßt würde, so wäre eine Verletzung der Präzedenzregeln zu beobachten: Aufgrund der Tatsache, daß die Präzedenz von ':-' mit 1200 größer ist als die des Kommas, müßten zunächst b und c über das Komma verbunden werden, und im Anschluß daran dieser Term als zweites Argument des Operators ':-' aufgefaßt werden.

  Es ist zur Vermeidung solcher Probleme untersagt, bei der Funktorschreibweise einen Term als Argument anzugeben, dessen Präzedenz größer ist als 1000. In diesem Fall läßt sich das Problem einfach durch Klammerung lösen:

```
/* bei Aufruf von fuege_zu_wissensbank/1 */
fuege_zu_wissensbank((a:-b,c)).
/* bei Aufruf von fuege_zu_wissensbank/2 */
fuege_zu_wissensbank((a:-b),c).
```

10.3 Listennotationen

Abgesehen von der Funktorschreibweise, der Operatorschreibweise und der Angabe von Atomen existiert noch eine weitere Notation für die Ein- und Ausgabe von Termen, nämlich die Listenschreibweise. Da Listen prinzipiell ebenso wie alle anderen Terme als Atome oder in Funktorschreibweise geschrieben werden können, soll ihre Schreibweise hier kurz angerissen werden. Sie werden dann ausführlich in Lektion 11 erläutert.

Eine Datenstruktur, die eine Folge von Objekten aufnimmt, wurde schon in Beispiel 5-4 benutzt. Eine solche Schreibweise wird ist jedoch zum einen sehr aufwendig, weil sie sehr häufig den Funktor `folge` und damit uninteressanten Text enthält, zum anderen bei der Eingabe sehr fehleranfällig, weil die Anzahl der Klammern am Schluß gleich der Länge der Liste ist.

Das erste Problem läßt sich lösen, indem wir für den Funktor, der ein Listenelement mit der Restliste verkettet, eine möglichst kurze und unauffällige Zeichenfolge benutzen; im allgemeinen wird dazu der Punkt '.' benutzt.

Das zweite Problem läßt sich umgehen, indem wir den Punkt als rechtsassoziativen Infixoperator definieren, weil wir dann die Klammern nicht mehr explizit angeben müssen. Schließlich wird noch ein spezielles Symbol benötigt, daß für die leere Liste steht. Im obigen Beispiel war dies `keine_zeichen_mehr`, im allgemeinen wird dafür das Atom `[]` gewählt. Die Liste mit den Atomen a, b und c wird in der Form `a.b.c.[]` geschrieben.

Als Alternative zu dieser Schreibweise bieten die meisten Prologdialekte noch die Möglichkeit, eine Liste von Objekten einfach als durch Kommata getrennte Folge dieser Objekte anzugeben, die von eckigen Klammern begrenzt wird. Das obige Beispiel läßt sich also auch folgendermaßen schreiben: `[a,b,c]`.

Weitere Einzelheiten werden in Lektion 11 erläutert.

10.4   Übungsaufgaben

Übung 10-1:
Weshalb existiert keine Assoziativität `yfy` bei Operatordeklarationen ?

Übung 10-2:
Bei welchen der folgenden Eingaben treten Syntaxfehler auf? (Die Ziele werden in dieser Reihenfolge angegeben.)

```
?-  f (17).
?-  op (60,fx,f).
?-  op(600,fy,g).
?-  op(600,fx,f).
?-  f (17).
?-  A=3+f(17).
?-  A=3+f (17).
```

Übung 10-3:
Weshalb setzt man nicht, um die oben beschriebenen Probleme mit dem Komma zu umgehen, die Präzedenz des Kommas auf einen größeren Wert als 1200 ?

Übung 10-4:
Warum ist der Punkt im allgemeinen als Infixoperator mit der Assoziativität xfy definiert ?

Tutorium III

Datenstrukturen, Algorithmen und Anwendungen

Lektion 11

Listen und Listenoperationen

Als erste grundlegende Datenstruktur in Prolog haben wir in der ersten Lektion den *zusammengesetzten Term (compound term)* eingeführt. Im folgenden werden wir eine weitere bereits vordefinierte Datenstruktur kennenlernen, die allerdings spezieller ist als der zusammengesetzte Term: die lineare Liste. In weiten Bereichen der Programmierung ist die *lineare Liste* oder kurz *Liste* sehr wichtig. Sie stand beispielsweise Pate bei der Entwicklung der Sprache *LISP* (*List Processing*) und besitzt in der symbolischen Programmierung eine große Bedeutung.

In dieser Lektion beschreiben wir die Datenstruktur *Liste* und die wesentlichen Begriffe, die mit ihr im Zusammenhang stehen. Da sie in Prolog schon direkt als vordefinierte Datenstruktur zur Verfügung steht, gehen wir auf ihre Darstellung in Prolog ein und erläutern die vordefinierten Operationen, die mit ihr in Prolog durchführbar sind. Außerdem geben wir einen Überblick über weitere, einfach zu definierende Operationen auf Listen.

11.1 Die Datenstruktur *Liste*

Unter einer Liste verstehen wir eine geordnete Sequenz von Elementen. Genauer definieren wir eine lineare Liste wie folgt:

> Eine **lineare Liste** ist eine Datenstruktur, die aus einer endlichen Anzahl von Listenelementen besteht und für die gilt:
>
> 1. Es gibt genau ein Listenelement, das keinen Vorgänger hat: den **Listenanfang**;
> 2. Es gibt genau ein Listenelement, das keinen Nachfolger hat: das **Listenende**;
> 3. Alle übrigen Listenelemente haben genau einen Vorgänger und einen Nachfolger.

Zusätzlich bezeichnen wir eine Struktur, die aus keinem Listenelement besteht, als **leere Liste**.

Die Anzahl der Listenelemente wird auch als **Länge der Liste** bezeichnet.

Wie lassen sich nun Listen in Prolog darstellen, und mit welchen Werkzeugen sind sie manipulierbar?

11.2 Repräsentation von Listen in Prolog

Eine Liste in Prolog kann entweder die leere Liste sein, die mit der Prolog-Notation

```
[]
```

dargestellt wird, oder sie besteht aus endlich vielen Elementen: Eine Liste ist dann eine Struktur mit dem Funktor '.' , die aus zwei Komponenten, einem Element (dem Listenkopf) und einer Liste (der Restliste) besteht. Die Elemente einer Liste können beliebige Terme, also Konstanten, Variablen oder Strukturen (compound terms) sein. Auch ist es möglich, daß ein Listenelement selbst eine Liste ist.

Gemäß dieser Definition sind folgende Strukturen Listen:

```
[],    .(alpha,[]),   .(alpha, .(beta, []) )

.(alpha, .(beta, .(gamma, []) ) )
```

Obige Liste mit drei Elementen kann in Prolog syntaktisch in der Form

```
[alpha, beta, gamma]
```

oder

$$\texttt{alpha.beta.gamma.[]}$$

dargestellt werden.

Die einzelnen Elemente einer Liste werden entweder durch Kommata getrennt und in eckige Klammern gesetzt oder durch Punkte getrennt und durch das Symbol für die leere Liste [] als Endesymbol markiert.

Durch die rekursive Definition können wir eine Liste in Prolog als eine spezielle Form der Datenstruktur Baum auffassen. Hierdurch läßt sich auch eine graphische Betrachtungsweise einführen.

Beispiel 11-1:

$$\texttt{[alpha, beta, gamma]}$$

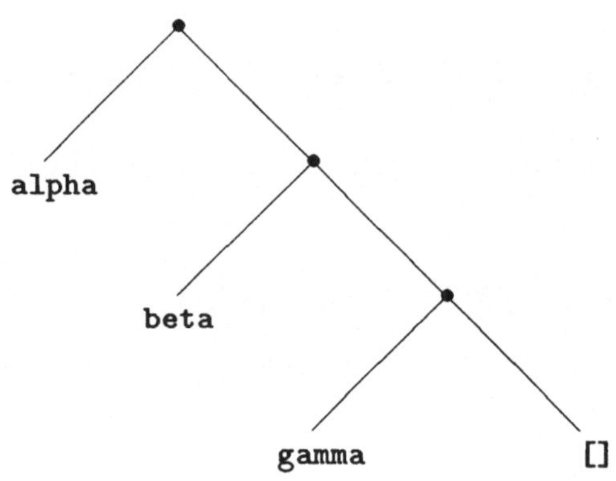

oder

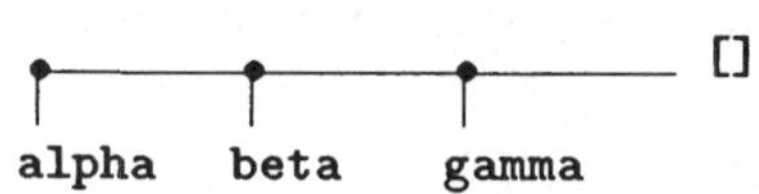

Im Gegensatz zu anderen höheren Programmiersprachen erlaubt Prolog schon die direkte Benutzung der vordefinierten Datenstruktur Liste. Um eine Liste zu realisieren, müssen wir also nicht den Umweg über andere Datenstrukturen wie

Felder oder Records wählen. Allerdings erlaubt die vordefinierte Datenstruktur keinen direkten Zugriff auf ein beliebiges Listenelement, das beispielsweise an n-ter Position in der Liste vorkommt. Der Zugriff auf einzelne Listenelemente ist in Prolog nicht direkt realisiert. Wir können jeweils auf das Kopfelement und die verbleibende Restliste zugreifen, d.h., wir müssen sukzessive vorgehen, um an ein Element zu gelangen, das nicht das Kopfelement ist. Dies entspricht der rekursiven Definition der Liste in Prolog. Mit dem Symbol '|' können wir eine Liste in die prologspezifischen Grundelemente Kopf und Restliste aufteilen:

$$[\text{ Kopf } | \text{ Restliste }].$$

Wird dieser Term als (Teil-)Ziel verwendet, so wird Kopf mit dem ersten Listenelement, Restliste mit der Restliste instantiiert.

Beispiel 11-2:
Das Prädikat p sei wie folgt definiert:

```
p( [1,2,3,4] ).
p( [x*y,a+b,q] ).
p( [[mary,likes],wine] ).
```

Die Anfrage

$$?- \; p(\, [X \mid Y] \,).$$

führt zu folgenden Instantiierungen:

X = 1	Y = [2,3,4]
X = x*y	Y = [a+b, q]
X = [mary,likes]	Y = [wine]

Die Anfrage

$$?- \; p(\, [X, Y \mid Z] \,).$$

kann auch mehrere vordere Listenelemente liefern:

X = 1	Y = 2	Z = [3,4]
X = x*y	Y = a+b	Z = [q]
X = [mary, likes]	Y = wine	Z = []

Wir können ebenfalls Texte als Listen von Einzelzeichen auffassen und dann als Listen von Zeichen repräsentieren. Diese Möglichkeit der Darstellung besteht neben der in Lektion 5 beschrieben Art, Text als beliebige in Anführungszeichen eingeschlossene Zeichenfolgen zu repräsentieren und besitzt den Vorteil, so Einzelzeichen in Textzeilen manipulierbar zu machen. Die Liste eines Textes besteht dann aus den *ASCII-* oder *EBCDIC-*Werten dieser Zeichen. Wir können mit ihnen arithmetische Operationen ausführen. Die Umwandlung zwischen druckbaren Zeichen und internem Wert geschieht in Prolog automatisch.

Beschränken wir uns auf ASCII-Zeichen, so können wir folgendes Programm schreiben, das es uns ermöglicht, beliebig viele Zeichen einzulesen, und dabei alle Großbuchstaben in Kleinbuchstaben umwandelt.

```
gross_klein :- repeat, gettie, fail.

gettie :- getO( Zeichen ), Zeichen > 64, Zeichen < 91,
          Z is Zeichen + 32, put ( Z ), nl.
```

Wir können das Programm mit Ctrl+C verlassen.

Das Ziel

```
?-   write("Prolog ist toll").
```

erzeugt die Ausgabe

```
[80,114,111,108,111,103,32,105,115,116,32,116,111,108,108]

yes.
```

11.3 Definierbare Listenoperationen in Prolog

Wir haben bislang die syntaktische Repräsentation von Listen in der Programmiersprache Prolog kennengelernt sowie den Zugriff auf das Kopfelement einer Liste und der zugehörigen Restliste. In diesem Abschnitt stellen wir weitere grundlegenden Operationen auf der Datenstruktur Liste vor, die nicht in Prolog vordefiniert sind.

Beispiel 11-3:
Die Prolog-Prozedur element(E, L) testet, ob ein Element E in einer Liste L vorhanden ist.

```
element(E, [E | Rest]).
element(E, [Kopf | Rest]) :- element(E, Rest).
```

Diese Prozedur läßt sich folgendermaßen interpretieren:

> Falls ein Term E als Element einer Liste vorkommt, so ist er entweder das erste Element (dies entspricht der ersten Klausel), oder er gehört zum Rest (dies entspricht der zweiten Klausel). Um zu testen, ob er im Rest vorkommt, kann die gleiche Methode rekursiv auf die Restliste angewandt werden, d.h., die Restliste wird sukzessive reduziert. Entweder wird der Term E auf diese Weise irgendwann mit dem Listenkopf unifiziert, oder er kommt in der Liste nicht vor. Im ersten Fall gelingt die erste Klausel der Prozedur. Im zweiten Fall wird die Restliste im Laufe der Rekursion irgendwann die leere Liste, und das Prädikat element mißlingt, da in beiden Klauseln gefordert wird, daß die Liste mindestens ein Element besitzt.

Dieses Programmsegment wurde hier etwas ausführlicher besprochen, weil es einen der wichtigsten Programmierstile in Prolog veranschaulicht, nämlich die Rekursion mit reduzierten Argumenten, hier die Reduzierung der Länge einer Liste. Wir sprechen in diesem Zusammenhang auch von *induktiver Programmierung*. Das folgende Beispiel benutzt diese Technik ebenfalls.

Beispiel 11-4:
Durch

```
append(Liste1, Liste2, Erg)
```

wird die Liste Liste2 an die Liste Liste1 gehängt und mit der neuen Liste Erg unifiziert.

```
append([],Liste,Liste).
append([ Kopf | Rest ], Liste, [ Kopf | Ergebnis ]) :-
       append(Rest, Liste, Ergebnis).
```

Die Arbeitsweise des Prologsystems soll am Aufruf

```
append( [a,b,c], [d], Z).
```

erläutert werden.

> Zunächst wird die zweite Klausel angewandt, und es erfolgt ein rekursiver Aufruf mit einer reduzierten Liste Rest, nämlich

```
append( [b,c], [d], Z).
```

Zu diesem Zeitpunkt hat die Variable Kopf den Wert 'a'. Die rekursiven Aufrufe wiederholen sich, wobei die jeweils lokalen Variablen Kopf in den nächsten Aufrufen die Werte 'b' und dann 'c' annehmen. Wir gelangen so zum Aufruf

```
append( [], [d], Z).
```

Entsprechend der ersten Klausel wird Z mit Liste (hier [d]) instantiiert, und es erfolgt der Rücksprung in die rufende Aktivierung von append . In dieser war Kopf mit 'c' gebunden, d.h., Z wird gemäß der zweiten Regel mit 'c' konkateniert (Z ist dann [c | [d]]). Dies wiederholt sich, bis schließlich in der äußeren Aktivierung Z mit [a | [b,c,d]] gebunden wird. Das Zeitverhalten dieser Implementierung ist demgemäß proportional zur Länge der Liste Liste1 (1.Parameter von append).

Die Funktion append/3 läßt sich in unterschiedlicher Weise anwenden. Im Normalfall geschieht der Aufruf mit

```
append( L1, L2, Erg_Liste).
```

Hierbei wird erwartet, daß L1 und L2 bereits Listen sind und Erg_Liste mit der Konkatenation von L1 und L2 unifiziert werden soll. Sowohl L1 als auch L2 können die leere Liste sein.

Eine weitere Anwendung für append/3 erhalten wir bei dem Aufruf

```
append( L1, L2, [ alpha, beta, gamma ]).
```

Wenn L1 und L2 uninstantiierte Variablen sind, wird erreicht, daß nach und nach alle Teillisten aus benachbarten Listenelementen, die jeweils entweder den Listenanfang oder das Listenende beinhalten, mit L1 und L2 instantiiert werden.

Beispiel 11-5:

```
?-  append( L1, L2, [ alpha, beta, gamma ] ).

L1 = [],
L2 = [ alpha, beta, gamma ] ;

L1 = [ alpha ],
L2 = [ beta, gamma ] ;

L1 = [ alpha, beta ],
L2 = [ gamma ] ;
```

```
L1 = [ alpha, beta, gamma ]
L2 = [] ;


no
```

In den folgenden Beispielen werden weitere Listenoperationen definiert.

Beispiel 11-6:
Die Prozedur `letzt( E, Liste )` prüft, ob ein Element `E` das letzte Element einer `Liste` ist.

```
letzt( E, [E] ).
letzt( E, [ _ |  Liste ] ):- letzt( E, Liste ).
```

Beispiel 11-7:
Mit `nachbarn( E1, E2, Liste )` überprüfen wir, ob in der `Liste` die Elemente `E1` und `E2` benachbart sind.

```
nachbarn( E1, E2, [ E1, E2 | _ ]).
nachbarn( E1, E2, [ _ | Liste ]) :-
         nachbarn( E1, E2, Liste ).
```

Beispiel 11-8:
Durch die Prozedur `loesche( E, AListe, NListe )` kann ein Element `E` in einer `AListe` gelöscht werden, und wir erhalten die `NListe`.

```
loesche( E, [ E | Liste ], Liste) :- !.
loesche( E, [ K | Alte_Liste ], [ K | Neue_Liste ] ) :-
       loesche( E, Alte_Liste, Neue_Liste ).
```

Beispiel 11-9:
Mit der Prozedur `loesch_alle( E, AListe,NListe )` können wir sämtliche Vorkommen des Elementes `E` in der `AListe` entfernen und erhalten die `NListe`.

```
loesch_alle( _, [], [] ).
loesch_alle( E, [E|Alte_Liste], Neue_Liste ) :-
            !, loesch_alle( E, Alte_Liste, Neue_Liste ).
loesch_alle( E, [K|Alte_Liste], [K|Neue_Liste]) :-
            loesch_alle( E, Alte_Liste, Neue_Liste ).
```

Beispiel 11-10:
Die Prozedur `ersetze( AElem, AListe, NElem, NListe )` gestattet es, in einer `AListe` ein Element `AElem` durch ein Element `NElem` zu substituieren. Dabei entsteht die neue `NListe`.

```
ersetze(_,[],_,[]).
ersetze(E,[E|Alte_Liste],Substitut,[Substitut|Neue_Liste]):-
     !, ersetze(E,Alte_Liste,Substitut,Neue_Liste).
ersetze(E,[K|Alte_Liste],Substitut,[K|Neue_Liste]):-
     ersetze(E,Alte_Liste,Substitut,Neue_Liste).
```

Beispiel 11-11:
Mit `reverse( AListe, NListe )` kann eine `AListe` in umgekehrter Reihenfolge unter `NListe` abgelegt werden; es sei angemerkt, daß dies eine sehr aufwendige Implementierung ist, weil das `append/3` eine Zeit proportional zur Länge des ersten Elementes braucht.

```
reverse([],[]).
reverse([K|Rest],Neue_Liste):-
    reverse(Rest,TL),
    append(TL,[K],Neue_Liste).
```

Diese Prozedur ist allerdings sehr aufwendig. Unter Verwendung einer Hilfsliste läßt sich eine effizientere Implementierung angeben.

Beispiel 11-12:
Die beiden folgenden Prädikate teilen Listen auf.

a) Die Prolog Prozedur `split( Elem, Liste, L1, L2 ).` teilt eine `Liste` in zwei Teillisten `L1` und `L2`. Die Trennung soll an der Stelle erfolgen, an der das Element `Elem` zum ersten Male in `Liste` auftritt. `Elem` wird anschließend letztes Element der vorderen Teilliste `L1`.

```
split( Elem, [Elem|Rest], [Elem], Rest ).
split( Elem, [K|Rest], [K|L1], L2 ) :-
    not( Elem = K ),
                split( Elem, Rest, L1, L2 ).
```

b) Das Prädikat `splitdel( Elem, Liste, L1, L2 ).` arbeitet ähnlich wie das Prädikat `split`. Der Unterschied liegt darin, daß das Element `Elem` gelöscht wird.

```
splitdel( Elem, [Elem|Rest], [], Rest ).
splitdel( Elem, [K|Rest], [K|L1], L2) :-
    not( Elem = K ),
                splitdel( Elem, Rest, L1, L2 ).
```

Beispiel 11-13:
Die nächsten beiden Prädikate beschäftigen sich mit dem Verschieben von Elementen innerhalb einer Liste.

a) Die Prozedur `shiftl( AListe, NListe ).` führt auf der `AListe` einen Linksshift durch und liefert die `NListe`.

```
shiftl( [K|Rest], Liste ) :- append( Rest, [K], Liste ).
```

b) Die Prozedur `shiftr( AListe, NListe )`. führt auf der `AListe` einen Rechtsshift durch und liefert die `NListe`.

```
shiftr( [X, Y], [Y, X] ).
shiftr( [X|Rest], [B, X | Neu] ) :- shiftr( Rest, [B|Neu] ).
```

Beispiel 11-14:
Mit der Prozedur `teilliste( TListe, Liste )` können wir überprüfen, ob eine `TListe` in einer `Liste` enthalten ist.

```
teilliste( [K|TLrest], [K|Rest] ) :- test_tl(TLrest,Rest), !.
teilliste( TL, [ _ |Rest] ) :- teilliste( TL, Rest).
test_tl( [], _ ).
test_tl( [K|TLrest], [K|Rest] ) :- test_tl( TLrest, Rest).
```

11.4 Übungsaufgaben

Übung 11-1:
Erweitern Sie das Beispiel 11-2 um die Prädikate

```
s1([[the,cat], sat, [on, the, mat]]).
s2([john, eats, [the, big, apple]]).
s3([white, horse]).
```

Was ergeben die folgenden Anfragen, und wie werden die Variablen instantiiert ?

a)?- *s1([X, Y | Z])*.

b)?- *s1([H | R1, R2])*.

c)?- *s2([X, Y, Z | Rest])*.

d)?- *s3([X, Y, Z])*.

e)?- *p([1 | [X | Y]])*.

Übung 11-2:
Verdeutlichen Sie sich die Prolog-Prozeduren und deren Funktionsweise in den Beispielen 11-6 bis 11-14.

Übung 11-3:
Schreiben Sie ein Prädikat, daß das n-te Element einer Liste liefert.

Übung 11-4:
Wie läßt sich das Prädikat `letzt/2` umstrukturieren, so daß es das letzte Element einer Liste liefert ?

Übung 11-5:

Mengen und Mengenoperationen

Mengen lassen sich in der Sprache Prolog als spezielle Form einer Liste repräsentieren:
Implementieren Sie sie folgenden Mengenoperationen

a) Das Prädikat `element_von( E, Menge )`. überprüft, ob ein Element `E` in der Menge `Menge` vorhanden ist.

b) Mit `teilmenge( Tm, Menge )`. wird geprüft, ob die Menge `Tm` eine Teilmenge der `Menge` ist.

c) `vereinigung( M1, M2, Verein )`.
Die Prozedur bildet die Vereinigungsmenge `Verein` der beiden Mengen `M1` und `M2` .

d) Die Prozedur `durchschnitt( M1, M2, Durch )`. bildet die Durchschnittsmenge `Durch` der beiden Mengen `M1` und `M2` .

e) Die Prozedur `differenz( M1, M2, Diff )`. erstellt die Differenzmenge `Diff` von `M1` bezüglich `M2` .

f) Diese Prozedur `potenzmenge( Pm, Menge )`. bestimmt die Potenzmenge `Pm` (Menge aller Teilmengen) der `Menge` .

Lektion 12

Sortierverfahren

In der folgenden Lektion werden Prologprogramme vorgestellt, die im wesentlichen die gleiche Aufgabe erfüllen: Zu einer gegebenen Liste von Termen und einem zweistelligen Prädikat relation/2, das erfüllt ist, wenn das erste Argument in einer sortierten Version der gegebenen Liste vor dem zweiten erscheinen soll, bestimmen sie die sortierte Liste.

Zur Veranschaulichung sei hier ein Beispiel für ein Prädikat gegeben, das benutzt werden kann, um Listen ganzer Zahlen in aufsteigender Folge zu ordnen, sowie ein Prädikat, das es ermöglicht, die Algorithmen zu testen, ohne immer wieder eine Liste eingeben zu müssen.

Beispiel 12-1:

```
/* Benutzerdefinitionen */
relation(A, B):-
    A=<B.

liste([2,6,2,7,2,1,4,8,9,65,21,6,9,5,2,6,9]).
```

Ein möglicher Test des Prädikates treesort/2 (s.u.) könnte dann folgendermaßen aussehen:

?- liste(Liste),treesort(Liste,Sortierte _ liste).

```
Sortierte_liste=[1,2,4,5,6,7,8,9,21,65]
yes
```

Man beachte, daß dieses Prädikat doppelte Elemente entfernt.

12.1 Permutation

Das erste hier betrachtete Verfahren wird unter die Gruppe der *Generate-and-Test*-Algorithmen eingeordnet: Die Phase der Konstruktion (Generierung) eines Lösungsversuches ist hier getrennt von der des Testens, ob der Versuch zu einem Erfolg führte.

Das Prädikat permutation/2 erzeugt im Verlaufe von Backtracking alle Folgen, die sich aus den Elementen der Ausgangsliste aufbauen lassen; diese Folgen heißen auch *Permutationen* der Ausgangsliste. Wenn Elemente mehrfach vorkommen, so werden manche Folgen auch mehrfach erzeugt. Nach jeder Erzeugung wird das Prädikat sortiert/1 aufgerufen, das nur dann gelingt, wenn die Elemente der permutierten Liste sich in der geforderten Ordnung befinden. Ist dies der Fall, so ist damit auch das Gesamtziel gelungen, andernfalls wird per Backtracking eine neue Permutation erzeugt. Ist der Test auch nach Generierung aller Permutationen nicht gelungen, so lassen sich die Elemente nicht sortieren. Dies kann beispielsweise auftreten, wenn eine Liste, die gleiche ganze Zahlen enthält, in strikt steigender Ordnung sortiert werden soll.

Dies Prädikat sollte nur mit sehr kurzen Listen getestet werden, da die Laufzeit mit der Listenlänge stark ansteigt.

Beispiel 12-2:

```
/* gruselsort(Eingabeliste, Sortierte_liste) */
gruselsort(Liste,Sortiert):-
    permutation(Liste,Sortiert),
    sortiert(Sortiert).


/* permutation(Eingabeliste, Permutierte_liste) */
permutation([],[]).
permutation(Liste,[Kopf|Rest]):-
    append(L1,[Kopf|L2],Liste),
    append(L1,L2,L3),
    permutation(L3,Rest).


/* sortiert(Testliste) */
sortiert([]).
sortiert([_]).
sortiert([Elem1,Elem2|Rest]):-
    relation(Elem1,Elem2),
    sortiert([Elem2|Rest]).
```

Bei diesem Prädikat ist wichtig, daß das Prädikat append/3, das in der Lektion 11 vorgestellt worden ist, in der zweiten Klausel von permutation/2 auf zwei verschiedenen Weisen benutzt wird: Bei der ersten Anwendung dient es dazu, die Liste Liste in zwei Teile aufzuspalten, in der zweiten werden zwei Listen zu einer kombiniert.

12.2 Tauschsort

Wenn gewährleistet ist, daß stets eines der beiden Ziele relation(E1,E2) oder relation(E2,E1) gilt, so kann folgendes kurz zu schreibende, jedoch ineffiziente Verfahren benutzt werden. Es beruht darauf, daß nur so lange, wie sich zwei Elemente finden lassen, die nicht in der richtigen Reihenfolge stehen, eine neue Lösung gesucht werden muß; dies kann gezielt geschehen, indem die Terme, die sich in der falschen Reihenfolge befanden, ausgetauscht werden. Sobald sich keine Terme mehr finden lassen, die sich in der falschen Reihenfolge befinden, was bei dem folgenden Prädikat zum Fehlschlagen der ersten Klausel führt, ist die gegebene Liste sortiert.

Beispiel 12-3:

```prolog
/* tauschsort(Liste, Sortierte_liste) */
tauschsort(Liste,Sortiert):-
    append(Anfang,[Elem1,Elem2|Ende],Liste),
    not(relation(Elem1,Elem2)),
    !,
    append(Anfang,[Elem2,Elem1|Ende],Zwischenergebnis),
    tauschsort(Zwischenergebnis,Sortiert).
tauschsort(Liste,Liste).
```

12.3 Quicksort

Dieses Verfahren beruht auf der Idee, ein Problem zu lösen, indem man es in mehrere Probleme geringerer Komplexität aufteilt; diese Methode trägt die Bezeichnung *Divide-and-Conquer*, also etwa 'teile und besiege'. Dies wird erreicht, indem wir aus der Liste ein Element, das *Pivotelement*, herausgreifen (hier wird es das erste sein), und anhand dieses Elementes zwei Listen aus den restlichen Elementen der Ausgangsliste bilden, deren eine aus allen kleineren und deren andere aus allen größeren Elementen als dem Pivotelement besteht. Diese kürzeren Listen werden mit dem selben Verfahren sortiert, und die Lösungen dann zur Gesamtlösung zusammengesetzt.

Beispiel 12-4:

```
/* quicksort(Eingabeliste, Sortierte_liste) */
quicksort([],[]).
quicksort([Elem|Rest],Sortiert):-
     partition(Elem,Rest,Kleinere,Groessere),
     quicksort(Kleinere,Kleinsortiert),
     quicksort(Groessere,Grosssortiert),
     append(Kleinsortiert,[Elem|Grosssortiert],Sortiert).

/* partition(Pivotelement, Zu_spaltende_liste,
                           Kleiner,
                           Groesser) */
partition(_,[],[],[]).
partition(Pivot,[Elem|Rest],[Elem|Kleinrest],
                           Grossrest):-
     relation(Elem,Pivot),
     partition(Pivot,Rest,Kleinrest,Grossrest).
partition(Pivot,[Elem|Rest],Kleinrest,
                           [Elem|Grossrest]):-
     not(relation(Elem,Pivot)),
     partition(Pivot,Rest,Kleinrest,Grossrest).
```

Diese Lösung läßt sich noch verbessern, indem wir das append/3 in der zweiten
Klausel von quicksort/2 nicht explizit aufrufen, sondern die Listen während
des Sortierens gleich in der richtigen Weise aneinanderfügen. Hierzu muß nur
das Prädikat quicksort/2 durch qsort/2 ersetzt werden. Im Hilfsprädikat
qsort1/3 ist das erste Argument die zu sortierende Liste und das zweite das
Endergebnis, das aus der Aneinanderhängung der sortierten ersten Liste und
dem dritten Argument besteht.

Beispiel 12-5:

```
/* quicksort ohne append */
/* partition wie bei quicksort/2 */
qsort(Liste,Sortiert):- qsort1(Liste,Sortiert,[]).

qsort1([],Liste,Liste).
qsort1([Elem|Liste],Sort1,Ende):-
   partition(Elem,Liste,Kleiner,Groesser),
   qsort1(Kleiner,Sort1,[Elem|Rest]),
   qsort1(Groesser,Rest,Ende).
```

12.4 Mergesort

Das nächste Verfahren trägt die Bezeichnung *Mergesort*, weil die grundlegende Aktion hier die Kombination oder das Verschmelzen zweier bereits sortierter Listen ist.

In einer ersten Phase wird die gegebene Liste in eine Liste von Listen überführt, die je nur ein Element enthalten; damit ist jede dieser Einzellisten offenbar sortiert. Diese Aufgabe wird vom Prädikat `liste_von_listen/2` ausgeführt.

In der zweiten Phase werden diese Listen zu Paaren zusammengefaßt und dann zu einer neuen Liste kombiniert. Diese neuen Listen, ihre Anzahl hat sich mittlerweile halbiert, werden wieder der gleichen Prozedur unterzogen. Wenn die Zahl der Listen ungerade sein sollte, so wird die verbleibende Liste einfach mit den neu kombinierten zusammen in die Ergebnisliste übertragen. Dieser ganze Ablauf wiederholt sich, bis nur noch eine Liste übrig bleibt, die sortierte Ergebnisliste.

Beispiel 12-6:

```
/* mergesort(Eingabeliste,Sortierte_liste) */
mergesort([],[]). /* ein Sonderfall */
mergesort(Liste,Sortiert):-
     liste_von_listen(Liste,Liste_von_listen),
     msort(Liste_von_listen,[Sortiert]).


/* msort(Liste_von_listen,Liste_von_merged_listen) */
msort([],[]).
msort([Liste],[Liste]).
msort([Liste1,Liste2|Rest],Sortiert):-
     merge(Liste1,Liste2,Merged),
     msort(Rest,Sortiert1),
     msort([Merged|Sortiert1],Sortiert).


/* liste_von_listen(Liste_von_elementen,
                    Liste_von_einelementigen_listen) */
liste_von_listen([],[]).
liste_von_listen([Element|Restelemente],
             [[Element]|Restliste]):-
     liste_von_listen(Restelemente,Restliste).


/* merge(Inliste1, Inliste2, Merged_list) */
merge([],L,L).
merge(L,[],L).
merge([Elem1|Rest1],[Elem2|Rest2],[Elem1|Merged]):-
     relation(Elem1,Elem2),
     merge(Rest1,[Elem2|Rest2],Merged).
```

```
merge([Elem1|Rest1],[Elem2|Rest2],[Elem2|Merged]):-
    not(relation(Elem1,Elem2)),
    merge([Elem1|Rest1],Rest2,Merged).
```

12.5   Treesort

Das letzte betrachtete Verfahren beruht auf der Möglichkeit, in Prolog Terme
mit nicht-unifizierten Variablen zu benutzen. Diese Variablen können wir dann
stets mit Termen dieser Art unifizieren, die zum einen eine informationstra-
gende Komponente haben, zum anderen eine oder mehrere freie Variable, so
daß die Struktur immer weiter ausgedehnt werden kann. Solche Strukturen
heißen *Bäume*; die Terme, die mit den Variablen unifiziert sind, bezeichnen wir
als *Äste* oder *Teilbäume*, die Informationen bilden die *Knoten*. Der Knoten, der
nicht Teilbaum in einem übergeordneten Baum ist, heißt die *Wurzel*.
Der hier benutzte Term heißt `tree(Elem,Kleiner,Groesser)`, wobei `Elem` die
Information trägt, hier beispielsweise eine Zahl aus der zu sortierenden Liste,
und `Kleiner` und `Groesser` die Teilbäume bilden, in denen sich Elemente befinden, die kleiner bzw. größer als das Element im Knoten sind.
Der Sortieralgorithmus besteht aus zwei Phasen: Als erstes wird ein Baum
aufgebaut, der die Elemente der Ausgangsliste enthält, dabei müssen alle Elemente in einem `Kleiner`-Teilbaum kleiner oder gleich und alle Elemente in
einem `Groesser`-Teilbaum größer sein als im übergeordneten Knoten. Klei-
ner/gleich und größer gilt hier immer bezüglich des Prädikates `relation/2`,
wobei `relation(E1,E2)` bedeutet, daß `E1` kleiner ist als `E2` oder sie den gleichen Wert auf der Skala einnehmen, und `not(relation(E1,E2))`, daß `E1` größer
ist als `E2`. Diese Aufgabe erfüllt das Prädikat `tsort/2`.
In der zweiten Phase werden alle Knoten dieses Baumes ausgelesen und in einer
Liste gesammelt. Um die Liste zu sortieren, werden der linke und der rechte
Teilbaum, die zu einem Knoten gehören, zunächst ausgelesen; dann wird aus
den beiden dabei entstehenden Listen zusammen mit dem Inhalt des Knotens
das Ergebnis zusammengesetzt. Das Prädikat `blaetter/2` führt diese Aufgabe
aus.

Beispiel 12-7:

```
/* treesort(Eingabeliste, Sortierte_liste) */
treesort(Liste,Sortiert):-
    tsort(Liste,Baum),
    blaetter(Baum,Sortiert).

/* blaetter(Baum, Liste_der_blaetter) */
blaetter(Baum,[]):-
    var(Baum),!.
blaetter(tree(Knoten,Rechts,Links),Liste):-
    blaetter(Rechts,RListe),
```

```
    blaetter(Links,LLliste),
    append(RListe,[Knoten|LLliste],Liste).

/* tsort(Eingabeliste,Binaerbaum) */
tsort([],_).
tsort([Elem|Rest],Baum):-
    find(Elem,Baum),
    tsort(Rest,Baum).

/* find(Wert,Baum) */
find(E,tree(E,_,_)).
find(E,tree(E1,Kleiner,_)):-
    E \= E1,
    relation(E,E1),
    find(E,Kleiner).
find(E,tree(E1,_,Groesser)):-
    E \= E1,
    not(relation(E,E1)),
    find(E,Groesser).
```

12.6 Übungsaufgaben

Übung 12-1:
Weshalb ist `gruselsort/2` für lange Listen so viel langsamer als die anderen
Verfahren ?

Übung 12-2:
Schreiben Sie ein Prädikat `blatter_ohne_append/2`, das, wie die zweite Lösung
für den Quicksortalgorithmus, ohne `append/3` auskommt.

Übung 12-3:
Die Algorithmen unterscheiden sich hinsichtlich ihres Verhalten bei Auftreten
mehrerer unifizierbarer Terme in der Ausgangsliste; manche ersetzen diese uni-
fizierbaren Terme durch nur einen. Welche sind das ?

Übung 12-4:
Schreiben Sie ein Prädikat `allgem_sort/3`, das es erlaubt, neben der Eingabe-
liste auch den Funktor des gewünschten Sortierverfahrens anzugeben. Gibt es
eine Möglichkeit, auch das Vergleichsprädikat zu übergeben ?

Lektion 13

Graphen und Graphsuche

Graphen bilden sowohl in der Mathematik und Informatik als auch in anderen Fachrichtungen wie den Wirtschaftswissenschaften die Grundlage für eine Vielzahl von Algorithmen, Theorien und Modellbildungen. Als Beispiele seien die Petrinetze, die Netzplantechniken, Datenflußgraphen und spezielle Graphsuch- und Wegermittlungsverfahren in Teilgebieten der Künstlichen Intelligenz genannt.

In dieser Lektion erklären wir kurz, was ein Graph im mathematischen Sinne ist, und erläutern verschiedene damit verbundene Begriffe. Wir implementieren Graphen in Prolog und stellen anschließend unterschiedliche (Weg-)Suchverfahren vor.

13.1 Zum Begriff des Graphen

Ein Graph ist ein Netz, das aus Knoten besteht, die durch Kanten miteinander verbunden sind.

Präziser formulieren wir:

> Ein **endlicher Graph** besteht aus einer endlichen Menge N von **Knoten** und einer Menge $K \subseteq N \times N$ von **Kanten**.

Eine **Kante** $k = (n_i, n_j)$ ist ein geordnetes Paar von Knoten.

Die Kanten in einem Graphen besitzen eine Richtung, d.h., die Kante (n_i, n_j) kann in der Form $n_i \rightarrow n_j$ dargestellt werden. Diese Knoten bezeichnen wir dann als **adjazent**. Die **Adjazenzmatrix** eines Graphen dient dazu, alle direkt benachbarten Knoten eines Graphen darzustellen. Falls der Graph die Knoten $(n_1, ..., n_m)$ besitzt, so ist dies eine $m \times m$ Matrix, in der an der Stelle (i, j) eine 1, falls $(n_i, n_j) \in K$ ist, andernfalls eine 0 steht. Es gilt der folgende Satz.

Satz: Sei A die Adjazenzmatrix des gerichteten Graphen G und sei $A^{(n)} = A^n$ ($n \geq 0$). Dann ist $a_{ij}^{(n)}$ die Zahl der verschiedenen Wege der Länge n von n_i nach n_j (jede Kante hat die Länge 1).

Ein Graph mit der Kantenmenge $K \subseteq N \times N$ heißt **ungerichtet**, wenn $\forall n_i, n_j : ((n_i, n_j) \in K \Leftrightarrow (n_j, n_i) \in K)$ gilt. In ungerichteten Graphen sind Kanten also in beiden Richtungen (bidirektional) oder gar nicht vorhanden, wir wählen deshalb die graphische Darstellung $n_i - - - - n_j$ für seine Kanten.

Ein **Pfad P** im Graphen mit der Kantenmenge $K \subseteq N \times N$ vom Knoten n_i zum Knoten n_j ist eine endliche Folge $(a_1, ..., a_{\ell(P)+1})$ von Knoten aus N, die mit $n_i = a_1$ beginnt, mit $n_j = a_{\ell(P)+1}$ endet und in der je zwei benachbarte Knoten durch eine Kante verbunden sind, d.h., es gilt $(a_k, a_{k+1}) \in K$ für $k = 1, ..., \ell(P)$. Wir können einen Pfad auch als **Kantenzug** interpretieren. Unter der **Pfadlänge** $\ell(P)$ verstehen wir die Anzahl der Kanten, die in diesem Kantenzug liegen.

Ein **Zyklus** oder **geschlossener Weg** ist ein Pfad, dessen Anfangs- und Endpunkte übereinstimmen.

Im folgenden sollen nur **zusammenhängende** Graphen, d.h. Graphen bei denen je zwei Knoten n und n' durch einen Weg verbunden sind, betrachtet werden.

13.2 Repräsentation von Graphen in Prolog

Es gibt in Prolog ähnlich wie in Pascal, Algol, Fortran, etc. keine vordefinierte Datenstruktur für die Repräsentation eines Graphen. In den anweisungs-orientierten höheren Programmiersprachen wird z.B. die Adjazenzmatrix dazu benutzt, um Graphen zu repräsentieren. In Prolog schreiben wir die Eigenschaft, daß in einem Graphen eine Kante k von Knoten a nach b verläuft, in der Form

```
kante( a, b ).
```

Handelt es sich um einen ungerichteten Graphen, so nehmen wir entweder zusätzlich das Faktum

```
kante( b, a ).
```

oder vermeiden diese redundante Kanteneintragung und berücksichtigen dies
erst bei den verschiedenen Graph-Algorithmen.
Wollen wir in einem ungerichteten Graphen überprüfen, ob ein Pfad `pfad` von
einem beliebigen Anfangspunkt `AnfP` zu einem Endpunkt `EndP` existiert, so gehen wir folgendermaßen vor:

1. Wir suchen zunächst einen Zwischenpunkt `ZP` , der direkt mit dem Anfangspunkt `AnfP` verbunden ist. Die Wegsuche reduziert sich dann auf
   die Ermittlung eines Pfades von `ZP` zum Endpunkt `EndP`. Wir wenden das
   Verfahren rekursiv auf den neuen verkürzten Weg an.

2. Das Verfahren terminiert, falls ein Zwischenpunkt und der Endpunkt übereinstimmen.

Diese Idee läßt sich leicht in eine Prolog Prozedur umsetzen:

```
pfad( X, X ).
pfad(AnfP, EndP) :-   ( kante(AnfP, ZP)
                      ;   kante(ZP, AnfP) ),
                      pfad(ZP, EndP).
```

13.3   Wegermittlung in ungerichteten Graphen

Eine erste Anwendung von Graphen ist die Wegermittlung.
Im Bild 13-1 ist ein stark vereinfachtes Schema der existierenden Autobahnver-
bindungen in der Bundesrepublik Deutschland angegeben.

Bild 13-1:

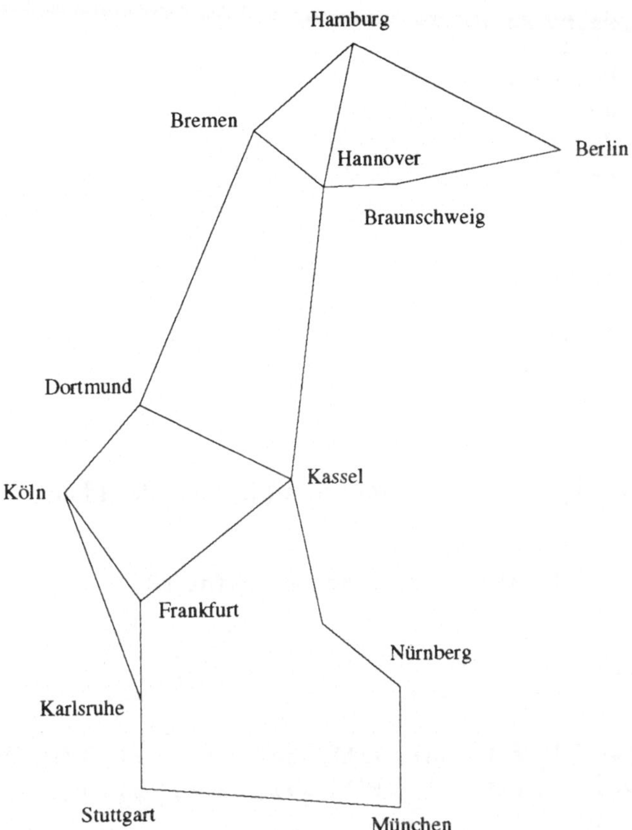

Es handelt sich bei dieser schematisierten Darstellung um einen Graphen, dessen Knotenmenge aus der Menge der berücksichtigten Städte besteht und dessen Kanten die Direktverbindungen zwischen diesen Städten sind. Beispielsweise läßt sich die Direktverbindung von Hamburg nach Berlin als Kante

$$k = (\ HH,\ B\ )$$

beschreiben.

Wir stellen dieses Autobahnnetz in einer Prolog-Wissensbank wie folgt dar:

```
k( hh, b ).
k( hh, hb ).
k( hh, h ).
k( b, bs ).
k( b, n ).
k( hb, h ).
```

```
k( h, bs ).
k( h, ks ).
k( h, do ).
k( hb, do ).
k( do, k ).
k( do, f ).
k( ks, n ).
k( ks, f ).
k( k, f ).
k( k, ka ).
k( f, n ).
k( f, ka ).
k( ka, s ).
k( n, m ).
k( m, s ).
```

Von Braunschweig (bs) nach München (m) führt der Pfad:

```
k(bs, h), k(h, ks), k(ks, n), k(n, m)
```

jedoch auch

```
k(bs, b), k(b, hh), k(hh, hb), k(hb, h), k(h, do)
k(do, f), k(f, k),  k(k, ka),  k(ka, s), k(s, m)
```

und weitere Möglichkeiten.
Zu der bisher definierten Wissensbasis fügen wir das Pfadfindungsprogramm

```
pfad( X, X ).
pfad(AnfP, EndP) :-    ( kante(AnfP, ZP)
                      ;   kante(ZP, AnfP) ),
                        pfad(ZP, EndP).
```

hinzu. Wir erhalten Auskunft über mögliche Verbindungen , indem wir an das
Programm folgende Anfragen stellen:

```
?-  pfad(bs,b).
```

```
?-  pfad(do,m).
```

```
?-  pfad(hh,m).
```

```
?-   pfad(hb,h).

?-   pfad(bs,ks).
```

Das Programm reagiert unterschiedlich. In einigen Fällen liefert es die erwartete
Antwort, in anderen Fällen gerät es in eine „Endlosschleife": Der Teilweg, der
bislang durch das Programm ermittelt worden ist, enthält also einen Zyklus.

Um Zyklen zu vermeiden, müssen wir dafür sorgen, daß die bislang durch einen
Weg erreichten Knoten gespeichert werden. Dies geschieht mit einem Prädikat
weg/3 in der Listenvariablen Kantenzug (s. Beispiel 13-1). Zur Überprüfung,
ob ein Knoten bereits in dieser Listenvariablen gespeichert ist, benutzen wir das
aus Lektion 11 bekannte Prädikat element/2 sowie das Prädikat not/1.

Beispiel 13-1:

```
pfad_ohne_zyklus( AnfP, EndP ) :- weg( AnfP, EndP, [AnfP] ).

weg( X, X, Kantenzug ).
weg( AnfP, EndP, Kantenzug ) :-
        ( k( AnfP, ZP)
        ; k( ZP, AnfP) ),
        not( element(ZP, Kantenzug) ),
        weg( ZP, EndP, [ ZP | Kantenzug ] ).

element( E, [E | Rest] ).
element( E, [Kopf | Rest] ) :- element( E, Rest ).
```

Das Programm gibt keine Auskunft darüber, welche Knoten auf einem Pfad
zwischen den angegebenen Endpunkten liegen. Es liefert nur die Antwort, ob
ein Pfad existiert oder nicht.

Wir erweitern deshalb das Programm so, daß es alle gefundenen Pfade ausgibt.
In der Listenvariablen Kantenzug sind bereits alle auf dem Pfad liegenden Knoten vermerkt, allerdings in umgekehrter Reihenfolge. Wir benötigen deshalb
das aus Lektion 11 bekannte Prädikat reverse/2, um die Liste in richtiger Reihenfolge darzustellen. Desweiteren fügen wir einen Knoten dem Kantenzug erst
dann zu, wenn ein Test, ob er auf einem Zyklus liegt, negativ ausgefallen ist, und
schreiben ein extra Prädikat moeglicher_Knoten/3 welches diese Überprüfung
übernimmt.

Beispiel 13-2:

```
pfad_mit_knotenliste( AnfP, EndP, Pfad ) :-
                          weg( AnfP, EndP, [], P ),
                          reverse( P, Pfad ).


weg( X, X, Kantenzug, [ X | Kantenzug ] ).
weg( AnfP, EndP, T, Kantenzug ) :-
        moeglicher_Knoten( AnfP, T, ZP ),
        weg( ZP, EndP, [ AnfP | T ], Kantenzug ).

moeglicher_Knoten( AnfP, Kantenzug, ZP ) :-
          (  k(AnfP, ZP)
          ;  k(ZP, AnfP)  ),
           not( element( ZP, Kantenzug ) ).

element( E, [E|Rest] ).
element( E, [Kopf|Rest] ) :- element( E, Rest ).


reverse( [], [] ).
reverse( [K|Rest], Neueliste ):-
    reverse( Rest, TL ),
    append( TL, [K], Neueliste ).

append( [], Liste, Liste ).
append( [Kopf|Rest], Liste, [Kopf|Ergebnis] ) :-
        append( Rest, Liste, Ergebnis ).
```

In diesem Programm ist noch keine Suchstrategie enthalten, es wird nur der implizit gegebene Prolog-Suchmechanismus, das systematische Durchprobieren, mit Backtracking genutzt.

13.4   Suchstrategien

In diesem Abschnitt stellen wir zwei (uninformierte) Baumsuchverfahren vor:

- die **Tiefensuche (depth first)** und

- die **Breitensuche (breadth first)**.

Bei der *Tiefensuche* wird zunächst ein Pfad in die Tiefe über mehrere Knotenebenen hinweg verfolgt. Hierbei ist es notwendig, eine maximale Suchtiefe (**depth bound**) zu definieren, bei der die Suche in einem Suchzweig abgebrochen wird.

Bei der *Breitensuche* werden alle Knoten einer Ebene expandiert, bevor die nächste, tiefer liegende Ebene betrachtet wird. Unter *Expansion* verstehen wir dabei die Erzeugung der Nachfolger zu einer gegebenen Knotenmenge.

Wir wollen unser Wegermittlungsproblem mit Hilfe einer Breitensuche lösen. Dazu benötigen wir zu jedem Knoten alle Nachbarknoten. Mit der Prozedur findall/3, die in Lektion 5 eingeführt wurde, läßt sich eine Liste aller Objekte erstellen, die ein bestimmtes Ziel erfüllen. findall/3 ermöglicht so eine einfache Implementierung unserer Breitensuche.

Beispiel 13-3:

```
pfad_mit_breitensuche( AnfP, EndP, Route ) :-
                weg( [[AnfP]], EndP, R ),
                reverse( R, Route ).


weg( [Kopf | Rest], EndP, Kopf ) :- Kopf = [EndP | _].
weg( [ [Ende | T] | Andere ], EndP, Route ) :-
            findall( [Z, Ende | T],
                     moeglicher_Knoten( Ende, T, Z ),
                     Liste ),
            append( Andere, Liste, NeueWege ),
            weg( NeueWege, EndP, Route ).


moeglicher_Knoten( AnfP, Kantenzug, ZP ) :-
            ( k(AnfP, ZP)
            ; k(ZP, AnfP) ),
             not( element( ZP, Kantenzug ) ).


findall( Objekte, Ziel, _ ) :-
            asserta( found(mark) ),
            call ( Ziel ),
            asserta( found(Objekte) ),
            fail.
findall( _, _, L ) :- collect_found( [], M ), !, L = M.


collect_found( S, L ) :-
            getnext(X), !,
            collect_found( [X | S], L ).
collect_found( L, L ).


getnext(X) :- retract( found(X) ), !, X \== mark.
```

```
element( E, [E|Rest] ).
element( E, [Kopf|Rest] ) :- element( E, Rest ).

reverse( [], [] ).
reverse( [K|Rest], Neueliste ):-
    reverse( Rest, TL ),
    append(TL, [K], Neueliste).

append( [], Liste, Liste ).
append( [Kopf|Rest], Liste, [Kopf|Ergebnis] ) :-
        append( Rest, Liste, Ergebnis ).
```

In der Übung 13-2 wird beschrieben, wie wir unser Wegermittlungs-Problem
mit einer Tiefensuche lösen können.

13.5   Übungsaufgaben

Übung 13-1:
Verdeutlichen Sie sich die Funktionsweise der Breitensuche anhand einiger Beispiele.

Übung 13-2:
Ersetzen wir in der zweiten Klausel des Prädikates weg das zweite Teilziel durch

```
append( Liste, Andere, NeueWege ).,
```

so erhalten wir ein Tiefensuch-Verfahren für unser Wegermittlungs-Problem.
Klären Sie den Unterschied der Suchstrategien.

Übung 13-3:
Wie klassifizieren Sie den Algorithmus aus dem Beispiel 13-2?

Übung 13-4:
Versuchen Sie, die Prolog-Wissenbasis so zu erweitern, daß es möglich ist, den
kilometermäßig kürzesten Weg von einem Ort X zu einem Ort Y zu finden.

Lektion 14

Symbolmanipulation

In dieser Lektion wird die Anwendbarkeit von Prolog auf Probleme der symbolischen Formeltransformationen gezeigt. Zunächst wird auf das symbolische Differenzieren näher eingegangen, anschließend wird ein Prologprogramm vorgestellt, das die aus Lektion 3 bekannte Transformation beliebiger prädikatenlogischer Ausdrücke in ihre Klauselform durchführt.

14.1 Symbolische Differentiation

Ein typisches Anwendungsbeispiel für symbolmanipulierende Systeme ist die *symbolische Differentiation*. Sind U und V arithmetische Ausdrücke, die nach einer Variablen x differenziert werden sollen, und ist c eine Konstante, so lassen sich Differentiationsregeln in Form von symbolischen Transformationen folgendermaßen ausdrücken:

Beispiel 14-1:

$$dc/dx \rightarrow 0$$

$$dx/dx \rightarrow 1$$

$$d(-U)/dx \rightarrow -(dU/dx)$$

$$d(U+V)/dx \rightarrow dU/dx + dV/dx$$

$$d(U-V)/dx \rightarrow dU/dx - dV/dx$$

$$d(cU)/dx \rightarrow c(dU/dx)$$

$$d(UV)/dx \rightarrow U(dV/dx) + V(dU/dx)$$

$$d(U/V)/dx \rightarrow d(UV^{-1})/dx$$

$$d(U^c) \rightarrow cU^{c-1}(dU/dx)$$

$$d(\ln U)/dx \rightarrow U^{-1}(dU/dx)$$

Diese symbolischen Transformationsregeln lassen sich in Prologklauseln ausdrücken. Ein arithmetischer Ausdruck ist als Struktur darstellbar und die einzelnen Prologklauseln können durch Patternmatching und anschließende Transformation die einzelnen Strukturen bearbeiten. Ein zu differenzierender Ausdruck ist dabei aus Termen aufgebaut, die durch die Standard Infix-Operatoren +, -, * und / verbunden sind. Mit dem op/3-Prädikat gelingt es jedoch, ein Symbol entweder als monadischen oder als dyadischen Operator mit der zugehörigen Priorität zu definieren.

Somit lassen sich die Transformationsvorschriften aus Beispiel 14-1 in folgende Prolog-Klauseln umsetzen.

Beispiel 14-2:

```
?- op( 10, yfx, ^ ).
?- op( 9, fx, ~ ).

diff( X, X, 1 ) :- !.

diff( C, X, 0 ) :- atomic( C ).

diff( ~U, X, ~A ) :- diff( U, X, A ).

diff( U+V, X, A+B ) :- diff( U, X, A ), diff( V, X, B ).

diff( U-V, X, A-B ) :- diff( U, X, A ), diff( V, X, B ).

diff( C*U, X, C*A ) :- atomic( C ), C \= X, diff( U, X,A),!.

diff( U*V, X, B*U+A*V ) :- diff( U, X, A ), diff( V, X, B ).

diff( U/V, X, A ) :- diff( U*V^(~1), X, A ).

diff( U^C, X, C*U^(C-1)*W ) :- atomic( C ), C \= X,
                               diff( U, X, W ).

diff( log(U), X, A*U^(~1) ) :- diff( U, X, A ).
```

Ein Aufruf dieses Programms hat die folgende Gestalt:

    ?- diff(Ausdruck, X _ var, Erg).

Hierbei ist `Ausdruck` der zu differenzierende symbolische Ausdruck, `X_var` ist die
Variable, nach der differenziert werden soll; `Erg` ist die Ableitung von `Ausdruck`.
Zur leichteren Benutzung erweitern wir das Programm noch um ein Ein- und
Ausgabeprädikat.


```
differenziere :- eamodul( Ausdruck, X_var ),
                 diff( Ausdruck, X_var, Erg ),
                 write('Ergebnis:'),
                 write(Erg), nl.

eamodul( A, X ) :-
   write(" ===> Symbolischer Differenzierer <===  "),
   nl, nl, nl,
   write("Geben Sie einen zu differenzierenden Ausdruck an:"),
   nl,
   read( A ), nl,
   write("Nach welcher Variablen soll differenziert werden ?"),
   nl,
   read( X ).
```


14.2 Symbolische Klauseltransformation

Im folgenden geben wir ein Prologprogramm an, daß eine Formel der Prädikatenlogik in ihre Klauselform überführt. Das Verfahren ist bereits in Lektion 3.3
erläutert und vorgestellt worden.

Zunächst schreiben wir eine Hauptklausel `transformiere/1`, die als Parameter
die zu transformierende Formel erhält (`PLFORMEL`); diese ist eine beliebige prädikatenlogische Formel. Bei der nachfolgenden Abarbeitung dieses Ziels wird die
transformierte Klauselmenge ausgegeben. Die Prädikate dieser Prozedur besitzen als ersten Parameter die zu transformierende Formel (Eingabe für die
entsprechende Transformation), der zweite Parameter (Ausgabeparameter) beinhaltet die transformierte Eingabeformel, die bei diesem Teilschritt entsteht.
Teilweise benötigen wir noch einen dritten Parameter zur Speicherung von Zwischenergebnissen.

Beispiel 14-3:

```
transformiere( PLFORMEL )  :-

/* 1. Schritt: Implikationen eliminieren                        */

              implikationen_eliminieren( PLFORMEL, P1 ),

/* 2. Schritt: Gueltigkeitsbereiche der Negationszeichen        */
/*             verkleinern                                       */

              neg_herein( P1, P2 ),

/* 3. Schritt: universelle Quantoren nach vorne */
              uQuant_heraus( P2, P3 ),

/* 4. Schritt: quantorenfreie Ausdruecke als Konjunktion        */
/*             von Disjunktionen von Literalen darstellen        */

              konjunktion( P3, P4 ),

/* 5. Schritt: Eliminierung von Existenzquantoren               */
/*             (Skolemisierung)                                  */

              skolem( P4, P5, [] ),

/* 6. Schritt: Darstellung der Klauselmenge                     */

              klauselmenge( P5, KLAUSELN, [] ),

/* Darstellung der Klauselmenge auf dem Bildschirm              */

              drucke_klauseln( KLAUSELN ).
```

Im folgenden werden Operatoren für Negation, Disjunktion, Konjunktion, Implikation und Äquivalenz definiert.

```
?-   op(30, fx, ~ ).        % Negation
?-   op(100, xfy, #).       % Disjunktion
?-   op(100, xfy, &).       % Konjunktion
?-   op(150, xfy, ->).      % Implikation
?-   op(150, xfy, <->).     % Aequivalenz
```

```
implikationen_eliminieren( (P<->Q), ((P1&Q1) # (~P1&~Q1))) :-
                !,
                implikationen_eliminieren( P, P1 ),
                implikationen_eliminieren( Q, Q1 ).

implikationen_eliminieren( ( P -> Q ), ( ~P1 # Q1 ) ) :-
                !,
                implikationen_eliminieren( P, P1 ),
                implikationen_eliminieren( Q, Q1 ).


implikationen_eliminieren( all( X, P ), all( X, P1 ) ) :-
                !,
                implikationen_eliminieren( P, P1 ).


implikationen_eliminieren( exists( X, P ), exists( X, P1 ) ) :-
                !,
                implikationen_eliminieren( P, P1 ).


implikationen_eliminieren( ( P & Q ), ( P1 & Q1 ) ) :
                !,
                implikationen_eliminieren( P, P1 ),
                implikationen_eliminieren( Q, Q1 ).


implikationen_eliminieren( ( P # Q ), ( P1 # Q1 ) ) :-
                !,
                implikationen_eliminieren( P, P1 ),
                implikationen_eliminieren( Q, Q1 ).

implikationen_eliminieren( (~P), (~P1) ) :-
                !,
                implikationen_eliminieren( P, P1 ).


implikationen_eliminieren( P, P ).
```

Im ersten Teilschritt werden Äquivalenzen und Implikationen beseitigt. In den
ersten beiden Klauseln dieser Prozedur werden zunächst die Äquivalenzzeichen

gemäß

$$P \Leftrightarrow Q \quad \text{äq} \quad (P \wedge Q) \vee (\neg P \wedge \neg Q)$$

und die Implikationen gemäß

$$P \Rightarrow Q \quad \text{äq} \quad (\neg P \vee Q)$$

entfernt.

```
neg_herein( (~P), P1 ) :-
    !,
    negiert( P, P1 ).
neg_herein( all(X,P), all(X,P1) ) :-
    !,
    neg_herein(P, P1).
neg_herein( exists(X,P), exists(X,P1) ) :-
    !,
    neg_herein(P, P1).
neg_herein( (P & Q), (P1 & Q1) ) :-
    !,
    neg_herein( P, P1 ),
    neg_herein( Q, Q1 ).
neg_herein( (P # Q), (P1 # Q1) ) :-
    !,
    neg_herein( P, P1 ),
    neg_herein( Q, Q1 ).
neg_herein( P, P ).

negiert( (~P), P1 ) :-
    !,
    neg_herein( P, P1 ).
negiert( all(X,P), exists(X,P1) ) :-
    !,
    negiert( P, P1 ).
negiert( exists(X,P), all(X,P1) ) :-
    !,
    negiert( P, P1 ).
negiert( ( P & Q ), ( P1 # Q1 ) ) :-
    !,
    negiert( P, P1 ),
    negiert( Q, Q1 ).
negiert( ( P # Q ), ( P1 & Q1 ) ) :-
    !,
    negiert( P, P1 ),
```

```
        negiert( Q, Q1 ).
negiert( P, (~P) ).
```

Im zweiten Teilschritt werden die Gültigkeitsbereiche der Negationszeichen verkleinert, d.h., sie werden in der Formel von außen nach innen hereingezogen.
Wir benutzen dazu die Prozeduren `neg_herein/2` und `negiert/2`. Wir benötigen diese zwei Prädikate, da wir eine Fallunterscheidung vornehmen müssen.
`neg_herein/2` verkleinert nur die zu testenden Bereiche, wobei die erste Klausel den Fall aussondert, in dem bereits ein negierter Term auftritt. Mit `~P`
wird dann `negiert/2` aktiviert. Gemäß den fünf Umformungsregeln, die in
Lektion 3 beschrieben sind, wird jetzt transformiert, wobei die erste Klausel
von `negiert/2` wieder auf einen nichtnegierten Term führt, so daß wiederum
`neg_herein/2` aufgerufen wird. Die letzte Klausel dient dazu, daß das Verfahren terminiert, da der Fall behandelt wird, bei der der Gültigkeitsbereich eines
Negationszeichens nicht weiter verkleinert wird.

```
uQuant_heraus( exists(X,P), exists(X,P1) ):-
  !,
  uQuant_heraus(P,P1).
uQuant_heraus( all(X,P), P1 ) :-
  !,
  uQuant_heraus( P, P1 ).
uQuant_heraus( ( P & Q ), ( P1 & Q1 ) ) :-
  !,
  uQuant_heraus( P, P1 ),
  uQuant_heraus( Q, Q1 ).
uQuant_heraus( ( P # Q ), ( P1 # Q1 ) ) :-
  !,
  uQuant_heraus( P, P1 ),
  uQuant_heraus( Q, Q1 ).
uQuant_heraus( P, P ).
```

Mit der Prozedur `uQuant_heraus(A,B)` entfernen wir aus einer Formel `A` alle
Allquantoren und erhalten `B`.

```
konjunktion( exists(X,P), exists(X,P1) ):-
  !,
  konjunktion(P,P1).
konjunktion( (P # Q), R ) :-
  !,
```

```prolog
    konjunktion( P, P1 ),
    konjunktion( Q, Q1 ).
konjunktion( (P & Q), (P1 & Q1) ) :-
    !,
    konjunktion( P, P1 ),
    konjunktion( Q, Q1 ).
konjunktion( P, P ).

distributiv( exists(X,P), exists(X,P1) ):-
    !,
    distributiv( P, P1 ).
distributiv( ((P & Q) # R), (P1 & Q1) ) :-
    !,
    konjunktion( (P # Q), P1 ),
    konjunktion( (Q # R), Q1 ).
distributiv( (P # (Q & R)), (P1 & Q1)) :-
    !,
    konjunktion( (P # Q), P1 ),
    konjunktion( (P # R), Q1 ).
distributiv( P, P ).
```

Mit den Prädikaten `konjunktion/2` und `distributiv/2` formen wir unseren
bisherigen Term in eine konjunktive Normalform (mit Existenzquantoren) um.
Insbesondere müssen wir das Distributivgesetz der Form

$$(P \wedge Q) \vee R \quad \text{äq} \quad (P \vee R) \wedge (Q \vee R)$$

und

$$P \vee (Q \wedge R) \quad \text{äq} \quad (P \vee Q) \wedge (P \vee R)$$

anwenden.

```prolog
skolem( exists(X,P), P2, Vars ) :- !,
                        gensym( f, F ),
                        Sk =.. [ F | Vars ],
                        ersetze( X, Sk, P, P1 ),
                        skolem( P1, P2, Vars ).
skolem( (P # Q), (P1 # Q1), Vars) :- !,
                        skolem( P, P1, Vars ),
                        skolem( Q, Q1, Vars ).

skolem( (P & Q), (P1 & Q1), Vars) :- !,
```

```
                                        skolem( P, P1, Vars ),
                                        skolem( Q, Q1, Vars ).
skolem( P, P, _ ).

gensym( Wurzel, Atom ) :-
      hole_nummer( Wurzel, Nummer ),
      name( Wurzel, Name1 ),
      zahl_name( Nummer, Name2 ),
      append( Name1, Name2, Name ),
      name( Atom, Name ).

hole_nummer( W, N ) :-
      retract( laufende_nummer( W, N1 ) ), !,
      N is N1 + 1,
      asserta( laufende_nummer( W, N )).
hole_nummer( W, 1 ) :- asserta( laufende_nummer( W, 1 )).

zahl_name( Zahl, Liste ) :- zahl_name( Zahl, [], Liste ).

zahl_name( I, Weiter, [C|Weiter] ) :- I < 10, !, C is I + 48.
zahl_name( I, Weiter, Liste ) :-
                  Obere_haelfte is I/10,
                  Untere_haelfte is I mod 10,
                  C is Untere_haelfte + 48,
                  zahl_name( Obere_haelfte, [C|Weiter], Liste ).
```

Das Prädikat skolem/3 nimmt die eigentliche Skolemisierung vor und entfernt
die Existenzquantoren. Wir benutzen gensym/2, um Funktionsnamen zu erzeugen. Für die Ersetzung der Variablen durch die Funktionen verwenden wir das
in Lektion 11 eingeführte Prädikat ersetze/4.

```
klauselmenge( (P & Q), C1, C2 ) :- !,
   klauselmenge( P, C1, C3 ),
   klauselmenge( Q, C3, C2 ).
klauselmenge( P, [cl(A,B)|Cs], Cs) :-
   klausel_ein(P, A, [], B, []),!.
klauselmenge( _, C, C ).

klausel_ein( (P # Q), A, A1, B, B1) :-
   !,
   klausel_ein( P, A2, A1, B2, B1 ),
   klausel_ein( Q, A, A2, B, B2 ).
klausel_ein( (~P), A, A, B1, B) :-
```

```
  !,
  nicht_in( P, A ),
  trage_ein( P, B, B1 ).
klausel_ein( P, A1, A, B, B ) :-
  nicht_in( P, B ),
  trage_ein( P, A, A1 ).

nicht_in( X, [X|_] ) :- !, fail.
nicht_in( X, [_|L] ) :- !, nicht_in( X, L ).
nicht_in( X, [] ).

trage_ein( X, [], [X] ) :- !.
trage_ein( X, [X|L], L ) :- !.
trage_ein( X, [Y|L], [Y|L1] ) :- trage_ein( X, L, L1 ).
```

Durch `klauselmenge/3` erzeugen wir eine interne Repräsentation der Klauseln
nach negierten und nichtnegierten Klauseln. Bei `cl(Term, NegTerm)` sind unter `Term` die nichtnegierten und unter `NegTerm` die negierten Terme eingefügt
worden. Für das richtige Eintragen der Terme benutzen wir das Prädikat
`klausel_ein/5`.

```
drucke_klauseln( [] ) :- !, nl, nl.
drucke_klauseln( [cl(A,B)|Cs] ) :- drucke_klausel( A, B ), nl,
                                   drucke_klauseln( Cs ).

drucke_klausel( L, [] ) :- !, drucke_disj( L ), write('.').
drucke_klausel( [], L ) :- !, write(' :- '),
                           drucke_conj( L ), write('.').
drucke_klausel( L1, L2 ) :- drucke_disj( L1 ), write(' :- '),
                            drucke_conj( L2 ), write('.').

drucke_disj( [L] ) :- !, write(L).
drucke_disj( [L|Ls] ) :- write(L), write('; '), drucke_disj(Ls).

drucke_conj( [L] ) :- !, write(L).
drucke_conj( [L|Ls] ) :- write(L), write(', '), drucke_conj(Ls).
```

14.3 Übungsaufgaben

Übung 14-1:
Testen Sie das Beispiel 9-2 anhand einiger Eingaben und klären Sie die Funktionsweise des Programmes.
a) Welche Bedeutung hat die Reihenfolge der einzelnen Klauseln innerhalb der Definition des Prädikats diff ?
b) Weshalb tritt an zwei Stellen der cut-Operator auf ?

Übung 14-2:
Wie Sie in Übung 9-1 gesehen haben, sind die Ausgaben der Differentiation teilweise unübersichtliche und besitzen Redundanzen (z.B. x+0 oder x*1).
Schreiben Sie einen symbolischen Formelkompaktierer, der die arithmetischen Terme, die man als Ergebnis der symbolischen Differentiation erhält, übersichtlicher gestaltet.

Lektion 15

Ein Interpreter für applikative Programme

In der folgenden Lektion wird ein Einblick in die Möglichkeit gegeben, mit Hilfe von Prolog Interpreter für die funktionale oder applikative Programmierung zu erstellen. Diese Programmierweisen werden näher erläutert, indem zunächst ein formales Modell für die *applikative* Programmierung vorgestellt wird.

15.1 Das applikative Konzept

Ein applikativer Algorithmus besteht aus einer Anzahl von Funktionsdefinitionen, von denen eine die Funktion ist, mit der die Ergebnisse des Algorithmus berechnet werden, während die übrigen Hilfsfunktionen darstellen. Dabei sind die Ausdrücke, die zur Beschreibung der einzelnen Funktionen benutzt werden dürfen, entweder Hilfsfunktionen oder einfache arithmetische oder boolesche Ausdrücke.

Beispiel 15-1:
Der folgende applikative Algorithmus bestimmt von zwei Zahlen die betragsmäßig größere:

$$\begin{aligned} auswahl(x, y) \quad &:= \quad if(betrag(x) > betrag(y), x, y) \\ betrag(x) \quad &:= \quad if(x > 0, x, -x) \end{aligned}$$

In diesem Beispiel ist $auswahl(x, y)$ der definierte Algorithmus und $betrag(x)$ eine Hilfsfunktion. Die verwendeten einfachen Ausdrücke sind die if-Anweisung, der Vergleich von ganzen Zahlen und die Vorzeichenumkehr.

Mit dieser Schreibweise, die die Art und Weise der Termauswertung offen läßt, können für den mathematischen Bereich viele Funktionen leicht verständlich notiert werden.

Formal definieren wir: Ein funktionaler Ausdruck wird durch eine Anzahl von Funktionsdefinitionen charakterisiert, von denen eine ausgezeichnet ist. Jede dieser Definitionen wird durch einen Term festgelegt, wobei wir zwei Arten von Termen unterscheiden: int-Terme und bool-Terme.

1. bool-Terme:

   (a) true und false sind bool-Terme.

   (b) Sind b1 und b2 bool-Terme, so sind auch (b1 and b2), (b1 or b2) und (not b1) bool-Terme.

   (c) Sind i1 und i2 int-Terme, so sind die Terme

   - (i1=i2),
   - (i1<i2),
   - (i1=<i2),
   - (i1>=i2),
   - (i1>i2) und
   - (i1=\=i2)

   bool-Terme.

   (d) Wenn b1, b2 und b3 bool-Terme sind, so ist auch (if(b1, b2, b3)) ein bool-Term.

   (e) Eine auf passende Argumente angewandte bool-Funktion ist ein bool-Term.

2. int-Terme:

   (a) Ganze Zahlen sind int-Terme.

   (b) Wenn i1 und i2 int-Terme sind, so sind auch

   - (i1+i2),
   - (i1-i2),
   - (i1*i2),
   - (i1/i2),
   - (i1 mod i2) und
   - (-i1)

   int-Terme.

   (c) Ist b1 ein bool-Term und sind i1 und i2 int-Terme, so ist (if(b1, i1, i2)) ein int-Term.

(d) Eine auf passende Argument angewandte int-Funktion ist ein int-Term.

3. Nur die so definierten Ausdrücke sind Terme.

Eine Funktionsdefinition für die n-stellige Funktion f besitzt die Form

$$f(a_1, a_2, \ldots, a_n) := t(a_1, a_2, \ldots, a_n).$$

wobei $a_1, \ldots, a_n$ jeweils Variablen für bool- oder int-Terme sind. Wir fordern natürlich, daß für jede Ersetzung der bool-Variablen (int-Variablen) a_i durch einen bool-Term (int-Term) t_i der Ausdruck $t(a_1, \ldots, a_n)$ ebenfalls ein Term ist. Ist er ein bool-Term, so ist $f(a_1, \ldots, a_n)$ eine bool-Funktion, ist er ein int-Term, so ist $f(a_1, \ldots, a_n)$ eine int-Funktion.

Beispiel 15-2:

$$f(x, y, z) := not(x < y) \ and \ z$$

ist eine Funktionsdefinition für den dreistelligen Funktor f, bei der x und y int-Variablen und z eine bool-Variable ist. $f(1, 2, true)$ ist ein bool-Term.

15.2   Der Interpreter

Ein Interpreter für applikative Programme muß Ausdrücke auswerten können. Dies geschieht durch schrittweise Anwendung verschiedener Operationen, die den Ausdruck soweit vereinfachen, bis schließlich eine ganze Zahl oder true bzw. false als Ergebnis bestimmt werden.
Wir wählen für den Interpreter eine Notation, die es erlaubt, applikative Programme niederzuschreiben, und die die Arbeitsweise des Interpreters widerspiegelt. Unser Interpreter besitzt zwei Infixoperatoren:

- Mit Exp1 := Exp2 bezeichen wir eine Operation, bei der der Ausdruck Exp1 in den einfacheren Ausdruck Exp2 überführt wird.

- Exp1 :== Exp2 bedeutet, daß der Ausdruck Exp1 vollständig ausgewertet wird und als Ergebnis Exp2 liefert. Exp2 ist also eine ganze Zahl oder eine boolesche Konstante.

Der Interpreter muß die Relation :== darstellen, wobei der Term auf der linken Seite der zu vereinfachende ist, der auf der rechten das Resultat; dabei werden in erster Linie vom Benutzer definierte Beziehungen der Form Exp1 := Exp2 benutzt und arithmetische und boolesche Ausdrücke ausgewertet.
Als erstes definieren wir die Spezialoperatoren :== und := sowie die noch nicht vordefinierten Operatoren and, or und not:

```
?-  op(950, xfx, [:==, :=]).
?-  op(400, xfy, [and, or]).
?-  op(300, fy, not).
```

Die ganzen Zahlen sowie die booleschen Konstanten `true` und `false` können nicht weiter vereinfacht werden:

```
Term :== Term :- integer(Term), !.
true :== true :- !.
false :== false :- !.
```

Der `if`-Ausdruck wird durch die Klausel

```
if(Cond, Exp1, Exp2) :== Value :-
        !,
        Cond :== Bool,
        ( Bool = true, Exp1 :== Value
 ; Bool = false, Exp2 :== Value
 ),
 !.
```

ausgewertet.

Alle anderen Ausdrücke — seien es boolesche, arithmetische oder benutzerdefinierte — werden evaluiert, indem sämtliche Argumente ausgewertet und dann die spezifischen Operationen angewandt werden; das können die vordefinierten arithmetischen oder booleschen Operationen sein oder auch vom Benutzer definierte Regeln, die festlegen, wie sich das Ergebnis eines Terms aus den Argumenten bestimmen läßt. Das dazugehörige Prädikat sieht folgendermaßen aus:

```
Term :== Result :-
        Term =.. [Funktor | Liste],
        evallist(Liste, Ev_list),
        Ev_term =.. [Funktor | Ev_list],
        ( arith(Ev_term, Result),
          !
        ; boolsch(Ev_term, Result),
          !
        ; Ev_term := Onestep,
          Onestep :== Result,
          !
        ).
```

Mit dieser Klausel wird der noch nicht vereinfachte Term in eine Liste überführt. Die Argumente, die in `Term` vorkommen, werden mit der Variablen `Liste` unifiziert. Jedes dieser Argumente wird dann durch das Prädikat `evallist/2` evaluiert, die Liste der Ergebnisse wird mit Ev_list unifiziert. Aus dem alten Funktor und den evaluierten Argumenten wird dann ein neuer Term zusammengesetzt.

Die weitere Auswertung dieses Terms kann dann auf drei verschiedene Weisen geschehen, deren drei Möglichkeiten durch Semikola getrennt in der Klammer aufgeführt sind:

- Ist der Term ein `int`-Term mit vordefiniertem Funktor, so wird er durch das Prädikat `arith/2` ausgewertet.

- Ist der Term ein `bool`-Term mit vordefiniertem Funktor, so wertet ihn das Prädikat `boolsch/2` aus.

- Ist der Term vom Benutzer definiert, so existiert eine Funktionsdefinition der Form `Term := Einfacherer_term`, durch die der Term durch einen anderen Term ersetzt werden kann. Dieser zweite Term muß noch vollständig vereinfacht werden.

Das Hilfsprädikat `evallist/2` liefert zu einer Liste von Argumenten die Liste evaluierter Terme.

```
evallist([],[]).
evallist([Head | Tail], [Eval_head | Eval_tail]):-
        Head :== Eval_head,
        evallist(Tail, Eval_tail).
```

Die im Interpreter vordefinierten Operationen werden mit Hilfe der folgenden Prädikate durchgeführt:

```
arith(-Opnd, Result):- % unaerer Operator Minus
     integer(Opnd),
     Result is -Opnd.

arith(A+B, Result):- % Addition
     integer(A),
     integer(B),
     Result is A+B.

arith(A-B, Result):- % Subtraktion
     integer(A),
     integer(B),
     Result is A-B.

arith(A*B, Result):- % Multiplikation
     integer(A),
     integer(B),
```

```prolog
        Result is A*B.

arith(A/B, Result):- % Ganzzahl-Division
     integer(A),
     integer(B),
     Result is A/B.

arith(A mod B, Result):- % Modulo
     integer(A),
     integer(B),
     Result is A mod B.


boolsch(A=B, Result):- % Gleichheit von Integern
      integer(A),
      integer(B),
      ( A=B, Result=true;
        Result=false).

boolsch(A\=B, Result):- % Ungleichheit von Integern
      integer(A),
      integer(B),
      ( A\=B, Result=true;
        Result=false).

boolsch(A<B, Result):- % Kleiner-Relation
      integer(A),
      integer(B),
      ( A<B, Result=true;
        Result=false).

boolsch(A>=B, Result):- % Groesser-Gleich-Relation
      integer(A),
      integer(B),
      ( A>=B, Result=true;
        Result=false).

boolsch(A>B, Result):- % Groesser-Relation
      integer(A),
      integer(B),
      ( A>B, Result=true;
        Result=false).

boolsch(A=<B, Result):- % Kleiner-Gleich-Relation
```

```
        integer(A),
        integer(B),
        ( A=<B, Result=true;
          Result=false).


boolsch(true or true, true). % Or
boolsch(false or true, true).
boolsch(true or false, true).
boolsch(false or false, false).

boolsch(true and true, true). % And
boolsch(false and true, false).
boolsch(true and false, false).
boolsch(false and false, false).

boolsch(not true, false). % Not
boolsch(not false, true).
```

Das folgende Programm schafft eine kleine Benutzeroberfläche, mit der Terme bequem eingelesen, evaluiert und ausgegeben werden können:

```
applik :- repeat,
          nl,
          write('applik:'),
          read(Term),
          applik1(Term).

applik1(end).
applik1(Term):-Term :== Value,
               write('Value:'),
               write(Value),
               fail.
```

Dieses Prädikat wird mit applik aufgerufen und mit end verlassen. Beim Aufruf wird zunächst ein Term eingelesen. Ist dieser gleich end, so gelingt applik1(end), und die Abarbeitung des Prädikats ist beendet. Jeder andere Term wird, wenn möglich, evaluiert. Schlägt die Evaluierung fehl, so erfolgt Backtracking, und das *Repeat* ermöglicht einen neuen Ausdruck des Prompts und eine neue Eingabe. Gelingt die Evaluierung, so wird der Wert ausgegeben und durch das *Fail* auch hier Backtracking erzwungen. Da jede Klausel :== mit einem *Cut* endet, wird während des Backtracking nicht nach einer neuen Evaluationsmöglichkeit für den gelesenen Term gesucht, sondern erst beim *Repeat* wieder eingesetzt.

Beispiel 15-3:
Um mit Hilfe des obigen Interpreters die Ackermannfunktion oder den Betrag einer Zahl berechnen zu lassen, müssen zunächst folgende Klauseln in die Wissensbank eingetragen werden:

```
betrag(I):=if(I>=0, I,
                    -I).


ackermann(M, N):=if(M=0, N+1,
                    if(N=0, ack(M-1, 1),
                            ack(M-1, ack(M, N-1))))).
```

Auf der Kommandoebene wird dann der Befehl `applik` gegeben:

`?- ` *applik.*

```
applik:    betrag(-3).
Value: 3
applik:    ackermann(1,1).
Value: 3
applik:    end.
```

`?-`

15.3 Übungsaufgaben

Übung 15-1:
Schreiben Sie ein applikatives Programm `maximum(X,Y)`, das das größere der zwei ganzzahligen Argumente liefert.

Übung 15-2:
Erweitern Sie den Interpreter um einen Operator **, der die positive ganzzahlige Potenz einer ganzen Zahl berechnet. Benutzen Sie hierfür ein Prädikat `potenz/3`, dessen drittes Argument das Ergebnis der Potenzierung des ersten mit dem zweiten Argument als Exponenten ist.

Lektion 16

Realisierung weiterer Programmierkonzepte in Prolog

In der folgenden Lektion werden zwei mit Hilfe von Prolog realisierte Interpreter für neue Programmierverfahren vorgestellt. Das erste Programm baut auf den in der vorigen Lektion vorgestellten Interpreter für applikative Programme auf, während das zweite eine Möglichkeit darstellt, auch in sequentiellem Prolog eine Notation zu benutzen, die von einer Kommunikation zwischen parallellaufenden Prozessen ausgeht.

16.1 Das Datenflußkonzept

Wir erweitern das in Lektion 15 vorgestellte Konzept der applikativen Programmierung, indem wir als grundlegende Objekte nicht nur die booleschen Konstanten **true** und **false** und die ganzen Zahlen, sondern auch *Streams* (potentiell unendliche Listen) über einem Datentyp zulassen:
Ein Stream von Objekten eines Typs t ist entweder

- der Ausdruck [], der auch als der leere Stream bezeichnet wird, oder

- das Paar [O | S] eines Objektes O vom Typ t und eines Streams S von Objekten des Typs t.

Auf diese Weise ist es möglich, applikative Programme zu schreiben, die auch Streams als Ergebnisse liefern können.

Mit Hilfe des Streamkonzeptes können wir manche Probleme angepaßt lösen,
wenn beispielsweise mit der Liste aller natürlicher Zahlen oder aller Primzahlen
gearbeitet werden soll; in applikativen Algorithmen ist eine Benutzung solcher
Datenstrukturen unendlicher Größe weitaus komplizierter.

Beispiel 16-1:
Den Stream der natürlichen Zahlen schreiben wir folgendermaßen:

```
natstream:=natstream_ab(1).
natstream_ab(N):=[N|natstream_ab(N+1)].
```

Beispiel 16-2:
Das 'Sieb des Eratosthenes' berechnet eine Folge von Primzahlen, indem jeder
Kandidat aus der Folge der natürlichen Zahlen durch jede bereits gefundene
Primzahl geteilt wird und nur dann als Primzahl geliefert wird, wenn er sich
durch keine Zahl ohne Rest teilen läßt.

```
siebe(N, [Zahl | Stream]) := if(Zahl mod N = 0,
                                siebe(N, Stream),
                                [Zahl | siebe(N, Stream)]).
gesiebt([Prim | Rest]) := [Prim | gesiebt(siebe(Prim, Rest))].
primes := gesiebt(natstream_ab(2)).
```

16.2   Der Stream-Interpreter

Die Möglichkeit, potentiell unendlich lange Objekte zu bearbeiten, verlangt eine
Art von 'lazy evaluation', d.h., die vollständige Auswertung eines Ausdruckes
darf nicht unter allen Umständen versucht werden, da sich eine unendliche
Struktur im allgemeinen nicht ohne weiteres im Rechner darstellen läßt. Ein
Stream kann dann repräsentiert werden als die leere Liste [] oder ein Paar
[O | S], wobei O ein einzelnes Objekt darstellt und S einen Term, der ein
Stream ist oder zu einem Stream evaluiert wird. Die einzige Erweiterung, die
an dem Interpreter aus Lektion 15 vorzunehmen ist, sind die Zeilen

```
[] :== [] :- !.
[O | S] :== [O1 | S] :- O:==O1,!.
```

Hiermit wird sichergestellt, daß nur die benötigten Terme evaluiert werden. Die
Vereinfachungsregeln, die auf spezifische Probleme abgestimmt sind, werden
vom Benutzer vorgegeben. Auch hier ist es wieder günstig, ein Hilfsprädikat zu
benutzen, das die Eingabe und Ausgabe von Streams erleichtert.

```
stream:-
      write('Stream:'),
      read(Stream),
      Stream :== Value,
      outstream(Value).

outstream([]) :- write('Das wars'), nl.
outstream([Elem]) :- write(Elem), nl.
outstream([Elem | Rest_stream]) :-
        write(Elem),
        get0(Ch),
        outstream1(Ch, Rest_stream).

outstream1(10, _) :- !.  % <cr> beendet Ausgabe
outstream1(_, Rest_stream) :-
          skip(10), % bis zum Zeilenende ignorieren
          Rest_stream :== Value,
          outstream(Value).
```

Dieses Prädikat wird mit **stream** aufgerufen. Nach dem Einlesen eines Terms,
der zu einem Stream evaluiert, wird das erste Element dieses Streams ausgegeben und ein Zeichen vom Terminal eingelesen. Ist dieses Zeichen das Linefeed
(ASCII 10), das häufig von der **Return-Taste** erzeugt wird, so wird die Ausgabe
abgebrochen. Ist davor noch ein anderes Zeichen eingegeben worden, so wird
der Rest der Zeile überlesen, ein weiteres Element des Streams ausgegeben und
wieder ein Zeichen gelesen und getestet. Dies wiederholt sich so lange, bis ein
Ausgabeelement mit der **Return-taste** quittiert wurde oder der Stream leer ist.

16.3   Ein Interpreter für quasiparallele Abarbeitung

Manche Konzepte paralleler Prologarchitekturen lassen sich relativ leicht durch
Simulation mit herkömmlichen Interpretern nachbilden; wir verwenden das Konzept des ineinandergeschachtelten, quasi-gleichzeitigen Erzeugens und Testens
von Hypothesen.
Der dem Standardprolog in der Syntax ähnliche Interpreter sieht zwei verschiedene Formen der Ablaufsteuerung vor: Wenn ein Teilziel in einer Konjunktion
vor einem anderen erst vollständig abgearbeitet werden muß, so setzen wir zwischen das erste und das zweite Teilziel ein Komma; das Komma bedeutet also
wie im herkömmlichen Prolog eine Sequentialisierung. Wenn zwei Ziele durch
ein Slash ('/') getrennt werden, so kann die Abarbeitung der Ziele zeitversetzt
geschehen. Zunächst wird das erste (nicht notwendig vollständig) vereinfacht,
und ein Teil des noch abzuarbeitenden Restes an das Ende der Konjunktion

angefügt, dann wird mit dieser neu entstandenen Konjunktion fortgefahren. Ist beispielsweise 'a/b' das augenblickliche Teilziel und wenden wir die Klausel 'a<-c/d.' an, so ist das nächste zu bearbeitende Teilziel 'c/(b/d)'. Diese abwechselnde Abarbeitung der Terme in der Konjunktion wird solange fortgesetzt, bis ein Teilziel nicht gezeigt werden kann oder bis alle Teilziele bewiesen worden sind.

Das System enthält eine Benutzeroberfläche, die der herkömmlicher Prologinterpreter ähnelt. Nach dem Beweis eines Ziels wird es ausgegeben, damit wir Variablenbindungen ablesen können. Außerdem können wir uns Lösungsalternativen durch Eingabe eines Semikolons ausgeben lassen.

Zunächst wird die Implikation <- als Infixoperator definiert, die Operatoren für die Sequenz und die quasiparallele Abarbeitung werden mit ihren von vornherein festgelegten Operatoreigenschaften benutzt.

```
/* Ein Interpreter fuer ein paralleles Prolog
      Fakten: Kopf <- true.
      Regeln: Kopf <- Condit1,Condit2,Condit3. fuer Sequenz oder
              Kopf <- Condit1/Condit2/Condit3.
      fuer Parallelitaet.
    '/' bindet staerker als das Komma.
*/
```

$?- \ op(1100,xfx, \ <- \ ).$

Wir aktivieren die Benutzeroberfäche für diesen Interpreter durch Abarbeitung des Prädikates **parinterpret/0**; sie besteht aus einer Schleife, die so lange durchlaufen wird, bis wir bye, end oder **end_of_file** eingeben. Häufig wirkt auch die Tastenkombination **Ctrl-Z** oder **Ctrl-D** wie **end_of_file**.

Liegt keiner dieser Fälle vor, so wird versucht, das eingelesene Ziel mit **par/1** nachzuweisen. Wenn dies gelingt, so greift die vierte Klausel von **parinterpret/1** und das bewiesene Ziel wird mit instantiierten Variablen ausgegeben. Falls wir dann ein Semikolon eingeben, so wird ein *Fail* erreicht, und innerhalb der **parinterpret**-Klausel setzt Backtracking ein. So wird versucht, für das Ziel **par(Ziel)** eine alternative Beweismöglichzu finden. Geben wir jedoch kein Semikolon ein, so wird durch das Erreichen einer *Cut-Fail*-Kombination bewirkt, daß das Backtracking innerhalb der Klausel unterbunden und erst beim *Repeat* im Prädikat **parinterpret/0** eine Alternative gefunden wird. Damit wird die Schleife weiter durchlaufen.

Wenn der Beweis von **par(Ziel)** in der vierten Klausel von **parinterpret1/1** fehlschlägt, so wird durch Backtracking die fünfte Klausel aktiviert und eine Botschaft über das Fehlschlagen des Ziels ausgegeben. Das abschließende *Fail* bewirkt Backtracking, und die Schleife wird weiter durchlaufen.

```
/* parinterpret
    ruft den Interpreter auf. */
parinterpret:-
     repeat,
     write('DasisdasPromptfuerQuasiparalleles:'),
     read(Ziel),
     parinterpret1(Ziel). % liefert fail,
                          %  wenn Enbedingung nicht
                          %  erfuellt ist

/* parinterpret1(ende)
      gelingt, wenn ende eine Eingabe ist,
      bei der der Interpreter abbricht. */
parinterpret1(bye):-!.
parinterpret1(end):-!.
parinterpret1(end_of_file):-!.

/* parinterpret1(ziel)
     schlaegt auf jeden Fall fehl, hier werden
     Ergebnisse ausgegeben und Alternativen bestimmt,
     und bei Fehlschlagen des 'ziel' eine Meldung
     darueber ausgegeben. */
parinterpret1(Ziel):-
     par(Ziel),  % hier wird die parallele
                 %  Abarbeitung versucht
     nl,write('Das liess sich zeigen:'),write(Ziel),
     get0(Taste),
     skip_oder_so(Taste), % ignoriere Zeichen bis zum Zeilenende
     ( not([Taste]=";"), % kein Semikolon: keine Alternativen
       !,                %  suchen; Abbruch mit cut,fail
       fail
     ; fail              % Semikolon gelesen:
                         %    Backtracking bis par(Ziel)
     ).
parinterpret1(_):-
     nl,write('Das liess sich NICHT zeigen.'),nl,
     fail.

% wenn ein linefeed gelesen wurde: nicht noch mehr lesen,
%   sonst bis zum Zeilenende Zeichen ueberlesen
skip_oder_so(10).
skip_oder_so(N):-
     not(N=10),
     skip(10).
```

Der quasiparallele Interpreter arbeitet ähnlich wie der für applikative Programme: Das Ziel ist entweder bereits mit **true** ausgewertet, oder es wird zunächst ein Vereinfachungsschritt durchgeführt, dem ein Gesamtbeweis folgt.

```
% par(Ziel): laesst sich das Ziel beweisen ?
par(true).
par(Ziel):-
     not(Ziel=true),
     parstep(Ziel,Neues_ziel),
          % par/1 stellt die reflexive,
          %  transitive Huelle von parstep/1 dar
     par(Neues_ziel).
```

Abschließend müssen wir definieren, wie ein Vereinfachungsschritt durchgeführt wird. In Analogie zu dem Interpreter für applikative Algorithmen existieren hier verschiedene Einzelfälle, die mit getrennten Klauseln realisiert werden.
Die erste Klausel ermöglicht die Angabe von Vereinfachungen durch den Benutzer. Alle Klauseln der Wissensbank, deren Köpfe den Funktor **<-** tragen, erhalten die besondere Bezeichnung *Parallelklauseln*. Die erste Klausel dient der Abarbeitung der Parallelklauseln, die dann im einzelnen definiert werden müssen.

```
% eigenhaendig definiert
parstep(Ziel,Rumpf):-
     Ziel <- Rumpf.
```

Mit Hilfe der zweiten Klausel werden Ziele angegeben, die in Prolog selbst geschrieben oder vom System vorgegeben sind. Wenn keine Parallelklausel für das augenblickliche Parallelziel existiert, wird das Ziel mit *Call* aufgerufen.

```
% fuers system, wenn keine passende Klausel
%  als Parallelalgorithmus vorliegt
parstep(Ziel,true):-
     not(clause((Ziel<-_),_)),
     call(Ziel).
```

Weitere Parallelklauseln steuern die quasiparallele Abarbeitung von Programmen.

```
% Quasiparallelitaet
true/Ziel <- Ziel.
Ziel1/Ziel2 <- Neues_ziel  :-
     not(Ziel1=true),
     parstep(Ziel1,Neues_ziel1),
     combine(Ziel2,Neues_ziel1,Neues_ziel).
```

Die Abarbeitung einer Sequenz ist einfach: Ist das erste Ziel true, so muß noch
das zweite abgearbeitet werden; andernfalls wird das erste um einen Schritt
abgearbeitet; das Gesamtergebnis nach einem Schritt setzt sich aus der Sequenz
zusammen, die aus diesem Zwischenergebnis und dem zweiten Ziel besteht.

```
% Sequenz: das erste Teilziel einen Schritt verarbeiten
% und mit den anderen Teilzielen wieder kombinieren
(true,Ziel) <- Ziel.
(Ziel1,Ziel2) <- (Neues_ziel1,Ziel2)    :-
      not(Ziel1=true),
      parstep(Ziel1,Neues_ziel1).
```

Zur Synchronisation der quasiparallen Prozesse benötigen wir das spezielle Prädikat wait/2. Dieses Prädikat schließt Beweismöglichkeiten durch Backtracking
nicht aus, falls die Bedingung Condition nicht erfüllt ist, sondern wartet, bis
die Condition bewiesen werden kann. wait gelingt in dem letzten Fall genau
dann, wenn das Ziel Ziel beweisbar ist.

```
% Warten, bis Condition nicht fehlschlaegt;
% dann aber *muss* Ziel gelten

wait(Condition,Ziel) <- wait(Condition,Ziel)   :-
      not(par(Condition)).
wait(Condition,Ziel) <- true                    :-
      par(Condition),!,par(Ziel).
```

Das Prologprädikat combine/3 legt die Art und Weise der Parallelabarbeitung
der Parallelklauseln fest. Die in einem Arbeitsschritt erzeugten Zwischenergebnisse, die im zweiten Argument übergeben werden, werden mit dem ersten Argument zu einem Ergebnis kombiniert: Für den Fall, daß das zweite Argument
aus zwei quasiparallel abzuarbeitenden Klauseln besteht, kommt die erste davon
an den Anfang des Ergebnisses und wird als nächstes vereinfacht, während im
anderen Fall die nicht weiter bearbeitete zweite Klausel an den Anfang kommt.

```
/* combine(ziel,neues_ziel1,Neues_ziel)
    kombiniere die ersten beiden Argumente,
    die Kombination wird mit dem dritten unifiziert.
*/
combine(Ziel,Z1/true,Z1/Ziel).
combine(Ziel,Z1/Z2,Z1/(Ziel/Z2)):-
    not(Z2=true).
combine(Ziel,true,Ziel).
combine(Ziel,Ziel1,Ziel/Ziel1):-
    not(Ziel1=true),
    not(Ziel1=(_/_)).
```

Beispiel 16-3:
Das folgende Programm sortiert eine Liste von Zahlen mit einer dem ersten
Lösungsalgorithmus aus der Lektion 12 vergleichbaren Methode. Sie ist relativ
ineffizient, aber durch die quasiparallele Abarbeitungsweise ist sie bei einer hinreichend großen Anzahl von zu sortierenden Listenelementen schneller als die
analoge Lösung in Standardprolog.

```
sortiere(L1,L2) <- permutation(L1,L2) / sortiert(L2).

permutation([],[]) <- true.
permutation(Liste,[Member|Rest]) <-
     select(Member,Liste,Restliste)/
     permutation(Restliste,Rest).

sortiert([E1,E2|Rest]) <-
     wait((integer(E1),integer(E2))),
     E1=<E2,
     sortiert([E2|Rest]).
```

16.4   Übungsaufgaben

Übung 16-1:
Schreiben Sie eine Datenflußfunktion `fibonacci(M,N)`, die einen Stream erzeugt, deren erstes Element die Summe von `M` und `N` ist und deren Reststream
aus `fibonacci(N,M+N)` besteht.

Übung 16-2:
Schreiben Sie einen Interpreter für einen Beweiser mit Forwardchaining, d.h.
einen Interpreter, der aus einer Anzahl von Fakten alle Klauseln ableitet, die
sich daraus ergeben. Dabei soll die Notation `[true]->>f` für ein Faktum `f` und
`[a,b,c,d]->>e` für die Regel, nach der `e` aus der Konjunktion `a,b,c,d` folgt,
benutzt werden.

Lektion 17

Grammatiken und Sprachen

Viele Prologdialekte bieten die Möglichkeit, die Syntax der Eingaben durch die Definition von Operatoren flexibel zu gestalten. Wir können jedoch nicht alle möglichen Eingaben als Terme beschreiben. In solchen Fällen kann in vielen Dialekten die Menge von Worten, die als Eingabe an einer bestimmte Stelle erlaubt ist, durch die Angabe einer Grammatik charakterisiert und die Eingaben mit Hilfe dieser Grammatik analysiert werden. Diese Vorgehensweise wird in der folgenden Lektion erläutert.

17.1 Formale Sprachen

Ein *Alphabet* ist eine endliche, nichtleere Menge, deren Elemente auch *Zeichen* genannt werden. *Worte* über diesem Alphabet sind endliche Zeichenketten. Eine *formale Sprache* ist eine Menge von Worten.

Um mit formalen Sprachen zu arbeiten, müssen wir feststellen können, ob ein gegebenes Wort zu dieser Sprache gehört oder nicht, d.h., wir müssen das *Worterkennungsproblem* lösen. Außerdem benötigen wir einen Mechanismus, der eine Sprache festlegt, z.B. eine *Grammatik*.

Das Worterkennungsproblem spielt insbesondere bei *Compilern* (*Übersetzern*) eine wichtige Rolle. Ein Wort der Ausgangssprache ist hier im allgemeinen ein Computerprogramm, das auf syntaktische Korrektheit hin überprüft wird (Worterkennung) und in eine neue Darstellung umgesetzt wird. So existieren beispielsweise Prologcompiler, die Zeichenketten als Prologprogramme erkennen und sie in eine Repräsentation umsetzen, die vom Rechner ausführbar ist. Prolog*interpreter* überprüfen ebenfalls die syntaktische Richtigkeit von Prologprogrammen. Im Gegensatz zu Compilern wird keine explizite Repräsentation erzeugt, sondern es werden abhängig vom jeweils gelesenen Wort gewisse Aktionen durchgeführt. Ein weiteres Beispiel für einen Interpreter ist der in Lektion 15 vorgestellte für applikative Algorithmen. Die Syntax dieser Sprache ist dabei durch die Syntax von Prologtermen festgelegt. Allerdings ist nur ein Teil der korrekten Prologterme auch ein gültiger Algorithmus. Diese Teilmenge wird durch die angegebenen Prologklauseln erkannt, die auch die Bedeutung (oder *Semantik*) festlegen: Bei Auftreten bestimmter Zeichen, wie des Additionszeichens '+', werden zwei Zahlen addiert, das Resultat wird als Wert des Ausdrucks geliefert.

17.2   Grammatik einer kontextfreien Sprache

Wir zeigen am Beispiel von arithmetischen Ausdrücken mit Zahlen und Bezeichnern für Werte, wie in Prolog eine Grammatik definiert werden kann.
Ein arithmetischer Ausdruck besteht aus mindestens einem Summanden, dem eine Anzahl von Paaren von Additionsoperatoren und Summanden folgen kann:

```
arithexp --> summand,addop_und_summanden.
```

```
addop_und_summanden --> addop,summand,addop_und_summanden.
addop_und_summanden --> "".
```

Additionsoperatoren sind das Plus und das Minus:

```
addop --> "+".
addop --> "-".
```

Ein einzelner Summand ähnelt in seiner Struktur einem arithmetischen Ausdruck. Er setzt sich aus einem Faktor und einer Anzahl von multiplikativen Operatoren und weiteren Faktoren zusammen.

```
summand --> faktor,mulop_und_faktoren.
```

```
mulop_und_faktoren --> mulop,faktor,mulop_und_faktoren.
mulop_und_faktoren --> "".
```

```
mulop --> "*".
mulop --> "/".
```

Ein Faktor ist eine ganze Zahl, ein Bezeichner (englisch Identifier) oder ein geklammerter arithmetischer Ausdruck:

```
faktor --> integer.
faktor --> identifier.
faktor --> "(",arithexp,")".
```

Eine ganze Zahl besteht aus einem optionalen Vorzeichen und einer Folge von
Ziffern:

```
integer --> vorzeichen,ziffern.
integer --> ziffern.

vorzeichen --> addop.

ziffern --> ziffer,ziffern.
ziffern --> ziffer.

ziffer --> "0".  ziffer --> "1".
ziffer --> "2".  ziffer --> "3".
ziffer --> "4".  ziffer --> "5".
ziffer --> "6".  ziffer --> "7".
ziffer --> "8".  ziffer --> "9".
```

Ein Bezeichner setzt sich aus einem führenden Buchstaben und einer darauf
folgenden möglicherweise leeren Folge von Buchstaben oder Ziffern zusammen.

```
identifier --> buchstabe,buchstaben_oder_ziffern.

buchstabe --> "a". buchstabe --> "b".
buchstabe --> "c". buchstabe --> "d".
buchstabe --> "e". buchstabe --> "f".
buchstabe --> "g". buchstabe --> "h".

buchstaben_oder_ziffern --> "".
buchstaben_oder_ziffern --> buchstabe,buchstaben_oder_ziffern.
buchstaben_oder_ziffern --> ziffer,buchstaben_oder_ziffern.
```

Nicht näher zu definierende Zeichen wie "0", "a", etc. nennen wir *Terminale*.
Sie werden als Listen dargestellt. Die anderen Zeichen, die weiterer Definition
bedürfen, heißen *Nichtterminale*. Wir verwenden die in Lektion 11 dargestellte
Listennotation für ASCII-Zeichenketten, wobei wir uns zunächst auf die kleinen
Buchstaben von a bis h beschränken.

Diese Grammatik beschreibt die Sprache der arithmetischen Ausdrücke. Auf
diese Weise (auf der linken Seite ein Nichtterminal, rechts Terminale und Nichtterminale) läßt sich nur eine Teilmenge aller formalen Sprachen charakterisieren;
diese Teilmenge nennen wir die *kontextfreien* Sprachen.

17.3   Das Erkennen der Worte einer kontextfreien Sprache

Die Entscheidung, ob ein gegebenes Wort zu einer kontextfreien Sprache gehört,
können wir zum Beispiel fällen, indem wir das Wort entsprechend einer seiner
Regeln der Grammatik in Komponenten aufteilen: Wir können mit dem Prädikat `arithexp/1` feststellen, ob ein gegebenes Wort ein arithmetischer Ausdruck
ist.

```
arithexp(Wort):-
    append(Anfang,Ende,Wort),
    summand(Anfang),
    addop_und_summanden(Ende).
```

Hierbei nutzen wir die Möglichkeit des `append/3`, eine Liste in zwei Teillisten
aufzuspalten. Die Prädikate `summand/1` und `addop_und_summanden/1` werden
dann analog programmiert. Die Regeln, deren rechte Seiten Terminale sind,
schreiben wir folgendermaßen:

```
buchstabe("a"). buchstabe("b").
buchstabe("c"). ...
```

Die Übersetzung von Grammatiken in solche Prädikate mit `append/3` kann problemlos durchgeführt werden. Es tritt jedoch eine Schwierigkeit auf, die mit
dem `append/3` zusammenhängt: Bevor ein Ziel fehlschlägt, in dem ein `append/3`
vorkommt, werden *alle* Möglichkeiten getestet, das Ausgangswort in zwei Teile
aufzuspalten. Mit jedem gefundenen Teilwort wird dieser Prozeß möglicherweise mehrmals wiederholt. Dies führt zu einer *extrem langsamen* Abarbeitung.
Deshalb wird eine andere Methode verwendet.
Wir benutzen eine besondere Datenstruktur: die *Differenzliste*. Eine Differenzliste besteht aus *zwei* Termen, die beide Listen sind und deren zweiter das Ende
der ersten darstellt. Der von der Differenzliste repräsentierte Wert ist, wie der
Name schon sagt, die Differenz der beiden Listen.

Beispiel 17-1:
Der von der Differenzliste `([a,b,c],[b,c])` repräsentierte Wert ist `[a]`. Der
Differenzliste `([a,b,c|Rest],Rest)` entspricht `[a,b,c]`, der Differenzliste
`([a,b],[])` die Liste `[a,b]`.

Die von uns meistens benutzten Differenzlisten entsprechen dabei dem vorletz-
ten Typ des Beispiels: Der `Rest` der ersten Liste ist eine freie Variable, und die
zweite Liste ist gleich dieser freien Variablen.
Die obigen Prädikate können wir mit Differenzlisten folgendermaßen schreiben:

```
arithexp(Wort,Rest):-
    summand(Wort,Rest1),
    addop_und_summanden(Rest1,Rest).
```

```
buchstabe([97|Rest],Rest). % fuer das kleine a
buchstabe([98|Rest],Rest). % fuer das kleine b
```

Wir sehen, daß hier für die Worterkennung kein aufwendiges Hilfsprädikat benötigt wird: Wenn das Teilziel `summand/2` in der ersten Klausel fehlgeschlagen ist, weil der Anfang von `Wort` kein Summand ist, so schlägt auch `arithexp/2` fehl, und es wird über das Backtracking kein aufwendiger Prozeß in Gang gesetzt.
In den meisten Prologsystemen ist ein Übersetzer eingebaut, der Grammatikregeln der aufgeführten Art direkt in Prologprädikate übersetzt, wie sie oben angegeben sind. Wenn wir also eine Datei, die die obigen Grammatikregeln enthält, mit `consult/1` einlesen, können wir direkt überprüfen, ob eine vorgegebene Zeichenkette ein arithmetischer Ausdruck ist. Das Prädikat `arithexp/2` wird dabei mit '?- *arithexp("3+64",[])*.' aufgerufen. Die meisten Implementierungen erlauben es auch, einen solchen Aufruf als '?- *phrase(arithexp,"3+64")*.' zu schreiben. Dieser Term wird dann automatisch in die obige Form umgesetzt. Eine angenehme Eigenschaft der Differenzlisten verwenden wir in Beispiel 12-5 beim Sammeln der Werte in die Liste: Das zweite und das dritte Argument des Prädikates `qsort1/3` bilden eine Differenzliste; es wird die Möglichkeit benutzt, Differenzlisten in konstanter Zeit aneinanderzuhängen. Mit `append/3` ist dies nur mit einem Aufwand zu schaffen, der linear von der Länge der ersten Liste abhängt.

17.4 Semantik eines Wortes

In den meisten Anwendungsfällen müssen wir nicht nur wissen, ob ein Eingabewort zu einer bestimmten Sprache gehört, sondern wir müssen auch seine "Bedeutung" kennenlernen. Für einen Compiler ist die Struktur der eingelesenen Zeichenkette wichtig, um feststellen zu können, in welches Wort der Zielsprache es übersetzt werden muß. Diese Informationen über die Struktur nennen wir die *Semantik* eines Terms. Wir gehen davon aus, daß sich die Semantik eines Ausdrucks aus der Semantik seiner Komponenten zusammensetzt. Mit Hilfe der Prolognotation für Grammatiken können wir neben der syntaktischen Korrektheit auch die Semantik einer Zeichenkette bestimmen: Für jede erkannte Teilzeichenkette kann die zugehörige Semantik gespeichert werden. Als Semantik der Gesamtzeichenkette läßt sich dann die Kombination der Teilbedeutungen ansehen. Unten folgt eine Erweiterung der obigen Grammatik.
In manchen der folgenden Regeln tauchen Prologprädikate in geschweiften Klammern auf; diese ermöglichen die Einfügung von Prologprädikaten direkt in die Klausel, die der Übersetzer aus der Regel herstellt. Auf diese Weise kann mit Hilfe arithmetischer Prädikate eine Zeichenkette ausgewertet werden, die eine ganze Zahl darstellt, oder auch auf einfache Weise eine Regel `buchstabe` definiert werden, bei der es nicht nötig ist, alle Buchstaben einzeln aufzuzählen.

Um die Semantik eines arithmetischen Ausdrucks zu erfassen, müssen wir nur

die Struktur seines Aufbaus kennen. Wir können deshalb die Semantik eines
Ausdrucks mit einer Liste beschreiben, die die Summanden mit den sie verbin-
denen additiven Operatoren enthält.

```
arithexp([Summand|Liste]) -->
    summand(Summand),
    addop_und_summanden(Liste).

addop_und_summanden([Op,Summand|Liste]) -->
    addop(Op),
    summand(Summand),
    addop_und_summanden(Liste).
addop_und_summanden([]) --> "".


addop(+) --> "+".
addop(-) --> "-".
```

Die Semantik eines Summanden beschreiben wir analog der eines arithmetischen
Ausdrucks durch die einzelnen Faktoren und die sie verbindenden multiplikativen Operatoren in einer Liste.

```
summand([Faktor|Liste]) -->
    faktor(Faktor),
    mulop_und_faktoren(Liste).

mulop_und_faktoren([Op,Faktor|Liste]) -->
    mulop(Op),
    faktor(Faktor),
    mulop_und_faktoren(Liste).

mulop_und_faktoren([]) --> "".


mulop(*) --> "*".
mulop(/) --> "/".
```

Ein Faktor ist eine ganze Zahl mit einem bestimmten Wert, ein Bezeichner mit
der zugehörigen Zeichenkette oder ein gesamter arithmetischer Ausdruck:

```
faktor(int(Wert)) --> integer(Wert).
faktor(ident(Ident)) --> identifier(Ident).
faktor(exp(Exp)) --> "(",arithexp(Exp),")".
```

Eine ganze Zahl besitzt als Wert den der zugehörigen Ziffernkette, möglicherweise auch mit einem negativen Vorzeichen. Die Auswertung läßt sich erreichen,
indem in geschweiften Klammern ein eigentliches Prologziel eingefügt wird:

```
integer(Wert) -->
    vorzeichen(-),
    ziffern(Wert1),
    {
      Wert is -Wert1
    }.
integer(Wert) -->
    vorzeichen(+),
    ziffern(Wert).
integer(Wert) --> ziffern(Wert).

vorzeichen(Op) --> addop(Op).
```

Den Wert einer Ziffernkette können wir bestimmen, indem wir einen Zwischenwert für die ersten verarbeiteten Ziffern abspeichern, für jede weitere Ziffer
diesen Zwischenwert verzehnfachen und den Wert der neuen Ziffer hinzuzählen:

```
ziffern(Wert) --> ziffernhelp(0,Wert).

ziffernhelp(Bislang,Wert) -->
    ziffer(Ziffer),
    {
      Neubislang is Bislang*10+Ziffer
    },
    ziffernhelp(Neubislang,Wert).
ziffernhelp(Bislang,Wert) -->
    ziffer(Ziffer),
    {
      Wert is Bislang*10+Ziffer
    }.
```

Mit einem eigentlichen Prologziel ermitteln wir ohne allzu großen Aufwand, ob
ein bestimmter Code zu einer Ziffer gehört.

```
ziffer(Ziffer) -->
    [Num],
    {
      integer(Num),
      48 =< Num, Num < 58,% wenn ASCII-Ziffer:
        %  in diesem Bereich: ASCII 48='0', ASCII 57='9'
      Ziffer is Num-48
    }.
```

Das Atom, das zu einem Bezeichner gehört, kann mit dem Prädikat name/2 aus
der Liste von Codes der Zeichen bestimmt werden, aus denen er sich aufbaut:

```
identifier(Id) -->
    buchstabe(Buchst),
    buchstaben_oder_ziffern(Liste),
    {
      name(Id,[Buchst|Liste])
    }.

buchstabe(Buchst) -->
    [Buchst],
    {
        (65 =< Buchst, Buchst < 91)  % Grossbuchstabe
      ; (97 =< Buchst, Buchst < 123) % Kleinbuchstabe
    }.

buchstaben_oder_ziffern([]) --> "".
buchstaben_oder_ziffern([Buchst|Liste]) -->
    buchstabe(Buchst),
    buchstaben_oder_ziffern(Liste).
buchstaben_oder_ziffern([Buchst|Liste]) -->
    ziffer(Ziffer),
    buchstaben_oder_ziffern(Liste),
    {
      Buchst is Ziffer+48 % ASCII zu der Ziffer
    }.
```

Wenn also zusätzliche Argumente eingeführt werden, so treten diese auch bei den
Prologklauseln auf, die die entsprechenden Teilworte erkennen. Die zusätzlichen
Argumente werden dabei im allgemeinen vorne angefügt; die neue Form des
Aufrufs von `arithexp/3` ist deshalb

?- *arithexp(Liste,"3+(ed/62+832)*82","")*.

Nach dem Aufruf ist mit `Liste` die Bedeutung der Zeichenkette unifiziert, wenn
die Zeichenkette als arithmetischer Ausdruck erkannt wurde. Bei obigem Aufruf
sieht das Ergebnis folgendermaßen aus:

```
Liste = [[int(3)],
         +,
         [exp([[ident(ed),/,int(62)],
              +,
              [int(832)]
             ]
            ),
         *,
```

```
    int(82)
  ]
  ]
```

17.5   Übungsaufgaben

Übung 17-1:
Stellen Sie eine Grammatik für Zahlen mit optionalem Dezimalpunkt auf.

Übung 17-2:
Welche Teile der Prologumgebung können als Interpreter, welche als Compiler
beschrieben werden ?

Lektion 18

Prolog als Implementierungssprache für Expertensysteme

Bei der Entwicklung von Expertensystemen werden zwei verschiedene Ansätze
verfolgt. Zum einen wird versucht, bestehende Datenbanksysteme um deduktive
Komponenten zu erweitern, um einfache Inferenzen auf einem bestehenden Da-
tenbestand durchführen zu können [Appe83]. Zum anderen werden komplette
Expertensysteme bzw. Expertensystem-Shells neu konzipiert und in Prolog implementiert [Savo85].
Im folgenden erläutern wir zunächst einige Begriffe aus dem Bereich der Wissensbasierten Systeme (Expertensysteme), stellen einige Methoden und Prinzipien der Wissensverarbeitung vor und erklären anschließend an einem ausführ-
lichen Beispiel, wie schnell ein kleines Expertensystem aufgebaut werden kann.

18.1　Begriffsbestimmungen

Eine allgemeingültige, formale Definition, was ein Expertensystem ist und welche Komponenten es besitzen sollte, gibt es nicht. Der grundsätzliche Unterschied zwischen Expertensystemen, also wissensverarbeitenden Systemen, und herkömmlichen Softwaresystemen der Datenverarbeitung besteht darin, daß bei wissensverarbeitenden Systemen das zur Problemlösung notwendige Wissen *explizit* in *symbolischer Form* in der Wissensbasis vorliegt. Kurz und dennoch aussagekräftig beschreibt Wahlster [Wahl85] wissensverarbeitende Systeme:

> "Expertensysteme sind wissensbasierte Systeme, die Expertenwissen und bestimmte darauf beruhende Fähigkeiten maschinell verfügbar machen. Ihre wesentlichen Bestandteile sind eine *Wissensbasis* und eine *Inferenzkomponente*. Derzeit bilden Expertensysteme den Teilbereich der Künstlichen Intelligenz, in dem weltweit die stärkste Expansion industrieller Anwendungen zu beobachten ist."

Eine Einführung in des Gebiet der Expertensysteme geben folgende Aufsätze und Lehrbücher: [Raul82], [HaRo83], [GMD85] und [Savo85].

Gehen wir davon aus, daß das Wissen in Form von *Regeln* , der Form Aus *Prämisse* folgt *Konklusion*, in der Wissensbank gespeichert ist, so bedarf es unterschiedlicher Strategien zur Regelabarbeitung sowie zur Suche im Lösungsraum bei einem gegebenen Problem. Die wichtigsten Strategien der Inferenzkomponente sind deshalb:

- Die *Suchstrategie* im Problemlösungsraum und

- die *Kontrollstrategie* der Regelabarbeitung.

Grundsätzliche Suchstrategien wurden bereits in Lektion 14 dieser Fibel anhand der Graphsuche vorgestellt. Bei den Kontrollstrategien für die Regelabarbeitung unterscheiden wir die

- *vorwärtsverkettete* Regelanwendung　　von der

- *rückwärtsverketteten* Regelanwendung .

Vorwärtsverkettung

Bei der Vorwärtsverkettung (forward reasoning oder forward chaining) geht man von den vorgegebenen Informationen aus. Anhand der Daten werden die Regelprämissen auf ihre Gültigkeit hin untersucht. Sind mehrere Prämissen wahr, so wird eine der dazugehörigen Regeln ausgewählt und die entsprechende Schlußfolgerung als wahr anerkannte Tatsache akzeptiert. Danach beginnt das System erneut mit der Inspektion der Regeln. Dies geschieht solange, bis eine entsprechende Lösung erreicht ist oder die Suche erfolglos abbricht.

Da hier von den gegebenen Fakten ausgegangen wird, heißt diese Art der Abarbeitung auch *datengetrieben (data driven)*. Vorwärtsverkettende Systeme können sehr schnell auf Änderungen der Wissensbasis reagieren, erfordern jedoch ausgefeilte Strategien zur Behandlung der Konfliktmenge aller zu einem Zeitpunkt anwendbaren Regeln. Sie werden hauptsächlich benutzt, wenn die Anzahl der Lösungsmöglichkeiten sehr groß und das Ziel eventuell noch unbekannt ist (z.B. bei Planungsaufgaben).

Rückwärtsverkettung

Bei der Rückwärtsverkettung (backward reasoning oder backward chaining) beginnt man dagegen bei dem Zielzustand, der erreicht werden soll. Nachdem eine Regel, deren Aktionsteil (Konklusion) das Ziel enthält, aus der Konfliktmenge ausgewählt wurde, wird die Überprüfung der Prämissen eingeleitet. Dadurch werden wiederum Aktionsteile anderer Regeln in Betracht gezogen, deren Prämissen inspiziert usw.. Dieser Prozeß wiederholt sich solange, bis schließlich *ursprüngliche* (wahre) Bedingungen gefunden werden.

Rückwärtsverkettung wird dann angewandt, wenn die möglichen Ergebnisse bekannt sind und in überschaubarer Anzahl vorliegen. Sie wird auch als zielgerichtet (*goal driven*) bezeichnet.

Rapid Prototyping

Unter dem Rapid Prototyping verstehen wir die schnelle Entwicklung eines auf dem Rechner verfügbaren Modells eines realen Systems anhand formaler Beschreibungen. Schon 1983 wies Schnupp [Schn83] darauf hin, daß Prolog für die Spezifikation und Modellierung von Systemen anhand einfacher Beschreibungen geeignet ist, einen Eindruck des Funktionsumfangs dieser Systeme zu vermitteln. Aus dem Bereich der Büroautomatisierung (Office Automation) stammen einige interessante Arbeiten, die Prolog zur Modellierung bzw. Spezifikation und anschließender Ausführung komplexer Systeme benutzen (vgl. [ApEs85] oder [NiVi85]). Anhand des folgenden kleinen Beispiels erläutern wir, wie schnell es möglich ist, ein kleines Softwaresystem zu entwickeln und es trotzdem so flexibel zu gestalten, daß rasch Änderungen durchführbar sind.

18.2 Vorteile von Prolog bei der Entwicklung wissensbasierter Systeme

Folgende Eigenschaften zeigen, weshalb Prolog für die Implementierung von Expertensystemen bzw. Expertensystem-Shells besonders geeignet ist.

1. *Einheitliche Sprachkonstrukte* dienen zur symbolischen Implementierung von Wissensbank und Inferenzkomponente. Die zentralen Sprachkon-

strukte in Prolog sind Terme und die aus ihnen aufgebauten Klauseln (vgl. Lektion 1 und 2), mit denen wir diese Implementierung erreichen.

2. *Impliziter Kontrollmechanismus*, der die Problemlösung innerhalb der Inferenzkomponente unterstützt. Durch die Verwendung von Unifikation und Backtracking besitzt der Prologinterpreter einen impliziten Kontrollmechanismus, der sich als *rückwärts-verkettete Regelabarbeitung* (backward chaining) mit *Tiefensuche* (depth first) charakterisieren läßt (vgl. Lektion 3,4,6 und 14).

3. *Dynamische Änderung der Prolog-Wissensbank.* Wie in Lektion 5 beschrieben, lassen sich temporär wichtige Zwischenergebnisse der Wissensbank (Arbeitsspeicher des Prologinterpreters) hinzufügen sowie auch überflüssige Klauseln aus dem aktuellen Programm entfernen.

18.3 Beispielentwicklung eines Expertensystems

In folgendem Beispiel wird ein „intelligentes" Frage-Antwort System „Experte im Tierreich" entwickelt. Die Methoden aus diesem Beispiel lassen sich auf beliebige Systematikprobleme in hierarchisch strukturierten Bereichen anwenden.

Problemstellung

Das Wissen sei in Aussagen der Form gegeben:

1. Wenn ein Tier säugt und lebend gebärt, dann handelt es sich um ein Säugetier.

2. Wenn ein Fleischfresser ein braunes Fell und eine Mähne hat, so ist es ein Löwe.

3. Wenn ein Säugetier Fleisch frißt, dann ist es ein Fleischfresser.

Es gibt zwei mögliche Einsatzarten für das System:

1. Wir beobachten ein uns unbekanntes Tier und wollen es anhand seiner sichtbaren Eigenschaften klassifizieren.

2. Wir kennen den Namen des Tieres und wollen seine wesentlichen Eigenschaften vom System erfahren.

Weitere Anforderungen an das System sind

- die strikte Trennung von Wissensbank und Inferenzkomponente,

- maschinelle Lernfähigkeit bezüglich neuer Tiere und deren Eigenschaften,

- eine universelle einheitliche Strukturierung der Wissensbank sowie

- Dialogführung seitens des Systems.

Analyse und Abstraktion

Wir entwickeln zunächst aus den verbal beschriebenen Anforderungen ein grobes Konzept, in dem sich

- mögliche Datenstrukturen,

- mögliche Verarbeitungsstrukturen und

- eine Programmbeschreibung

widerspiegeln.

Als grobe Orientierung dient dabei die Zweiteilung des Systems in

- Wissensbank und

- Inferenzkomponente.

Gestaltung der Wissensbank

Festgestellte Zusammenhänge im real betrachteten Weltausschnitt werden in Form von Regeln in die Wissenbank übernommen. Einen derartigen Zusammenhang können wir formal in Form einer Produktionsregel darstellen:

IF *<Prämisse>* THEN *<Konklusion>*.

Die aufgeführten Anforderungen stellen sich folgendermaßen dar:

1. IF   Tier säugt und Tier gebärt lebend
   THEN Tier ist ein Säugetier

2. IF   Fleischfresser hat braunes Fell
   und Fleischfresser hat eine Mähne
   THEN Fleischfresser ist ein Löwe

3. IF   Säugetier frißt Fleisch
   THEN Säugetier ist ein Fleischfresser

Diese Produktionsregeln werden in Prolog repräsentiert. Da diese Zusammenhänge Bestandteile der Wissenbank werden sollen, wäre es falsch, diese Regeln direkt in Prolog-Klauseln der Form

```
ist_loewe( TIER ) :- ist_fleischfresser( TIER ),
                     hat_braunes_fell( TIER ),
                     hat_maehne( TIER ).
```

zu speichern.

Sinnvoller ist es, Regeln zu definieren, die eine allgemeine Struktur besitzen und somit zur Darstellung unterschiedlicher Zusammenhänge dienen können: Wir legen also einen Datentyp *Regel* fest. Bestandteile einer solchen Regel, die sich als einfaches Prologfaktum implementieren lassen, sind dann

- der Prämissenteil,

- der Konklusionsteil,

- Bedingungen, die logisch mit der Konklusion verknüpft sind,

und zusätzlich eine

- Regelnummer.

In unserem Beispiel besitzt eine Regel die folgende Struktur:

```
regel( <regelnr.>, <praemisse>, <konklusion>, <bedingungen> ).
```

Für die Darstellung von `<praemisse>` und `<konklusion>` werden sog. Pattern (Muster) benutzt, die den Bezeichnungen der unterschiedlichen Hierarchiestufen entsprechen (z.B. säugetier, fleischfresser oder löwe). Das Feld `<bedingungen>` ist als Liste bestimmter Bedingungspattern aufgebaut, die den mit der Konklusion verbundenen Bedingungen entsprechen (z.B. [hat_Mähne, hat_braunes_Fell] als Liste von Bedingungspattern zur Konklusion löwe).

Unsere drei Beispielregeln besitzen dann in Prolog die Repräsentation:

```
regel( 1, tier, saeugetier, [saeugt, gebaert_lebend] ).
```

```
regel( 2, saeugetier, fleischfresser, [frisst_Fleisch] ).
```

```
regel( 3, fleischfresser, loewe, [hat_Maehne,hat_braunes_Fell]).
```

Wollen wir diese Regeln vorwärts-verkettet abarbeiten, so benötigen wir einen Mechanismus, der die Bedingungen der unterschiedlichen Konklusionen überprüft. Eine einfache Möglichkeit besteht darin, nach den einzelnen Bedingungen systeminitiiert zu fragen. Die Fragen sind dann vom Benutzer des Systems mit „ja" oder „nein" zu beantworten. Die Menge dieser Fragen ist ebenfalls Bestandteil der Wissensbank, da sie eng mit den einzelnen Regeln verknüpft ist. Um Anfragen nach bestimmten Bedingungspattern zu repräsentieren, definieren wir die Datenstruktur

```
anfrage( <bedingungspattern>, <anfragetext> ).
```

Diese Anfragen haben dann folgende Gestalt:

```
anfrage( saeugt, [saeugt, das, tier] ).

anfrage( gebaert_lebend, [gebaert, das, tier, lebend] ).

anfrage( hat_braunes_Fell, [hat, es, ein, braunes, fell]).
```

Durch diese beiden Basisdatenstrukturen läßt sich die Wissensbank unseres kleinen Systems gestalten und auch in Prolog implementieren. Wir müssen jetzt noch klären, wie der Inhalt der Wissensbank be- bzw. verarbeitet werden kann.

Gestaltung der Inferenzkomponente

Wir betrachten zunächst den Fall, daß wir ein Tier beobachten und es anhand seiner äußeren Merkmale klassifizieren wollen. Für die Arbeitsweise der Inferenzmaschine ist es in diesem Fall wesentlich zu wissen, wie die Wurzel der hierachischen Struktur „Tierreich" lautet. Wir wählen als Wurzelpattern **tier** und können demnach eine Klausel **klassifiziere** in der Form:

```
klassifiziere :- erkenne( tier ).
```

definieren.

Wie verläuft der Erkennungsprozeß eines Tieres oder allgemein eines beliebigen Objektes, d.h., wie muß ein Prozedurblock für **erkenne(TIER)** aufgebaut sein? Zunächst werden die Regeln betrachtet, in denen **TIER** als Prämisse auftritt. Für jede Regel werden anschließend die mit der zugehörigen Konklusion verbundenen Bedingungen überprüft. Falls eine Überprüfung erfolgreich abgeschlossen werden kann, so wird diese Regel notiert. Ferner wird ihre Bedeutung in aussagekräftiger Form auf dem Bildschirm zur Protokollierung ausgegeben. Der Erkennungsprozeß setzt sich fort, indem rekursiv die gerade gewonnene Konklusion weiter untersucht wird. Des weiteren müssen die beiden Fälle behandelt werden, in denen *keine* Regel gefunden wurde und keine weitere Regel mehr anwendbar ist. Im zweiten Fall bleibt es dem Benutzer überlassen, ob er die Klassifikation für erfolgreich abgeschlossen hält oder nicht.

Die Prozedur für **erkenne** lautet dann

```
erkenne( Praemisse ) :-
        regel( Rnr, Praemisse, Konklusion, Bedingungen ),
        uoberpruefe( Bedingungen ),
        merke( Rnr ),
        drucke_Regel( Praemisse, Konklusion, Rnr ),
        erkenne( Konklusion ).
```

```
erkenne( _ ) :-
        gefunden( _ ), write( 'Mehr weiss ich nicht !'), nl.

erkenne( _ ) :-
        not( gefunden( _ ) ),
        write( 'Das Tier kenne ich nicht !'), nl.
```

Beim Überprüfen der einzelnen Bedingungen wird nach jedem einzelnen Bedingungspattern gefragt:

```
ueberpruefe( [] ).

ueberpruefe( [ Bedingung | Weitere_bedingungen ] ) :-
        frage( Bedingung ),
        ueberpruefe( Weitere_bedingungen ).
```

Bei der Frage nach den Bedingungspattern wird zunächst geprüft, ob schon Aussagen zu diesem Pattern existieren. Ist dieses nicht der Fall, so wird aus der Wissensbank eine Anfrage gesucht, in deren Bedingungsteil das entsprechende Pattern vorhanden ist. Der Fragetext wird ausgegeben, und der Benutzer hat sie anschließend zu beantworten. Der temporären Wissensbank wird ein Faktum hinzugefügt, das die Aussage zu diesem Pattern beinhaltet. Abschließend wird geprüft, ob die ursprüngliche Frage bejaht wurde. Die Prozedur hat dann folgende Gestalt:

```
frage( Bedingung ) :- faktum( Bedingung, 'ja'),!.

frage( Bedingung ) :- faktum( Bedingung, 'nein'),!,fail.

frage( Bedingung ) :- anfrage( Bedingung, Anfragetext ),
        schreibe_Liste( Anfragetext ), write( ' ? '), nl,
        read( Antwort ),
        assert( faktum( Bedingung, Antwort ) ),
        Antwort == 'ja'.
```

Das Merken einer Regel geschieht unter Benutzung eines Faktums gefunden(Rnr) und erfolgt immer dann, wenn eine Regel zur Problemlösung (d.h. zur Klassifizierung) benötigt wird.

```
merke( Rnr ) :- gefunden( Rnr ).

merke( Rnr ) :- assert( gefunden( Rnr ) ).
```

Die Prozeduren **schreibe_Liste** und **drucke_Regel** sind einfache Ausgaberoutinen :

```
schreibe_Liste( [] ).

schreibe_Liste( [ Kopf | Rest ] ) :-
      write( Kopf ), write( ' ' ),
      schreibe_Liste( Rest ).

drucke_Regel( Praemisse, Konklusion, Rnr ) :-
      write( 'Das Tier ( ' ), write( Praemisse ),
      write( ' ) ist ein '), write( Konklusion ), nl,
      write( ' aufgrund der Regel '), write( Rnr ).
```

Somit ist der Abschnitt Klassifikation ausführlich beschrieben und auch in
Prolog-Klauseln dargestellt worden. Die Klassifikation entspricht der vorwärts-
verketteten Abarbeitung der Regeln, wobei die zum Problemlösungsprozeß relevanten Informationen vom Benutzer erfragt werden.
Wollen wir alle im System abgespeicherten Eigenschaften eines Tieres erfahren,
so wird eine *rückwärts-verkettete* Regelabarbeitung notwendig:

```
beschreibe :-
        write( 'Welches Tier soll beschrieben werden ? '),
        read( Tier ),
        liefere_Einzelheiten( Tier ).
```

Bei der Prozedur liefere_Einzelheiten wird zunächst diejenige Regel gesucht, in deren Konklusionsfeld das gesuchte Tierpattern auftaucht. Anschlies-
send werden alle Eigenschaften (aus dem Bedingungsfeld) entnommen und aus-
gedruckt. Das Verfahren wird für die Oberklassen rekursiv fortgesetzt.

```
liefere_Einzelheiten( Tier ) :-
        regel( Rnr, Klasse, Tier, Bedingungen ),
        beschreibung( Klasse, Bedingungen ),
        liefere_Einzelheiten( Klasse ).

liefere_Einzelheiten( _ ).
```

Bei **beschreibung** handelt es sich um eine reine Ausgaberegel:

```
beschreibung( Klasse, Bedingungen ) :-
        write( 'Es ist ein '), write( Klasse ),
        write( ' mit folgenden Eigenschaften '),
        schreibe_Liste( Bedingungen ).
```

Als Serviceroutine können wir noch eine Regel definieren, die die temporär erzeugten Fakten gefunden und faktum wieder löscht.

```
bereinige :- retractall( faktum( _, _ ) ),
             retractall( gefunden( _ ) ).
```

Prologprogramm der Inferenzkomponente

```prolog
klassifiziere :- erkenne( tier ).

erkenne( Praemisse ) :-
        regel( Rnr, Praemisse, Konklusion, Bedingungen),
        ueberpruefe( Bedingungen ),
        merke( Rnr ),
        drucke_Regel( Praemisse, Konklusion, Rnr ),
        erkenne( Konklusion ).

erkenne( _ ) :-
        gefunden( _ ), write( 'Mehr weiss ich nicht !'), nl.

erkenne( _ ) :-
        not( gefunden( _ ) ),
        write( 'Das Tier kenne ich nicht !'), nl.

ueberpruefe( [] ).

ueberpruefe( [ Bedingung | Weitere_bedingungen ] ) :-
        frage( Bedingung ),
        ueberpruefe( Weitere_bedingungen ).

frage( Bedingung ) :- faktum( Bedingung, 'ja'),!.

frage( Bedingung ) :- faktum( Bedingung, 'nein'),!,fail.

frage( Bedingung ) :- anfrage( Bedingung, Anfragetext ),
        schreibe_Liste( Anfragetext ), write( ' ? '), nl,
        read( Antwort ),
        assert( faktum( Bedingung, Antwort ) ),
        Antwort == 'ja'.

merke( Rnr ) :- gefunden( Rnr ).

merke( Rnr ) :- assert( gefunden( Rnr ) ).

schreibe_Liste( [] ).

schreibe_Liste( [ Kopf | Rest ] ) :-
        write( Kopf ), write( ' ' ),
        schreibe_Liste( Rest ).
```

```
drucke_Regel( Praemisse, Konklusion, Rnr ) :-
       write( 'Das Tier ( ' ), write( Praemisse ),
       write( ' ) ist ein '), write( Konklusion ), nl,
       write( ' aufgrund der Regel '), write( Rnr ).

beschreibe :-
        write( 'Welches Tier soll beschrieben werden ? '),
        read( Tier ),
        liefere_Einzelheiten( Tier ).

liefere_Einzelheiten( Tier ) :-
        regel( Rnr, Klasse, Tier, Bedingungen ),
        beschreibung( Klasse, Bedingungen ),
        liefere_Einzelheiten( Klasse ).

liefere_Einzelheiten( _ ).

beschreibung( Klasse, Bedingungen ) :-
        write( 'Es ist ein '), write( Klasse ),
        write( ' mit folgenden Eigenschaften '),
        schreibe_Liste( Bedingungen ).

bereinige :- retractall( faktum( _, _ ) ),
             retractall( gefunden( _ ) ).
```

Einige Regeln und Anfragen der Wissensbank

```
regel( 1, tier,saeugetier,[saeugt,gebaert_lebend]).
regel( 2, saeugetier,fleischfresser,[frisst_Fleisch]).
regel( 3, fleischfresser,loewe,[hat_Maehne,hat_braunes_Fell]).

anfrage( saeugt, [saeugt, das, tier] ).
anfrage( gebaert_lebend, [gebaert, das, tier, lebend] ).
anfrage( hat_braunes_Fell, [hat, es, ein, braunes, fell]).
```

18.4　Übungsaufgaben

Übung 18-1:
Erweitern Sie den Regelbestand der Diskurswelt "Tierreiche" und testen Sie das Programm.

Übung 18-2:
Betätigen Sie sich als *Knowledge Engineer*: Benutzen Sie das System als Expertensystem-Shell und fügen Sie einen neuen Regelbestand ein, der den Benutzer beim Kauf eines Autos beraten soll. Benutzen Sie dabei u.a. die folgenden Regeln.

- Wenn ein sportliches Auto gewünscht wird,
  dann wird ein Sportwagen empfohlen.

- Wenn eine größere Familie vorhanden ist,
  dann wird ein Kombiwagen empfohlen.

- Wenn ein teurer, exklusiver Sportwagen gewünscht wird,
  dann wird ein Porsche empfohlen.

Übung 18-3:
Fügen Sie ein Dialogmodul ein, das es gestattet, einfache deutsche Frage- und Antwortsätze zu benutzen. Verwenden Sie die Erkenntnisse aus Lektion 17 und verändern Sie die Struktur von **regel/4**. Dies ist eine schwierige Aufgabe.

Lektion 19

Fallstudie: Ein Expertensystem für Änderungskonfigurationen

Das Software-Engineering mit Prolog läßt sich in folgende Phasen unterteilen (nach [Boose86]):

- Problemdefinition

- Wissensakquisition (Erhebung, Analyse und Aufbereitung des anwendungsspezifischen Wissens)

- erster Systementwurf (Prototyp)

- Entwicklung eines vollständigen Systems (weitere Wissensakquisition, Nachbearbeitung und Systemverfeinerung)

- Abnahme und Inbetriebnahme

- Wartung des Systems (Pflege und Weiterentwicklung)

Nach wie vor ist der Wissenserwerb die entscheidende Phase bei der Entwicklung von Expertensystemen. Allerdings müssen die in diesem Zusammenhang altbekannten Probleme heute in einem neuen Licht betrachtet werden. Dies gilt besonders im Zusammenhang mit der oft zitierten *Flaschenhals-Metapher* der Wissensakquisition, die den eigentlichen Engpaß nur verschleiert und in den

Hintergrund drängt. Die grundlegende Problematik liegt zum einen im Erkennen der Charakteristiken des bereichsspezifischen Wissens und zum anderen in der Wahl der passenden Akquisitionsmethoden.

Solange das Wissensgebiet aber nicht zu komplex ist, die Funktionen limitiert sind und das System eher kommunikativ als konsultativ ist, spielt der Wissenserwerb dagegen so gut wie keine Rolle.

In dieser Lektion wird die Entwicklung des Prototyps eines Expertensystems anhand einer konkreten Problemstellung aus dem Bereich der Systemkonfiguration betrachtet werden.

19.1   Die Domäne

Die Modelle der Systemfamilie Nixdorf 8870 sind dialogorientierte Datenverarbeitungssysteme, bei denen je nach Leistungsbedarf verschiedene Rechnertypen zum Einsatz kommen, die sich jedoch in der Bedienung nicht unterscheiden. Der Anschluß der Arbeitsplätze (Bildschirme, Kassensysteme, ...) erfolgt entweder über einen ALME (Asynchroner Leitungs-Multiplexer, Externtakt) oder einen PLC (Programmierbarer Leitungs-Controller). Der PLC steht grundsätzlich für die Datenübertragung zu Fremd-Rechnern zur Verfgügung. Besondere Merkmale sind ein eigener Z80 Mikroprozessor und bis zu 64 KByte Speicher. Vorwiegend für den Anschluß von Arbeitsplätzen wird aber der ALME eingesetzt. Der Datenverkehr zwischen Zentraleinheit und Arbeitsplatz erfolgt dabei seriell im Asynchronbetrieb mit einer Datenbreite von 8 Bits und Übertragungsraten bis zu 9600 Baud. An einen ALME lassen sich über vier Leitungen maximal vier Arbeitsplätze Master anschließen, daran jeweils ein Arbeitsplatz Slave (Window) und zwei Drucker. Eine Leitung ist stets für den Fernbetreuungsanschluß reserviert. Eine weitere Anschlußmöglichkeit stellt die Adaption von Fremdgeräten dar (z.B. Waage, Plotter). Eine Beispielkonfiguration ist in Bild 19-2 wiedergegeben.

Grundidee war, sowohl die Hard- als auch die Software eines Rechners der Systemfamilie Nixdorf 8870 unter gewissen Randbedingungen zu konfigurieren. Maßgebend war hierfür die Festlegung, im Gegensatz zu anderen Konfigurationssystemen wie z.B. R1 (siehe [HaKi87]), daß ein Benutzer solange die Konfiguration interaktiv verändert, bis sie seinen Vorstellungen entspricht. Diese Art der Systemänderung soll daher auch als Änderungskonfiguration bezeichnet werden. In Bild 19-1 wird der gewählte Ansatz noch einmal präzisiert. Daraus resultieren natürlich gewisse Anforderungen an das Leistungsverhalten des zu erstellenden Systems. Die Repräsentation des Wissens muß einen effizienten Zugriff auf die jeweils benötigten Daten erlauben. Im Hinblick auf eine spätere Wartung und Pflege des Systems darf darunter nicht die *Lesbarkeit* der gewählten Darstellungsform leiden. Die Wahl einer geeigneten Wissensrepräsentationsform hängt somit entscheidend von der Verwendung des Wissens ab.

Bevor die eigentliche Realisierung des Prototyps skizziert wird, wird im folgenden Abschnitt ein kurzer Einblick in das anwendungsspezifische Wissen gegeben.

Bild 19-1:
Das Verarbeitungsmodell

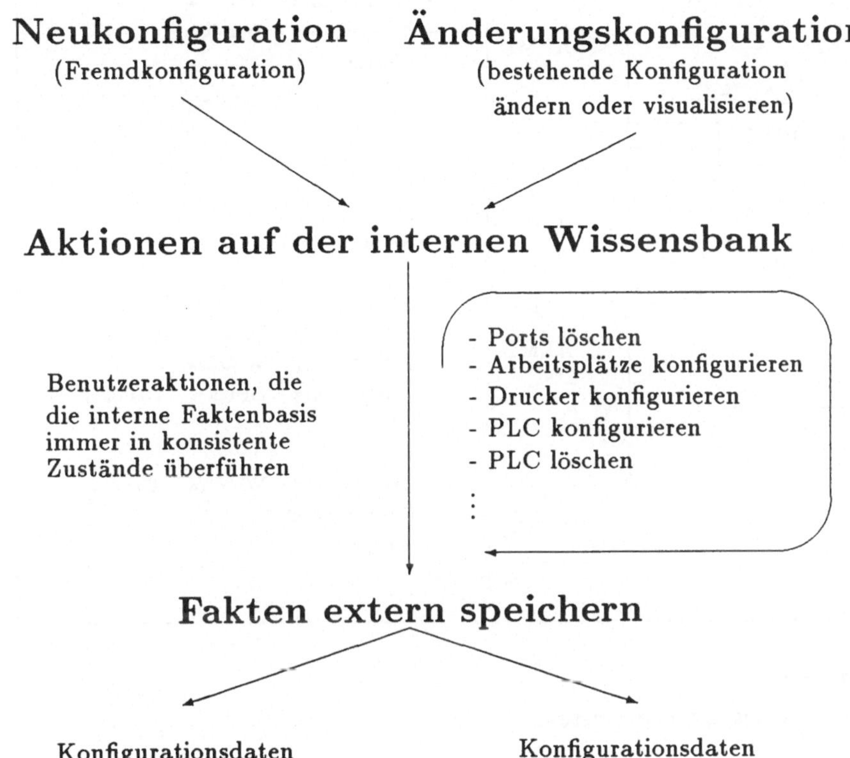

19.2 Die Realisierung

Vereinfacht dargestellt besteht ein Expertensystem aus dem *Systemkern*, der die
Wissensbasis und das Inferenzsystem enthält, und verschiedenen Komponenten, die sich um diesen Kern gruppieren und dem Aufbau des Expertensystems
dienen sowie den Dialog mit dem Benutzer steuern. Zu diesen Komponenten
gehören z.B. die Wissenserwerbskomponente und die Erklärungskomponente.
Da es hier um die Entwicklung eines Prototyps geht, wird besonderer Augen-
merk auf die Realisierung des Systemkerns gelegt (siehe Bild 19-3).
In den folgenden Abschnitten wird die Realisierung der Wissensbasis und der
Aufbau des Inferenzsystems näher erläutert.

Bild 19-2:
Ein Beispielsystem

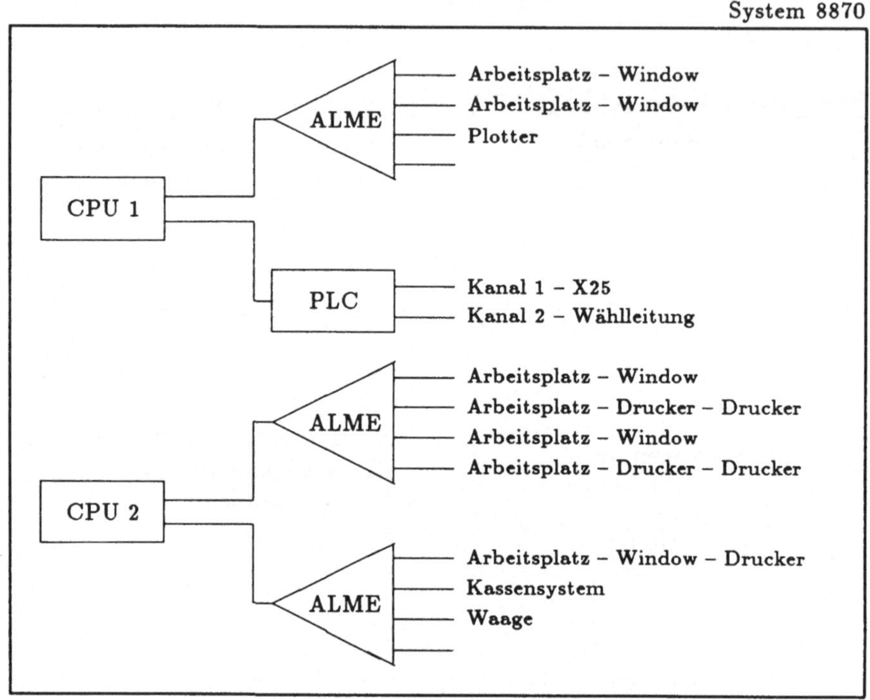

Bild 19-3:
Struktur des Expertensystems

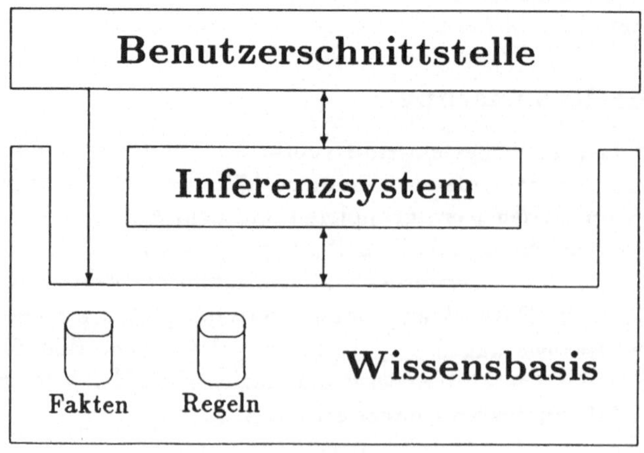

Die Wissensbasis

Auf die einzelnen Methoden, Fakten und Beziehungen in der Software eines Expertensystems abzubilden, soll hier nicht näher eingegangen werden. Einführungen in die verschiedenen Repräsentationsformen, wie semantische Netze, Objekt-Attribut-Wert-Tripel, Regeln, Frames und logische Ausdrücke, sind in [HaKi87, Seite 41-55], oder in [KKP87, Seite 31-60] zu finden.
Da es hier um den Entwurf eines interaktiven Systems geht, resultieren daraus gewisse Anforderungen an die Performance des Expertensystems: Im Hinblick auf Zugriffe und Veränderungen sollen die Daten möglichst effizient abgelegt werden.

Für die Repräsentation der Informationen wird ein genereller Rahmen wie folgt festgelegt:

$$konf\_dat(logischeEinheit, Nummer, Kennung, [Daten]).$$

Die *Kennung* dient dabei der Verwaltung von Versionen, um eventuell Aktionen des Anwenders wieder rückgängig machen zu können (hier: die letzten drei). Als Werte sind zugelassen:

o	Orginaldaten
a	aktueller Datensatz, mit dem zur Zeit gearbeitet wird
k1 k2 k3	Markierung für geänderte Struktur, wobei k1 immer die letzte Version kennzeichnet

Aufgrund der Domäne ergeben sich dadurch spezielle Datenstrukturen.

```
konf_dat(globale_Inf,Anzahl_aller_ALME_Kanäle,Kennung,
        [Anzahl_konfigurierte_CPUs,Remote_ID,Anzahl_installierte_CPUs,
        Anzahl_installierte_ALMEs,Anzahl_installierte_PLCs]).
konf_dat(v24,CPU_Nummer,Kennung,[Treibername,CPU_lokale_Nummer]).
konf_dat(drucker,CPU_Nummer,Kennung,
        [Portnummer,Treibername,Druckernummer]).
konf_dat(transparent,CPU_Nummer,Kennung,[Portnummer,Treibername,Gerät]).
konf_dat(cpu_pp,CPU_Nummer,Kennung,[[Portnummer,Platzprogrammnummer]...]).
konf_dat(cpu_remote,CPU_Nummer,Kennung,
        [[Portnummer,Betriebsart,[Parameter]],...]).
konf_dat(cpu_datex,CPU_Nummer,Kennung,[[Portnummern],[Identifier]]).
konf_dat(cpu_alme,CPU_Nummer,Kennung,
        [Anzahl_ALME_Kanäle,Anzahl_konfigurierte_PLCs,Basisport,
        Anzahl_Phantomports,Anzahl_Master,[Portnummern_der_Windows],
        Anzahl_Ports_über_$ALML,Anzahl_Kanäle_über_$ALMI]).
konf_dat(cpu_plc,CPU_Nummer,Kennung,[Controllernummer,Erster_Port,
        Belegung_Kanal1,Anzahl_Master_1,[Portnummern_der_Windows_1],
        Belegung_Kanal2,Anzahl_Master_2,[Portnummern_der_Windows_2]]).
```

Eine konkrete Wissensbasis enthält z.B. die folgenden aktuellen Datensätze:

```
?- listing(konf_dat).
konf_dat(globale_Inf,32,a,[2,remote_id,3,9,2]).
konf_dat(drucker,frei,a,[frei,$RPL5,frei]).
konf_dat(drucker,frei,a,[frei,$RPL4,frei]).
konf_dat(drucker,1,a,[0,$RPL3,2]).
konf_dat(drucker,1,a,[5,$RPL2,1]).
konf_dat(drucker,1,a,[0,$RPL1,1]).
konf_dat(v24,2,a,[$PLOT,1]).
konf_dat(v24,1,a,[$V24,1]).
konf_dat(cpu_alme,2,a,[20,0,16,1,13,[18,20],2,3]).
konf_dat(cpu_pp,2,a,[[16,6],[19,45],[21,6],[26,8],[27,10],[28,6],[29,6],[30,6]]).
konf_dat(cpu_remote,2,a,[[22,vollduplex,[]],[23,vollduplex,[]],
[24,halbduplex,[10,15,semi15]]]).
konf_dat(cpu_datex,2,a,[[30],[datex3,datex4,datex5]]).
konf_dat(cpu_alme,1,a,[11,1,0,2,6,[3,6],2,2]).
konf_dat(cpu_pp,1,a,[[0,6],[5,6],[8,7],[9,4],[13,6],[14,6],[15,10]]).
konf_dat(cpu_remote,1,a,[[4,vollduplex,[]],[7,halbduplex,[25,15,semi10]]]).
konf_dat(cpu_datex,1,a,[[8,9],[datex1,datex2]]).
konf_dat(cpu_plc,1,a,[1,13,4,2,[],4,1,[]]).

yes
?-
```

Diese Art der Beschreibung von Sachverhalten oder Zuständen wird auch häufig als *deklarative Wissensrepräsentation* bezeichnet. Sie bezieht sich auf *passive Objekte* wie Daten und Fakten. Inhalt der *prozeduralen Wissensrepräsentation* ist dagegen die Darstellung des für Zustandsübergänge relevanten Wissens (*aktive Objekte*). Geeignet für die Repräsentation solcher Assoziationen sind *Regeln*.

Eine Regel hat für gewöhnlich folgende Form:

$$\text{IF } <Pr\ddot{a}misse> \text{ THEN } <Konklusion>.$$

Der IF-Teil stellt eine durchzuführende Gültigkeitsprüfung dar, der THEN-Teil beschreibt die Aktion, die ausgeführt wird, wenn die Prüfung ein positives Ergebnis hat.

Sowohl die Prämisse als auch die Konklusion können aus Einzelaussagen oder Konjunktionen von Einzelaussagen bestehen. Disjunktionen von Aussagen sind in der Prämisse ebenfalls zugelassen, können jedoch umgangen werden, indem die entsprechende Regel wie folgt umformuliert wird:

$$\text{IF A OR B THEN C}$$

$$\text{entspricht} \begin{cases} \text{IF A THEN C} \\ \text{IF B THEN C} \end{cases}$$

Bevor auf die explizite Darstellung des Wissens eingegangen wird, soll im folgenden die unserem System zugrunde liegende Regelstruktur genauer beschrieben werden (vergleiche [Ambl87]).

Generell wird jede Prämisse, die nicht durch eine Regel *gesichert* ist, d.h. nicht Konklusion einer Regel ist, als normales Prolog-Ziel (goal) interpretiert. Ansonsten wird die entsprechende Regel zur Herleitung herangezogen. Eine Ausnahme bildet das Setzen oder Abfragen sogenannter *Basisvariablen*.

Hierfür ist die allgemeine Form

$$basisvariablenname \ = \ < Wert > \quad \text{oder}$$

$$basisvariablenname \ = \ < Prolog\text{-}Variable >,$$

wobei *basisvariablenname* ein Prolog-Atom ist.

Dargestellt werden die Basisvariablen als Faktum der Art

$$\text{basis\_variable}(basisvariablenname, wert).$$

In Prolog bedeutet der Ausdruck $\mathbf{X} = \mathbf{Y}$ die Unifikation der Terme $\mathbf{X}$ und $\mathbf{Y}$. Innerhalb der Regeln wird das Gleichheitszeichen auch benutzt, um auf die Werte der Basisvariablen zuzugreifen.

Die Prämisse **basisvariablenname** = **X** hat unterschiedliche Effekte:

- Ist sie Konklusion einer Regel, so wird der Wert mit Hilfe dieser Regel bestimmt, jedoch nicht gespeichert;

- Ist sie dagegen keine Konklusion einer Regel, so gilt folgendes:

  – Die Basisvariable *basisvariablenname* wird als Faktum basis_variable(*basisvariablenname,wert*) abgelegt, falls sie nicht bereits in der Wissensbasis gespeichert ist. Dabei ist *wert* der Wert von **X** (d.h., **X** darf in diesem Fall keine *freie* Variable sein);

  – Falls die Basisvariable schon in der Wissensbasis vorhanden ist, wird ihr Wert mit **X** unifiziert (d.h., wenn **X** eine *freie* Variable ist, wird so der Wert der Basisvariablen geholt).

Die folgenden beiden Regeln verdeutlichen noch einmal die Möglichkeiten, die durch die oben beschriebene Struktur gegeben sind.

if	not master_port	*führt auf die zweite Regel*
and	aktueller_port = Port	*Wert der Basisvariablen holen*
and	basis_port = Basis_Port	*Wert der Basisvariablen holen*
and	anzahl_phantomports = Phantomports	*Wert der Basisvariablen holen*
and	Port =< Basis_Port + Phantomports	*Auswertung als Prolog-Ziel*
then	phantomport.	

if	aktueller_port = Port	*Wert der Basisvariablen holen*
and	basis_port = Port	*Werte vergleichen*
then	master_port.	

Die Definition des *if-and-or-then*–Rahmens erfolgt mittels Operatoren.

In bezug auf das in Bild 19-1 skizzierte Verarbeitungsmodell ist durch das prozedurale Wissen sicherzustellen, daß die Benutzeraktionen die Daten nur in konsistente Zustände überführen. Ausgehend von einer konkreten Anlage ist nach einer Transaktion die Anlage zwar in einem neuen, im Hinblick auf die Konfiguration wieder einwandfreien Zustand.

Dies ist im Beispiel-System realisiert, indem das prozedurale Wissen die Zulässigkeit einzelner Aktionen bestimmt. Wird von einer anfangs korrekten Anlage ausgegangen, so gewährleisten die Regeln, daß der Anwender nur diejenigen Funktionen ausführen darf, die die Daten wieder in einen konsistenten Zustand abbilden. Die Regeln sind somit an Aktionen gekoppelt.

Die Regeln sind möglichst allgemein formuliert, d.h., sie beschreiben z.B. das Löschen eines Ports oder die Konfiguration eines Druckers. Um welchen Port es sich dann tatsächlich handelt, wird erst zur Laufzeit aus der aktuellen Aktion bestimmt. Es muß also erst der entsprechende Kontext, auf den sich eine Aktion bezieht, eingestellt werden, bevor deren Zulässigkeit über die Regeln geprüft werden kann.

Im Expertensystem gibt es insgesamt vier verschiedene Umgebungen, in denen Aktionen ausgeführt werden können. Sie betreffen entweder eine CPU, einen Port, einen PLC oder einen PLC-Kanal.

Aufgebaut wird der jeweilige Kontext durch die Definition und Belegung entsprechender Basisvariablen. Dabei werden die Daten aus der Faktenbasis nicht nur extrahiert und mit einem Namen versehen, sondern zum Teil auch aufbereitet. Die gesamten, in den vier Umgebungen definierten Basisvariablen bilden die eigentlichen Konfigurationsdaten.

Bisher wurde ausschließlich die Wissensrepräsentation betrachtet. Neben dieser formalen Sprache, in der das Expertenwissen ausgedrückt wird, bedarf es einer Kontrollstrategie, die die Anwendung des deklarativen und prozeduralen Wissens steuert.

19.3 Das Inferenzsystem

Das Inferenzsystem (die Inferenzmaschine) überwacht mit seinen Mechanismen das Expertensystem bei der Anwendung der in der Wissensbasis gespeicherten Fakten und Regeln. Notwendig sind hierfür zum einen *Suchstrategien*, die im Lösungsraum die zur Anwendung kommende Regel auswählen, und zum anderen *Kontrollstrategien* für die Regelabarbeitung.

Als Kontrollstrategie kommt aufgrund des angegebenen Verarbeitungsmodells (siehe Bild 19-1) für das Expertensystem nur eine Rückwärtsverkettung der Regeln in Frage. Offen bleibt somit nur noch die Suchstrategie.

Grundsätzlich kann es für jedes abgeleitete Faktum mehrere Regeln geben, die angewendet werden können. Zwei der gebräuchlichsten Strategien zur Abarbeitung der Regelmenge sind die *Tiefen-* und die *Breitensuche* (depth-first-search, breath-first-search).

Da es hier darum geht, prinzipiell zu entscheiden, ob eine Aktion zulässig ist oder nicht, bietet sich eigentlich nur die Tiefensuche an. Es besteht allerdings die Gefahr, daß im Fall der Existenz von Zyklen in der Regelmenge eventuell existierende Lösungen nicht gefunden werden. Eine Breitensuche umgeht zwar diese Problematik, ist jedoch auch dementsprechend aufwendiger.

Die Tiefensuche muß nicht implementiert werden, da auf den impliziten Suchmechanismus des Prolog-Systems zurückgegriffen werden kann (top-down, depth-first, left-to-right).

Außer für den Ablauf des Problemlösungsprozesses und der logischen Schlußfolgerung ist das Inferenzsystem auch für die korrekte Abarbeitung der Regeln
verantwortlich (Setzen und Abfragen der Basisvariablen).
Der vollständige Inferenzmechanismus des Wissensbasierten Systems ist in Bild
19-4 dargestellt.
Nach der erfolgreichen Überprüfung einer Aktion müssen die entsprechenden
Prozeduren angestoßen werden, die die gewünschte Operation auf den Daten
ausführen. Mißlingt dagegen eine Anfrage, so wird sie als Negation erneut gestellt.   Anschließend werden dem Benutzer dann die beim Ableitungsprozeß
benutzten Regeln einschließlich der instantiierten Variablen als Erklärung am
Bildschirm angeboten.

Im folgenden wird noch einmal zur Verdeutlichung der komplette Ablauf für eine
Aktion gezeigt. Als Beispiel soll hier die Konfiguration eines Arbeitsplatzes an
der CPU mit der Nummer x dienen.
Über die Benutzerschnittstelle führt dies zum Aufruf von

$$\text{aktion(cpu } x, \text{ konfiguration(master\_alme))}.$$

Durch das Prädikat aktion(Umgebung,Aktion) wird zuerst der entsprechende
Kontext aufgebaut, bevor der Inferenzmechanismus angestoßen wird. Bei erfolgreicher Prüfung wird dann die Ausführung der jeweiligen Operation veranlaßt
und auf Wunsch eine positive Erklärung der Ableitung gegeben (die globale Variable *begruendung* ist entweder mit *ja* oder mit *nein* belegt). Schlägt dagegen
die Überprüfung fehl, wird nach dem oben erläuterten Schema eine negative
Erklärung erzeugt.

```
% Aufruf des Inferenzmechanismus fuer eine spezielle Aktion
aktion(CPU_PLC_oder_Port,Aktion) :-
    ( CPU_PLC_oder_Port = (cpu Nummer) , aktuelle_cpu(Nummer) ;
      CPU_PLC_oder_Port = (plc(kanal(PLC,Kanal))) ,
                          aktueller_plc_kanal(PLC,Kanal) ;
      CPU_PLC_oder_Port = (plc Nummer) , aktueller_plc(Nummer) ;
      CPU_PLC_oder_Port = (port Nummer) , aktueller_port(Nummer)
    ) ,
    globale_variable(begruendung,JA_NEIN) ,
    ( ueberpruefe(Aktion,Wie) ,
      Aktion,
      ( JA_NEIN == ja , ausgabe_wie(Wie) ; true ) ;
      ueberpruefe( not Aktion,Wie) ,
      ausgabe_wie(Wie)
    ).
```

Zunächst muß also die entsprechende Umgebung, in der die Aktion ablaufen
soll, eingestellt werden.

Bild 19-4:
Das Inferenzsystem

```
/* Variablen, die nicht in einer Konklusion auftreten,
   werden als Basisvariablen behandelt.  */
ist_basis_variable(X = Y) :- basis_variable(X,_) , !.
ist_basis_variable(X = Y) :- not (if Z then X = Wert).

/* Ist eine Bedingung nicht sicher,
   wird sie als normales Prolog-Goal ausgefuehrt.  */
sicher(not(X)).     % die Negation wird gesondert bearbeitet
sicher(X = Y) :- basis_variable(X,_).
sicher(X) :- (if Y then X).

/* Existiert unter dem Namen eine Basisvariable, so wird deren Wert mit dem
   angegebenen unifiziert.  Ist dies nicht der Fall, so wird die Variable mit
   ihrem Wert abgespeichert (falls moeglich).  */
hole_oder_speichere_wert(X = Y) :- basis_variable(X,Z) , !  , Y = Z ;
                                   % keine Basisvariable unter dem Namen
                                   % => falls moeglich speichern
                                   atom(X) , nonvar(Y) ,
                                   asserta(basis_variable(X,Y));
                                   write('* Fehler-Situation *') ,
                                   fail.


% Inferenzmechanismus

% Bei einer Konjunktion, ueberpruefe jedes Element
ueberpruefe((X and Y),(Wie_X,Wie_Y)) :- !  , ueberpruefe(X,Wie_X) ,
                                             ueberpruefe(Y,Wie_Y).
% Nicht kontrollierte Elemente werden als Prolog-Goal ausgefuehrt
ueberpruefe(X,beweis(X,ist,'WAHR')) :- not(sicher(X)) , !  , X.
% (X and Y) schlaegt fehl, wenn X fehl schlaegt
ueberpruefe(not((X and Y)),Wie_X) :- ueberpruefe(not(X),Wie_X) , !.
% (X and Y) schlaegt fehl, wenn X erfuellt ist und Y fehl schlaegt
ueberpruefe(not((X and Y)),(Wie_X,Wie_not_Y)) :- !  ,
                                  ueberpruefe(X,Wie_X) ,
                                  ueberpruefe(not(Y),Wie_not_Y).

% Beweis der Negation von X
ueberpruefe(not(X),Wie) :- ueberpruefe(X,Wie) , !  , fail.
% not(X) ist erfuellt, wenn X in keiner Konklusion auftritt
ueberpruefe(not(X),beweis(X,ist,'NICHT BEWIESEN')) :- not(if Y then X) , !.
% Tritt X in einer Konklusion auf, so muessen die Bedingungen fehl schlagen
ueberpruefe(not(X),beweis(not(X),weil,Wie_not_Y)) :- (if Y then X) ,
                                  ueberpruefe(not(Y),Wie_not_Y).

% Der Beweis bricht ab, wenn X eine Basisvariable ist
ueberpruefe(X,beweis(X,ist,'GEGEBEN')) :- ist_basis_variable(X) , !  ,
                                  hole_oder_speichere_wert(X).
% Unifiziert X mit einer Konklusion, werden die Bedingungen geprueft
ueberpruefe(X,beweis(X,weil,Wie_Y)) :- (if Y then X) , ueberpruefe(Y,Wie_Y).
```

Da hier eine CPU behandelt werden soll, wird durch das Prädikat
aktuelle_cpu(CPU) der Kontext für die CPU x eingestellt.

```
% Basisvariablen ablegen
aktuelle_cpu(CPU) :-
        % alte Werte loeschen
        abolish(basis_variable,2) ,
        ( konf_dat(cpu_alme,CPU,a,[ALME,PLCs,B_Port,Phantom,Master,
                                   Slaves,ALML,ALMI]) ,
          asserta(basis_variable(aktuelle_cpu,CPU)) ,
          asserta(basis_variable(anzahl_konfigurierter_alme_kanaele,ALME)) ,
          asserta(basis_variable(basis_port,B_Port)) ,
          asserta(basis_variable(anzahl_phantomports,Phantom)) ,
          asserta(basis_variable(anzahl_master_alme,Master)) ,
          asserta(basis_variable(windows_alme,Slaves)) ,
          elemente(Slaves,Anzahl_Slaves) ,     % zaehlt die Anzahl
          asserta(basis_variable(anzahl_windows_alme,Anzahl_Slaves)) ,
          asserta(basis_variable(anzahl_alml_kanaele,ALML)) ,
          asserta(basis_variable(anzahl_almi_kanaele,ALMI)) ,
          bestimme_Remote_Maintenance_Kanaele(CPU,RM) ,
          asserta(basis_variable(remote_maintenance_kanaele,RM)) ,
          Anzahl_Ports is Phantom + Master + Anzahl_Slaves ,
          asserta(basis_variable(anzahl_ports_$ALMR_$PHAR,Anzahl_Ports)) ,
          konf_dat(cpu_datex,CPU,a,[Datex_Kanaele|_]) ,
          asserta(basis_variable(datex_kanaele,Datex_Kanaele)) ;
          true
        ) ,
        % falls die CPU nicht existiert nur diesen Wert ablegen
        konf_dat(globale_Inf,Anzahl_aller_ALME_K,a,_) ,
        asserta(basis_variable(anzahl_aller_alme_kanaele,Anzahl_aller_ALME_K)).
```

Der Aufruf des Inferenzsystems führt auf die beiden unten gezeigten Regeln.
Die zweite besagt, daß an einer CPU ein Arbeitsplatz konfiguriert werden kann,
wenn bisher weniger als 32 Kanäle konfiguriert wurden, die Anzahl aller Ports
ebenfalls kleiner als 32 ist und noch ein freier ALME-Kanal existiert. Über die
erste Regel wird die Anzahl der freien ALME-Kanäle ermittelt.

```
% REGELN
if     bestimme_Anzahl_freier_Multiplexer(Anzahl_Multiplexer)
and    anzahl_konfigurierter_alme_kanaele = Konfigurierte_Kanaele
and    Freie_Kanaele is ( 4 - Konfigurierte_Kanaele mod 4 ) mod 4
and    Anzahl is Anzahl_Multiplexer * 4 + Freie_Kanaele
then   anzahl_freier_alme_kanaele(Anzahl).

if     anzahl_aller_alme_kanaele = Kanaele and Kanaele < 32
and    anzahl_ports_$ALMR_$PHAR = Ports and Ports < 32
and    anzahl_freier_alme_kanaele(Anzahl) and Anzahl > 0
then   konfiguration(master_alme).
```

Bei erfolgreicher Überprüfung wird anschließend das Prädikat
konfiguration(master_alme) ausgeführt.

```
/* Master-AP ueber ALME an einer bestimmten CPU konfigurieren
   Es wird der AP konfiguriert und die entsprechenden Daten aktualisiert.  */
konfiguration(master_alme) :-
                % aktuelle Werte holen
                basis_variable(aktuelle_cpu,CPU) ,
                backup ,       % sichern der alten Daten
                retract(konf_dat(globale_Inf,G_ALME_K,a,G)) ,
                retract(konf_dat(cpu_alme,CPU,a,[L_ALME_K,PLC,B_Port,Phantom,
                                        M_AP,Slaves|CI])) ,
                retract(konf_dat(cpu_pp,CPU,a,PP)) ,
                N_M_AP is M_AP + 1 ,
                N_L_ALME_K is L_ALME_K + 1 ,
                N_G_ALME_K is G_ALME_K + 1 ,
                % der neue Port bekommt das Platzprogramm des Masterports
                elemente(Slaves,Anzahl_Slaves) ,
                Port is B_Port + Phantom + M_AP + Anzahl_Slaves ,
                member([B_Port,Platzprogramm],PP) ,
                asserta(konf_dat(cpu_pp,CPU,a,[[Port,Platzprogramm]|PP])) ,
                asserta(konf_dat(globale_Inf,N_G_ALME_K,a,G)) ,
                asserta(konf_dat(cpu_alme,CPU,a,[N_L_ALME_K,PLC,B_Port,Phantom,
                                        N_M_AP,Slaves|CI])) ,
                aktualisiere_PLCs_und_CPUs(CPU,1).
```

Für ein einsatzfähiges System fehlt jetzt nur noch eine Benutzerschnittstelle,
die sich jedoch relativ einfach gestalten und einbinden läßt.

Mit Hilfe der angegebenen Regelstruktur und des Inferenzmechanismus können
außer der Konfiguration eines Rechners auch all diejenigen Probleme behandelt werden, bei denen eine Rückwärtsverkettung sinnvoll und ausreichend ist.
Durch eine leichte Abwandlung des Inferenzsystems ist es ebenfalls möglich,
einfache Konsultationssysteme zu entwickeln, die den Benutzer nach fehlenden
Werten von Variablen fragen und es ihm erlauben, *warum*-Fragen zu stellen.

19.4   Übungsaufgaben

Übung 19-1:
Geben Sie die zur Festlegung des *if-and-or-then*-Rahmens der Regeln notwendi-
gen Operatordefinitionen an (vergleiche Abschnitt 19.2).
Welche allgemeinen Regeln ermöglichen die Abarbeitung von Disjunktionen von
Aussagen?

Übung 19-2:
Nach Aufruf des Inferenzmechanismus (siehe Abschnitt 19.3) wird je nach Bedarf die Ausgabe einer Erklärung eingeleitet (*ausgabe_wie(Wie)*). Geben Sie
eine Realisierung dieses Prädikates an.

Lektion 20

Ein Spiel mit der Datenbasis: Mastermind

In dieser Lektion wird anhand des Spiels Mastermind gezeigt, wie wir im Verlaufe der Abarbeitung eines Programmes neue Fakten in die Datenbasis einfügen können. Bei dem Spiel 'Mastermind' wählt ein Spieler A eine Folge von 4 verschiedenen Ziffern aus dem Bereich zwischen 1 und 6. Diese Sequenz soll von dem Gegenspieler B bestimmt werden. B beginnt mit einer Hypothese und läßt sie von A bewerten: Für jede Ziffer der Hypothese, die in der Lösung an der richtigen Stelle steht, vergibt A einen schwarzen Punkt, für jede Ziffer, die in der Lösung an einer anderen Stelle auftaucht, einen weißen.
Ist zum Beispiel die Lösung [1,2,3,4] und die Hypothese [5,4,3,2], so vergibt A einen schwarzen Punkt für die Zahl 3 und zwei weiße für die Zahlen 2 und 4.
Das Spiel endet, wenn B die Sequenz herausgefunden hat. B wird versuchen, mit möglichst wenigen Hypothesen zum Ziel zu kommen.

20.1   Der Rechner rät

Bei diesem ersten Spielmodus wählen wir eine Sequenz, die der Rechner raten soll. Die Grundidee des zugrundeliegenden Programmes ist folgende: Mit dem Prädikat `information/3` werden die Ergebnisse von Hypothesen gespeichert. Das erste Argument von `information` enthält die aufgestellte Hypothese, das zweite die Anzahl der schwarzen Punkte, die diese Hypothese stützen, und das dritte die Anzahl der weißen Punkte.

Wenn eine neue Hypothese aufgestellt wird, die eine mögliche Lösung sein soll,
so müssen alle vorher bewerteten Hypothesen mit dieser neuen Hypothese verglichen werden. Dazu müssen jeder alten Hypothese ebensoviele schwarze und
weiße Punkte gegeben werden, wie es bei der Bewertung durch den Gegenspieler
der Fall war.

Wenn eine solche neue Hypothese gefunden ist, wird sie als Lösung vorgeschlagen
und vom Mitspieler bewertet. Wenn dieser vier schwarze Punkte verteilt, so
ist die Lösung gefunden, ansonsten wird die neu gefundene Information zur
Datenbasis hinzugefügt und eine neue Hypothese gesucht. Wird keine passende
Hypothese mehr gefunden, so ist bei der Bewertung ein Fehler unterlaufen.

Die folgende Klausel spiegelt die Spielidee wider: Wir gehen davon aus, daß am
Anfang keine Informationen in der Wissensbank vorliegen. Zunächst werden
Hypothesen aufgestellt und getestet. Schlägt `raten/1` fehl, so wird per Backtracking die nächste Alternative gesucht, andernfalls ist das Spiel beendet, und
die Informationen werden wieder aus der Wissensbank entfernt.

```
/* mastermind
      So wird das Spiel aufgerufen. */
mastermind:-
 ( hypothese(Hypothese),
   raten(Hypothese)
 ; write('Ihnen ist ein Fehler unterlaufen.'),nl
 ),
 retractall(information(_,_,_)).
```

Das Prädikat `hypothese/1` unifiziert sein Argument mit einer Liste von vier
Argumenten, die eine mögliche Hypothese darstellt. Dazu wird aus der Menge
der Ziffern mit dem Prädikat `waehle` immer ein noch nicht behandeltes Element
ausgewählt und überprüft, ob eine Lösung mit den bislang für die ersten Stellen
der Sequenz ausgewählten Elementen noch zu einem Erfolg führen kann. Ist
dies nicht der Fall, so wird mit Backtracking automatisch ein neues Element
ausgewählt und getestet; wenn eine Hypothese alle Überprüfungen bestanden
hat, so wird sie als Ergebnis ausgegeben.

```
/* hypothese(Hypothese)
      'Hypothese' ist eine Folge von 4 verschiedenen
      Ziffern, die mit den bisherigen Informationen
      uebereinstimmt. */
hypothese([A, B, C, D]):-
   ziffern(Ziffern),
   waehle(A, Ziffern, R1),
   not(vorinkonsistent([A])),
   waehle(B, R1, R2),
   not(vorinkonsistent([A, B])),
   waehle(C, R2, R3),
```

```prolog
      not(vorinkonsistent([A, B, C])),
      waehle(D, R3, _),
      not(inkonsistent([A, B, C, D])).

/* ziffern(Ziffern)
     'Ziffern' ist eine Liste, die aus
     sechs Ziffern besteht. */
ziffern([1,2,3,4,5,6]).
```

Das Prädikat `waehle/3` wählt Ziffern aus einer Menge, die die bereits einmal
gewählten nicht enthält. Diese Restmenge wird im dritten Argument übergeben.
Außerdem wird mit diesem Prädikat festgestellt, ob ein bestimmtes Element in
einer Menge vorkommt, indem das fragliche Element als erstes, die Menge als
zweites und die anonyme Variable als drittes Argument vorgegeben wird.

```prolog
/* waehle(Elem, liste, Restliste)
     'Elem' ist ein Element aus 'liste',
     die uebrigen Elemente bilden 'Restliste' */
waehle(Elem,[Elem|Rest],Rest).
waehle(Elem,[Elem1|Rest],[Elem1|Rest1]):-
   waehle(Elem,Rest,Rest1).
```

Die Prädikate `vorinkonsistent/1` und `inkonsistent/1` überprüfen, ob es eine
Information gibt, die mit der Hypothese in dem Stadium ihres Aufbaus, in dem
sie sich gerade befindet, schon im Widerspruch steht. `inkonsistent/1` bewertet
vollständige Hypothesen, `vorinkonsistent/1` unvollständige.

```prolog
/* vorinkonsistent(hypothese)
     bestimmt, ob die Liste aus ein bis drei Elementen
     'hypothese', mit bisherigen
     Informationen inkonsistent wird, wenn
     sie auf vier Elemente verlaengert wird. */
vorinkonsistent(Hypo):-
   information(Hypo1, Weisse, Schwarze),
   schwarze(Hypo1, Hypo, S1),
   ( S1 > Schwarze    % Wenn schon jetzt mehr an richtiger
                      % Position, als erlaubt, besteht
                      % Inkonsistenz mit dieser information.
   ; vorhanden(Hypo1, Hypo, Vorh),
     W1 is Vorh - S1,
     W1 > Weisse      % Inkonsistenz steht auch fest, wenn
                      % es schon jetzt mehr weisse Punkte
                      % fuer eine Hypothese geben muesste, als sie
                      % erhalten hat.
   ).
```

```
/* inkonsistent(hypothese)
     bestimmt, ob 'hypothese' mit den bisherigen
     Informationen inkonsistent ist. */
inkonsistent(Hypo):-
   information(Hypo1, Weisse, Schwarze),
   schwarze(Hypo1, Hypo, S1),
   ( S1 \= Schwarze     % Inkonsistenz steht fest, wenn die
                        % Anzahl der Schwarzen oder Weissen
                        % in einer information/3 ungleich der
                        % Schwarzen und Weissen ist, die ihr
                        % von der augenblicklichen Hypothese
                        % zugeteilt werden.
   ; vorhanden(Hypo1, Hypo, Vorh),
     Vorh - S1 =\= Weisse
   ).
```

Um die Konsistenzüberprüfungen durchführen zu können, muß die Möglichkeit bestehen, die Anzahl der schwarzen und weissen Punkte berechnen zu können, die wir für eine alte Hypothese erhalten hätten, wenn die neue Hypothese die Lösung wäre. Die weißen Punkte lassen sich dabei problemlos als Differenz der Gesamtzahl von Elementen der alten Hypothese, die in der neuen vorhanden sind, und der schwarzen Punkte berechnen.

```
/* schwarze(hypoalt, hyponeu, Schwarze)
     'Schwarze' ist in diesem Praedikat die Anzahl von
     Ziffern, die in 'hypoalt' und 'hyponeu' die
     gleiche Position haben. */
schwarze([Elem|Rest1],[Elem|Rest2], Gesamt):-
   schwarze(Rest1,Rest2,Schwarze_im_rest),
   Gesamt is Schwarze_im_rest+1.
schwarze([Elem1|Rest1],[Elem2|Rest2],Gesamt):-
   Elem1 \= Elem2,
   schwarze(Rest1,Rest2,Gesamt).
schwarze(_,[],0).


/* vorhanden(hypoalt, hyponeu, Vorhanden)
     'Vorhanden' ist die Anzahl von Ziffern,
     die sowohl in 'hypoalt' als auch in 'hyponeu'
     vorkommen */
vorhanden([Elem|Rest],Liste,Gesamt):-
   vorhanden(Rest,Liste,Vorhanden),
   ( waehle(Elem,Liste,_),
     !,
     Gesamt is Vorhanden+1
```

```
    ; Gesamt = Vorhanden
    ).
vorhanden([],_,0).
```

Der letzte Teil dieses Programmes ist die Einheit, die die Hypothese ausgibt, ihre
Bewertung einliest, die neue Information zur Wissensbank hinzufügt und fehlschlägt, wenn die Hypothese noch nicht die endgültige Lösung ist. Die Anzahl
von weißen oder schwarzen Punkten wird hier als ein Term W/S eingelesen, wobei
der erste Teilterm die Anzahl der weißen, der zweite die Anzahl der schwarzen
Punkte sein muß.

```
/* raten(hypothese)
     'hypothese' wird als Loesung vorgeschlagen.
     Eine Antwort wird gelesen, die Information
     gespeichert. Ist die Hypothese bewiesen,
     so gelingt das Ziel, sonst fail */
raten(Hypo):-
  write('Mein Tip:'),
  write(Hypo),
  nl,
  repeat,
  write('Weisse/Schwarze:'), nl,
  read(Weisse/Schwarze),
  assert(information(Hypo, Weisse, Schwarze)),
  !,
  Schwarze = 4.
```

20.2   Der Rechner läßt raten

Bei diesem Programm wählt der Rechner (mit einem Zufallszahlengenerator)
eine Sequenz und bewertet unsere Hypothesen. Es benutzt die Prädikate
schwarze/3 und vorhanden/3 des oben beschriebenen Programmes. Die
Hauptschwierigkeit ist das Generieren einer zufälligen Sequenz. Die Bewertung
einer Hypothese, die in Listenform eingegeben wird, ist recht einfach, auch die
Abbruchbedingung läßt sich einfach überprüfen.

```
/* master
     master laesst sein Gegenueber raten. */
master:-
   randomlist(4, Liste),
   repeat,
   write('Dein Tip:'), nl,
   read(Tip),
   schwarze(Tip, Liste, S),
   vorhanden(Tip, Liste, V),
```

```
Weisse is V-S,
write('Weisse/Schwarze:'), write(Weisse/S), nl,
S = 4.
```

Bei der Bestimmung der Zufallsliste werden nacheinander vier verschiedene Zufallszahlen bestimmt. Das Ergebnis wird dann mit dem zweiten Argument von randomlist/2 unifiziert. 'not(waehle(Elem,Rest,_))' gelingt nur, wenn das neu gewählte Element noch nicht in der bisherigen Liste auftaucht. Hiermit wird sichergestellt, daß `Elem` kein Element von `Rest` ist.

Die Bestimmung der Zufallszahlen stammt aus [ClMe84]: Von einem Anfangswert (`seed`) ausgehend wird ein Pseudozufallszahlengenerator gestartet, der die zuletzt bestimmte Zahl in der Wissensbank speichert und von dieser ausgehend dann die nächste bestimmt.

```
/* randomlist(n, Liste)
      belegt Liste mit einer zufaelligen Folge
      von 'n' Zahlen 1-6, keine doppelt */
randomlist(0,[]).
randomlist(Anzahl,[Elem|Rest]):-
    Anzahl>0,
    Anzahlweniger is Anzahl-1,
    randomlist(Anzahlweniger,Rest),
    random(6,Elem),
    not(waehle(Elem,Rest,_)).

/* Zufallszahlen wie aus [ClMe84]
   Z wird mit einer Zahl aus dem Bereich
   von 1 bis N unifiziert, wobei N kleiner
   als 4096 sein sollte. */
seed(13).
random(N, Z):-
   retract(seed(S)),
   Z is 1+(S mod N),
   Nseed is (125*S+1) mod 4096,
   asserta(seed(Nseed)).
```

20.3 Übungsaufgaben

Übung 20-1:
Schreiben Sie eine Version des Spieles Mastermind, die als Elemente der Sequenz mehr als nur sechs Ziffern benutzt.

Übung 20-2:
Warum wird in hypothese die Konstruktion `not(inkonsistent([A,B,C,D]))` benutzt und nicht das Prädikat `konsistent([A,B,C,D])` ?

Anhang

A. Syntax von Prolog

Im folgenden geben wir die Syntax von Prologprogrammen in der in Lektion 17
vorgestellten Notation an. Dabei sind Operatoren und Grammatikregeln nicht
berücksichtigt worden.

Kommentare sind beliebige von den Zeichen /* und */ eingeklammerte Zeichenketten oder alle Zeichen ab einem Prozentzeichen % bis zum folgenden Zeilenende, wenn dieses Zeichen nicht in doppelten oder einfachen Anführungsstrichen
auftritt.

```
prologprogramm --> klauseln.
klauseln       --> ""; klausel, leerraeume, klauseln.
klausel        --> faktum; prologregel; grammatikregel.
faktum         --> literal,".".
prologregel    --> literal,
                   leerraeume_oder_nicht,
                   ":-",
                   leerraeume_oder_nicht,
                   literale_oder_cuts,
                   "."


leerraeume     --> leerraum, leerraeume_oder_nicht.
leerraum       --> " ";[9];[10];[13].
leerraeume_oder_nicht
               --> "";leerraum, leerraeume_oder_nicht.
```

```
literal           --> atom
                      ; atom,
                      "(",argumente,")".

literale_oder_cuts
                  --> literal,
                      leerraeume_oder_nicht,
                      literale_oder_cuts_oder_nicht
                      ; "!",
                      leerraeume_oder_nicht,
                      literale_oder_cuts_oder_nicht.
literale_oder_cuts_oder_nicht
                  -->    ""
                      ; ",",
                      leerraeume_oder_nicht,
                      literale_oder_cuts.

argumente         --> leerraeume_oder_nicht, terme.

terme             --> term,
                      leerraeume_oder_nicht,
                      terme_oder_nicht.
terme_oder_nicht
                  -->    ""
                      ; ",",
                      leerraeume_oder_nicht,
                      terme.
term              --> variable; atom; zahl; struktur; liste.

variable          --> "_",buchstaben_und_ziffern.
variable          --> grossbuchstabe,buchstaben_und_ziffern.

atom              --> kleinbuchstabe,buchstaben_und_ziffern.
atom              --> sonderzeichen.
atom              --> "'",zeichen_in_atom,"'".

zahl              --> vorzeichen,ziffern.

struktur          --> funktor,"(",argumente,")".
funktor           --> atom.

liste             --> "[]".
liste             --> "[",leerraeume_oder_nicht,terme,"]".
liste             --> "[",
```

```
                      leerraeume_oder_nicht,
                      terme,
                      "|",
                      leerraeume_oder_nicht,
                      term,
                      leerraeume_oder_nicht,
                      "]".
liste           --> """",zeichen_in_asciiliste,"""".

zeichen_in_asciiliste
                --> ein_zeichen_in_asciiliste,
                    zeichen_in_asciiliste_oder_nicht.
zeichen_in_asciiliste_oder_nicht
                -->   ""
                    ; zeichen_in_asciiliste.
ein_zeichen_in_asciiliste
                -->   """"""""
                    ; ","
                    ; buchstabe
                    ; ziffer
                    ; ein_sonderzeichen
                    ; ein_spezielles_zeichen.


zeichen_in_atom -->
                    ein_zeichen_in_atom,
                    zeichen_in_atom_oder_nicht.
zeichen_in_atom_oder_nicht
                -->   ""
                    ; zeichen_in_atom.
ein_zeichen_in_atom
                --> ","""
                    ; """"""
                    ; buchstabe
                    ; ziffer
                    ; ein_sonderzeichen
                    ; ein_spezielles_zeichen.


buchstaben_und_ziffern
                -->   ""
                    ; buchstabe, buchstaben_und_ziffern
                    ; ziffer, buchstaben_und_ziffer.

vorzeichen      --> "+";"-".
```

```
ziffern              --> ziffer, ziffern_oder_nicht.
ziffern_oder_nicht
             --> ""
                 ; ziffer,
                   ziffern_oder_nicht.
ziffer               --> "0";"1";"2";"3";"4";"5";"6";"7";"8";"9".

buchstabe            --> "_"; grossbuchstabe; kleinbuchstabe.

grossbuchstabe    --> "A";"B";...;"Z".

kleinbuchstabe    --> "a";"b";...;"z".

sonderzeichen    --> ein_sonderzeichen,sonderzeichen_oder_nicht.
sonderzeichen_oder_nicht
             -->    ""
                 ; ein_sonderzeichen,
                   sonderzeichen_oder_nicht.
ein_sonderzeichen
             --> ">";"<";"=";"~";"+";"-";"*";"/";
                 "@";"#";"$";"^";"&";".";"?";"\".

ein_spezielles_zeichen
             --> "(";")";"{";"}";"[";"]";
                 ",";";";"%".
```

B. Benutzung von Prologsystemen

Prologinterpreter werden im allgemeinen von der Kommandoebene des Rechners aus mit dem Befehl **prolog** gestartet. Der Interpreter gibt eine kurze Meldung über die benutzte Version des Interpreters aus und befindet sich im *Anfragemodus*, was wir an dem Prompt ?- erkennen. Der Interpreter versucht in diesem Modus, eingegebene Prologterme zu beweisen.

```
>   prolog
*****************************************
** This is GuGu-prolog version 2.32.3 **
*****************************************
?-
     write(hallo),nl.
hallo

yes
?-
```

Wir gelangen mit dem Befehl

```
?- [user].
```

in den *Eingabemodus*. Die Fakten und Regeln können dann direkt von der Tastatur in die Wissensbasis eingetragen werden. Sie werden nicht in einer Datei gesichert. Das Ende der Eingabe wird in verschiedenen Systemen unterschiedlich markiert. Häufig werden die `Ctrl`-Taste und das `Z` gleichzeitig gedrückt, manchmal wird auch das atom `end_of_file` eingegeben.

```
?- [user].
 gemuese(blumenkohl).
 [Ctrl-Z]
** user consulted
yes
?-
```

Das System befindet sich dann wieder im Anfragemodus. Mit dieser Arbeitsweise können wir schon kleinere Programme testen.
Nach dem Start des Interpreters ist es ebenfalls möglich, Dateien mit den Prädikaten `consult/1` und `reconsult/1` einzulesen. (siehe Lektion 5). Falls mehrere Dateien benutzt werden sollen, ist es bequemer, eine alternative Schreibweise zu verwenden: Wenn der Interpreter auf das Prompt hin eine Liste als Eingabe erhält, interpretiert er die Elemente als Dateinamen. Steht vor dem Namen ein Minuszeichen, so wird die betreffende Datei mit `reconsult/1` eingelesen, sonst mit `consult/1`:

```
?- [-'vaeter.prolog','kinder.prolog'].
** vaeter.prolog reconsulted
** kinder.prolog consulted
yes
?-
```

Das System befindet sich nach dem Einlesen wieder im Anfragemodus.
Der fortgeschrittene Benutzer eines Prologsystems führt im allgemeinen eine Folge von Aktionen aus, die aus den Phasen

- Programmänderung,

- Laden des Programmes,

- Test und

- Fehleridentifikation

besteht.
Nach der Spezifikation der Anforderungen an das zu schreibende Programm und der Erstellung einer ersten Version mit Hilfe eines Texteditors wird der Prologinterpreter gestartet, das Programm geladen und getestet.

Tritt ein Fehler im Programm auf, wird also beispielsweise ein Ziel, das fehlschlagen müßte, bewiesen, werden Variablen falsch instantiiert oder treten die falschen Seiteneffekte auf, so muß der Ablauf der Abarbeitung des Programmes genauer verfolgt werden. Dafür stellen die verschiedenen Implementationen unterschiedliche Hilfsmittel bereit, die wir wegen der großen Unterschiede nicht ausführlich beschreiben. Wir beschränken uns darauf, das in fast jeder Implementation enthaltene Prädikat `trace/0` vorzustellen. Wenn im Anfragemodus `trace` eingegeben wird, so gilt dieses sofort als erfüllt. Als Seiteneffekt wird jedoch vermerkt, daß im Verlauf eines Beweisversuches auszugeben ist, welches Teilziel jeweils gerade bewiesen werden soll oder welches gerade gelungen ist. Dieser Tracemodus läßt sich in den meisten Implementationen durch die Abarbeitung des Prädikates `notrace/0` wieder aufheben.

```
?-  [user].
 element(Elem,[ Elem | _ ]).
 element(Elem,[ _ | Rest ]):-element(Elem,Rest).
 [Ctrl-Z]
** user consulted
yes
?-  trace.
yes
?-  element(1,[2,1]), element(1,[2,3,4]).
Goal  : element(1,[2,1]).
Goal  : element(1,[1]).
Proved: element(1,[1]).
Proved: element(1,[2,1]).
Goal  : element(1,[2,3,4]).
Goal  : element(1,[3,4]).
Goal  : element(1,[4]).
Goal  : element(1,[]).
Goal  : element(1,[]).
no
?-  notrace.
yes
?-
```

Nach Identifikation von Fehlern wird der Interpreterlauf abgebrochen, wenn es nicht möglich ist, aus ihm heraus einen Editor aufzurufen. Dieser Abbruch geschieht häufig mit dem Textendezeichen [Ctrl-Z], dem Atom `end_of_file` oder einem der Atome `halt`, `end` oder `bye`.

```
?-  halt.
GuGu-Prolog terminated
>
```

C. Begriffsdefinitionen

Auf den folgenden Seiten sind grundlegende Begriffsdefinitionen aus dem Bereich der logischen Programmierung in Form eines Glossars zusammengestellt.

Anfrage, Aufforderung an das Prologsystem, ein Ziel oder eine Konjunktion von Zielen zu beweisen.

Argument, Begriff für ein Objekt in einem Prädikat. In

```
mutter(erna,sabine)
```

sind **erna** und **sabine** die Argumente des Prädikates **mutter**. Argumente sind Bestandteile einer *Struktur*.

Arity, Stelligkeit.

Atom, eine nicht weiter zerlegbare Aussage, eine *Struktur* ohne Argumente.

Aussage, Beschreibung eines Sachverhaltes, der genau wahr oder falsch sein kann.

Backtracking, Verfahren für Suchprozesse, das im Falle des Fehlschlagens einer Suche aufgrund einer Sackgasse zum dichtesten Choicepoint im Suchbaum zurückkehrt und alternative Wege prüft.

Backwardchaining, ein Beweisverfahren, bei dem zuerst untersucht wird, unter welchen Voraussetzungen die zu beweisende Aussage gilt, und dann versucht wird, diese Voraussetzungen nachzuweisen.

Beweis, eine Folge von logischen Schlüssen, die von Axiomen zu einer Aussage führt.

Bindungsstärke, eine Eigenschaft von *Operatoren* und *Termen*. Wenn ein Term in Funktorschreibweise oder geklammert vorliegt, ist die Bindungsstärke null, sonst ist sie gleich der Bindungsstärke des regierenden Operators.

Breitensuche, ein Suchverfahren in Suchbäumen, das mehrere Wege auf einmal betrachtet.

Choicepoint, Knoten im Beweisbaum, an dem mehrere Beweismöglichkeiten existieren.

Disjunktion, Verknüpfung von Aussagen. Eine Aussage 'A oder B' ist genau dann wahr, wenn wenigstens eine der Aussagen A oder B erfüllt ist.

Faktum, Tatsache über Eigenschaften und Bezeichnung von Objekten. In Prolog beschreibt ein Faktum auch eine *Regel*, deren Rumpf leer oder gleich **true** ist.

Forwardchaining, ein Beweisverfahren, bei dem von vorhandenen Fakten ausgehend ableitbare Aussagen bestimmt werden und dann überprüft wird, ob die zu beweisende Aussage sich unter den ableitbaren befindet.

Funktor, Name einer *Struktur*.

Goal, Ziel.

Hornklausel, *Klausel,*   die

höchstens ein nichtnegiertes *Literal* enthält.

Instantiierung, Variablenersetzung.

Klausel, ein *Faktum* oder eine *Regel.* In der Logik ist eine Klausel eine Disjunktion von *Literalen,* bei denen alle Variablen durch Allquantoren gebunden sind.

Konjunktion, Verknüpfung von Aussagen. Eine Aussage 'A und B' ist genau dann wahr, wenn beide Aussagen A und B wahr sind.

Kopf, Konklusion, Teil einer *Regel.*

Literal, ein negiertes oder nichtnegiertes *Atom.*

Operator, ein Atom, das als Funktor in Präfix-, Infix- oder Postfixschreibweise auftreten kann. Diese Möglichkeit ist durch Definition in einem op/3-Ziel gegeben. Ein Operator trägt eine *Bindungsstärke,* anhand welcher festgestellt werden kann, wie *Argumente* und *Terme* verschiedener Bindungsstärken, und eine Assoziativität, die besagt, wie Argumente und Terme gleicher Bindungsstärke einander zugeordnet werden.

Prädikat, Anzahl von Klauseln, deren Köpfe hinsichtlich Funktor und Stelligkeit übereinstimmen.

Query, Anfrage.

Regel, Aussage der Form 'Wenn A, so B', Term in der Wissensbasis der Form 'B :- A', wobei A der Rumpf und B der Kopf der Regel heißt.

Stelligkeit, die Anzahl der *Argumente* einer *Struktur.*

Struktur, ein aus einem *Funktor* und einer Anzahl von *Argumenten* bestehender Term. Die Zahl der Argumente ist die Stelligkeit des Terms. In Funktorschreibweise wird eine Struktur geschrieben als der Funktor, auf den ohne Zwischenraum eine öffnende runde Klammer folgt. Dann folgen die Argumente, durch Kommata getrennt, und eine schließende runde Klammer. Wenn die Stelligkeit null ist, heißt der Term auch Atom. Er wird dann ohne Klammern geschrieben. Eine alternative Schreibweise besteht für Strukturen mit der Stelligkeit eins oder zwei, wenn der Funktor als Präfix-, Infix- oder Postfixoperator definiert wurde.

Subgoal, Teilziel.

Term, eine der syntaktischen Einheiten Variable, Integer, Atom oder Struktur.

Tiefensuche, ein Suchverfahren in Suchbäumen, das immer nur einen Weg verfolgt, und zwar so lange, bis der Pfad erfolgreich

war oder in einer Sackgasse endet. Im letzten Fall kann beispielsweise *Backtracking* einsetzen.

Unifikation, ein Verfahren,
zwei Terme durch Ersetzung von
Variablen identisch zu machen.

Variable, Platzhalter für einen
beliebigen Term.

Wissensbasis, Gesamtmenge
der Klauseln und vordefinierten
Prädikate.

Ziel, der Term, dessen Beweis
mit Tiefensuche, Backtracking
und Unifikation versucht wird.

D. Lösungen

In diesem Kapitel geben wir zu einigen ausgewählten Übungsaufgaben Lösungsvorschläge. In Prolog existieren in der Regel mehrere korrekte Lösungen für das gleiche Problem.

Lösung zu Übung 1-1:

```
b) vorspeise(V):-suppe(V).
   vorspeise(V):-salat(V).

   beilage(B):-kartoffelgericht(B).
   beilage(B):-teigware(B).

c) hauptgericht(H):-fleisch(H).
   hauptgericht(H):-fisch(H).

   hauptgang(H,B,G):-
       hauptgericht(H),
       beilage(B),
       gemuese(G).

d) mahlzeit(V,H,B,G,N):-
       vorspeise(V),
       hauptgang(H,B,G),
       nachtisch(N).
```

Lösung zu Übung 1-2:

a) Die "schwester"-Regel ist nicht korrekt, da nach dieser Regel jede Tochter ihre eigene Schwester ist.

b)
```
elternteil(E,P):-vater(E,P).
elternteil(E,P):-mutter(E,P).

ist_sohn(S):-elternteil(_,S), maennlich(S).

grossmutter(G,P):-mutter(G,P1), elternteil(P1,P).

tochter(T,X):-elternteil(X,T), weiblich(T).
```

c) Ein Prädikat zwilling/2 können wir mit den bisherigen Prädikaten nicht ausdrücken, weil der Zeitaspekt nicht dargestellt werden kann. Es läßt sich jedoch ein weiteres Prädikat zwilling/2 benutzen, in dem explizit angegeben wird, welche Zwillingspaare es gibt.

Lösung zu Übung 2-2:
Die Ausgaben für die Anfrage

$$?- \quad mahlzeit(V, schnitzel, B, G, N).$$

kann man sich an einem Prologsystem selbst ansehen.

Lösung zu Übung 3-1:
Es sei $f(x)$ der Nachfolger, $g(x)$ der Vorgänger und $E(x,y)$ das Gleichheitsprädikat ($x = y$). Das Universum sei die Menge der natürlichen Zahlen.

a)

$$\forall X : \exists Y : (E(Y, f(X)) \wedge \forall Z : (E(Z, f(X)) \Rightarrow E(Y, Z)))$$

b)

$$\neg(\exists X : E(0, f(X)))$$

c)

$$\forall X : (\neg E(X, 0) \Rightarrow (\exists Y : (E(Y, g(X)) \wedge \forall Z : E(Z, g(X)) \Rightarrow E(Y, Z))))$$

Lösung zu Übung 3-2:

a) Die folgende Interpretation ist ein Modell für die Formel:

- Das Universum sei die Menge der reellen Zahlen $\mathbb{R}$.
- Der Konstanten a werde die Zahl 0 zugeordnet.
- Dem einstelligen Funktor f werde die Funktion

$$f : \mathbb{R} \to \mathbb{R}, \quad X \mapsto 2 \times X$$

zugeordnet.

- Dem zweistelligen Prädikat g werde die Funktion

$$g : \mathbb{R}^2 \to \{wahr, falsch\}, \quad (X, Y) \mapsto (X > Y)$$

zugeordnet.

b) Die Interpretation aus a) besitzt genau die geforderte Bedeutung.

c) Die Formel ist nicht allgemeingültig: Ersetzen wir in der Interpretation aus a) nur die Definition von f durch

$$f : \mathbb{R} \to \mathbb{R}, \quad X \mapsto X - 1$$

so ergibt sich für $X = 1$ eine falsche Aussage.

Lösung zu Übung 3-3:

$a \Leftrightarrow b$: Folgt G aus $F_1, \ldots, F_n$, so gilt definitionsgemäß für jede Interpretation $\sim$: Ist $F_1, \ldots, F_n$ wahr bezüglich $\sim$, so ist G wahr bezüglich $\sim$. Folglich ist $F_1 \wedge \ldots \wedge F_n \Rightarrow G$ wahr bezüglich jeder Interpretation, also allgemeingültig. Die umgekehrte Schlußrichtung wird analog bewiesen.

$b \Leftrightarrow c$: Offenbar ist eine Formel F genau dann allgemeingültig, wenn $\neg F$ unerfüllbar ist. Ist $F \equiv (F_1 \wedge \ldots \wedge F_n \Rightarrow G)$, so wird $\neg F$ und $F_1 \wedge \ldots \wedge F_n \wedge \neg G$ äquivalent.

Lösung zu Übung 3-4:

$$\neg(\neg \forall X : p(X, X, e) \Rightarrow \forall U : \forall V : \forall W : (p(U, V, W) \Rightarrow p(V, U, W)))$$

äq

$$\forall X : p(X, X, e) \wedge \exists U : \exists V : \exists W : (p(U, V, W) \wedge \neg p(V, U, W))$$

äq

$$\exists U : \exists V : \exists W : \forall X : (p(X, X, e) \wedge p(U, V, W) \wedge \neg p(V, U, W))$$

Einführung von Skolemfunktionen:

$$\forall X : (p(X, X, e) \land p(u, v, w) \land \neg p(v, u, w))$$

(In diesem Falle hängt die Variable X nicht von U, V und W ab; es ist daher günstig, die Existenzquantoren ganz nach vorne zu ziehen.)
äq

$$\begin{aligned} & \forall X : p(X, X, e) \\ \land \quad & \forall Y : p(u, v, w) \\ \land \quad & \forall Z : \neg p(v, u, w) \end{aligned}$$

Lösung zu Übung 3-5:

Die Klauselform von

$$\exists X : p(X)$$

ist zum Beispiel $p(a)$, wobei a eine Konstante ist. Wenn als Interpretation das Universum IN und die Zuordnungen $a = 1$ und $p(X) \Leftrightarrow X > 1$ gewählt werden, so trifft S nicht zu, wohl aber A mit $X = 18$.

Lösung zu Übung 4-1:

Das Herbrand-Universum von S ist

$$\{a, f(a), f(f(a)), f(f(f(a))), \ldots\}$$

$p(q)$ wird als einstellige Relation $P(Q)$ interpretiert. In dem Baum

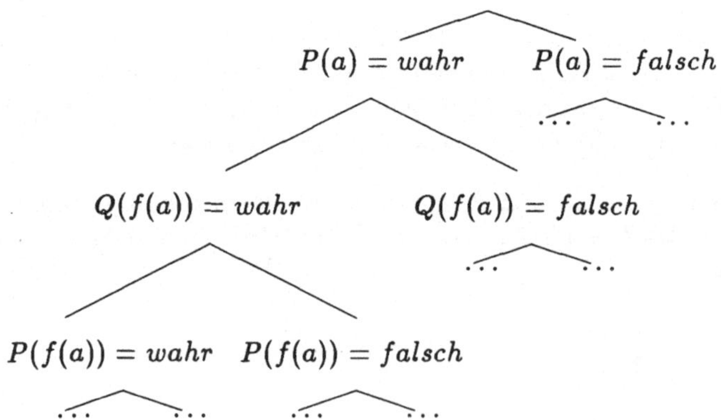

entspricht jedem Pfad eine Interpretation. Jede Interpretation liefert für S den Wert falsch.

Lösung zu Übung 4-2:
Dieses logische Programm ist dem Programm aus Beispiel 4-5 äquivalent. Lediglich die Reihenfolge der Literale in der ersten Klausel wurden verändert. In dem Suchbaum sind deshalb nur einige Äste vertauscht. Dies führt dazu, daß Prologsysteme bei diesem modifizierten Programm Lösungen finden.

Lösung zu Übung 4-3:
Wir erhalten das Prologprogramm:

```
v(henke,struck).              % C2
v(rust,wild).                 % C3
v(struck,rust).               % C4
v(ernst,rust).                % C5
v(X,Y):- v(X,Y),v(Y,Z),v(X,Z). % C6
```

mit der Anfrage

$$?- \quad v(ernst, wild). \qquad \% \; C1$$

Der Beweis verläuft wie folgt:

$$
\begin{aligned}
S_1 &= & C_1 \\
S_2 &= res(C_1, C_6) &\equiv \; \neg v(ernst, Y) \vee \neg v(Y, wild) \\
S_3 &= res(S_2, C_5) &\equiv \; \neg v(henke, wild) \\
S_4 &= res(S_3, C_6) &\equiv \; \neg v(henke, Y) \vee \neg v(Y, wild) \\
S_5 &= res(S_4, C_2) &\equiv \; \neg v(struck, wild) \\
S_6 &= res(S_5, C_6) &\equiv \; \neg v(struck, Y) \vee \neg v(Y, wild) \\
S_7 &= res(S_6, C_4) &\equiv \; \neg v(rust, wild) \\
S_8 &= res(S_7, C_3) &\equiv \; \Box
\end{aligned}
$$

Lösung zu Übung 5-1:

```
vaeter_in_die_datei:-
   % augenblicklichen Kanal in der Datenbasis merken
   %    sonst geht Information bei Backtracking verloren
   seeing(Augenblicklich),
   asserta(augenblickliches_file(Augenblicklich)),

   see('vaeter.namen'),
   write('/* vaeter.namen */'), % Kommentar am Anfang
                                %   der Datei
   vater(Vater,_),
   writeq(Vater),nl, % Ausgabe des Namens
   fail.
vaeter_in_die_datei:-
```

```
write('/* Ende der datei */'), % Kommentar am Ende
                                % der Datei
told,
retract(augenblickliches_file(Augenblicklich)),
see(Augenblicklich).
```

Lösung zu Übung 5-2:
Das RETURN-Zeichen wird eingelesen, und dann wird mit skip/1 so lange
gewartet, bis der Benutzer noch ein RETURN-Zeichen eingegeben hat. Das
folgende Prädikat führt das skip/1 nur dann durch, wenn vorher kein RETURN
eingegeben wurde.

```
lies_ein_zeichen_version_1(Zeichen):-
   get(Zeichen),
   skip_oder_lass_es(Zeichen).

skip_oder_lass_es(10).
skip_oder_lass_es(Zeichen)
   Zeichen \= 10,
   skip(10).
```

Lösung zu Übung 5-3:

```
?-  findall(Nachfahre,
         vorfahre(andrea,Nachfahre),
         Nachfahrenliste).
```

Lösung zu Übung 6-1:
Ein *Oder*-Ziel kann bewiesen werden, wenn wenigstens eines der darin enthalte-
nen Teilziele bewiesen werden kann, und es schlägt nur dann fehl, wenn keines
von diesen sich zeigen läßt. Auf Backtracking hin werden zunächst alle Alternativen für das erste Ziel geliefert und dann alle für das zweite.
Die Abarbeitung des angegebenen Prologziels führt zu folgendem Dialog:

```
die_eine_ausgabe
A = die_eine_ausgabe ;
die_andere_ausgabe
A = die_andere_ausgabe ;
no
```

Lösung zu Übung 6-3:
Im Gegensatz zum ersten wird im zweiten Falle das Ziel c zwei Male abgearbeitet, was zum einen einen Unterschied in der Geschwindigkeit bedeutet, zum

anderen für den Fall, daß bei der Abarbeitung von c Effekte auftreten, die im
Verlaufe von Backtracking nicht rückgängig gemacht werden, wie etwa Bildschirmausgaben, diese Effekte bei der Abarbeitung von b zwei Male, und nicht
nur ein Mal wie bei a, auftreten.

Lösung zu Übung 6-4:
Nach dem erfolgreichen Beweis von b und c wird das *Cut* bewiesen, der Beweis
von d schlägt fehl. Das Backtracking bricht sofort ab, da das *Cut* die Suche
nach Alternativen für c, b oder a unterbindet, und die Anfrage schlägt fehl.
Wenn die Klauseln für a/0 umgedreht werden, können bei der gegebenen Anfrage zunächst b und c bewiesen werden, und damit auch a. Bei der Eingabe
eines Semikolons ist der Ablauf dann gleich dem eben beschriebenen.

Lösung zu Übung 7-1:

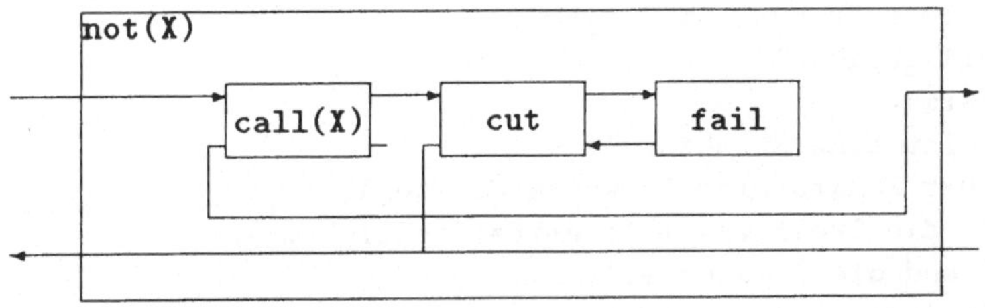

Lösung zu Übung 8-2:

```
power(X,0,1).
power(X,N,Y):-
    N>0,
    N1 is N-1,
    power(X,N1,Y1),
    Y is X*Y1.
```

Lösung zu Übung 8-3:

```
ggt(N,0,N).
ggt(N,M,T):-
    Rest is N mod M,
    ggt(M,Rest,T).
```

Lösung zu Übung 9-1:

```
klassifiziere(Term):-
    atom(Term),
    write(Term),
    write(' ist eine nichtnumerische Konstante.'),nl.
klassifiziere(Term):-
    integer(Term),
    write(Term),
    write(' ist eine numerische Konstante.'),nl.
klassifiziere(Term):-
    var(Term),
    write(Term),
    write(' ist eine Variable.'),nl.
klassifiziere(Term):-
    not(var(Term)),
    functor(Term,Funktor,Stelligkeit),
    not(Stelligkeit=0),
    write(Term),
    write(' ist eine Struktur.'),nl,
    write('Der Funktor ist '),write(Funktor),
    write(', die Stelligkeit '),write(Stelligkeit),
    write(' und die Argumente:'),nl,
    klassifiziere_argumente(Term).

klassifiziere_argumente(Term):-
    Term=..[_|Argumente],
    klassifiziere_liste(Argumente).

klassifiziere_liste([]):-nl.
klassifiziere_liste([Argument|Liste]):-
    klassifiziere(Argument),
    klassifiziere_liste(Liste).
```

Lösung zu Übung 9-2:

```
upcase(Atom,Up_atom):-
    atom(Atom),
    name(Atom,Atom_liste),
    upcase_liste(Atom_liste,Up_atom_liste),
    name(Up_atom,Up_atom_liste).

upcase_liste([],[]).
upcase_liste([Zeichen|Rest],[Up_zeichen|Up_rest]):-
```

```
   upcase_zeichen(Zeichen,Up_zeichen),
   upcase_liste(Rest,Up_rest).

upcase_zeichen(Zeichen,Up_zeichen):-
   "a"=<Zeichen, Zeichen=<"z",
   Up_zeichen is Zeichen-"a"+"A".
upcase_zeichen(Zeichen,Zeichen):-
   Zeichen <"a"
 ; "z" < Zeichen.
```

Lösung zu Übung 9-3:
Ja, in Funktorschreibweise. Die Operatordeklaration für das Plus wirkt nur,
wenn das Pluszeichen zwei Argumente hat, indem in diesem Falle die Ausgaben
eines Terms mit dem Funktor '+' in Infixschreibweise erfolgen und auch Eingaben
in dieser Form erlaubt sind. Auf die Benutzung des '+' mit anderer Stelligkeit
hat dies keinen Einfluß.

Lösung zu Übung 10-1:
Ein Operator kann nicht zugleich links- und rechtsassoziativ sein.

Lösung zu Übung 10-2:
Die erste und zweite Zeile sind fehlerhaft, weil zwischen einem Funktor und
dem Argument kein Leerzeichen stehen darf. Die dritte und vierte Zeile sind
erlaubte Operatordeklarationen. Die fünfte Zeile ist ebenfalls eine gültige Eingabe, da das f jetzt als Präfixoperator definiert ist. Ebenso ist die sechste Zeile
gültig; hier wird das f wieder in normaler Funktorschreibweise benutzt. Da die
Präzedenz des f größer ist als die des +, sollte in der letzten Zeile wieder ein
Fehler auftreten. Allerdings behandeln verschiedene Implementierungen diesen
Fall unterschiedlich.

Lösung zu Übung 10-3:
Wenn die Präzedenz des Kommas größer als 1200 wäre, würde der Term a:-b,c
folgendermaßen geklammert: (a:-b),c.

Lösung zu Übung 10-4:
Der Punkt ist als rechtsassoziativer Infixoperator definiert, um die vorgestellte
Listennotation zu ermöglichen.
loesungubgntes

```
ntes(1,[Elem|_],Elem).
ntes(N,[_|Rest],Elem):-
   N>1,
   N1 is N-1,
   ntes(N1,Rest,Elem).
```

Lösung zu Übung 11-4:
letzt/2 liefert auch ohne Umstrukturierung das letzte Element einer Liste.

Lösung zu Übung 11-5:

```
a) element_von(Elem,[Elem|_]).
   element_von(Elem,[_|Rest]):-
       element_von(Elem,Rest).

b) teilmenge([],_).
   teilmenge([Elem|Rest],Menge):-
       element_von(Elem,Menge),
       teilmenge(Rest,Menge).

c) vereinigung([],Menge,Menge).
   vereinigung([Elem|Rest],Menge,Vereinigung):-
       element_von(Elem,Menge),
       !,
       vereinigung(Rest,Menge,Vereinigung).
   vereinigung([Elem|Rest],Menge,[Elem|Vereinigung]):-
       vereinigung(Rest,Menge,Vereinigung).

d) durchschnitt([],_,[]).
   durchschnitt([Elem|Rest],Menge,[Elem|Durchschnitt]):-
       element_von(Elem,Menge),
       !,
       durchschnitt(Rest,Menge,Durchschnitt).
   durchschnitt([Elem|Rest],Menge,Durchschnitt):-
       durchschnitt(Rest,Menge,Durchschnitt).

e) differenz([],Menge,[]).
   differenz([Elem|Rest],Menge,Differenz):-
       element_von(Elem,Menge),
       !,
       differenz(Rest,Menge,Differenz).
   differenz([Elem|Rest],Menge,[Elem|Differenz]):-
       differenz(Rest,Menge,Differenz).

f) potenzmenge([[]],[]).
   potenzmenge(Potenzmenge,[Elem|Rest]):-
       potenzmenge(Pot1,Rest),
       vereinige_mit_allen([Elem],Pot1,Pot2),
       vereinigung(Pot1,Pot2,Potenzmenge).

   vereinige_mit_allen(Menge,[],[]).
   vereinige_mit_allen(Menge,[Menge1|Restmengen],
```

```
                              [Verein1|Restvereint]):-
            vereinigung(Menge,Menge1,Verein1),
            vereinige_mit_allen(Menge,Restmengen,Restvereint).
```

Lösung zu Übung 12-1:
Dieses Sortierverfahren generiert auf sehr ineffiziente Weise sehr viele Lösungen,
die aufwendig getestet werden. Es arbeitet dabei mit dem relativ langsamen
Prädikat append/3, was zusätzlich noch zur geringen Geschwindigkeit beiträgt.

Lösung zu Übung 12-2:

```
blaetter_ohne_append(Baum,Sortierte_liste):-
   blaetter_ohne_append_hilf(Baum,Sortierte_liste,[]).
blaetter_ohne_append_hilf(T,Liste,Liste):-
   var(T).
blaetter_ohne_append_hilf(T,Liste,Listenende):-
   not(var(T)),
   T=tree(Elem,Links,Rechts),
   blaetter_ohne_append_hilf(Rechts,List1,Listenende),
   blaetter_ohne_append_hilf(Links,Liste,[Elem|List1]).
```

Lösung zu Übung 12-3:
Nur treesort/2 ersetzt unifizierbare Terme durch einen einzigen, die anderen
Verfahren erhalten auch Duplikate.

Lösung zu Übung 12-4:

```
allgem_sort(Eingabe,Ausgabe,Verfahren):-
   Goal=..[Verfahren,Eingabe,Ausgabe],
   call(Goal).

% mit Uebergabe der Relation
allgem_sort(Eingabe,Ausgabe,Verfahren,Relation):-
   Relation=..[_,Argument1,Argument2],
   retract(relation(_,_)),
   asserta((relation(Argument1,Argument2):-Relation)),
   allgem_sort(Eingabe,Ausgabe,Verfahren).
```

Lösung zu Übung 15-1:

```
maximum(A,B):=if(A>B,A,B).
```

Lösung zu Übung 15-2:

```
/* das Prologpraedikat */
potenz(A,0,1).
potenz(A,N,P):-
   N>0, N1 is N-1,
   potenz(A,N1,P1),
   P is P1*A.
/* die Einbindung in den Interpreter */
```
?- *op(300,xfx,[**,***]).   % *** wird spaeter gebraucht*
*A**B:=C :- potenz(A,B,C).*
/ eine Loesung ohne Rueckgriff auf Prolog */*
*A***B:=if(B=¡0,1,A*(A***(B-1))).*

Lösung zu Übung 16-1:

```
fibonacci(M,N):=[M+N|fibonacci(N,M+N)].
```


Lösung zu Übung 16-2:

```
/* ein primitiver Interpreter fuer einfaches
   Forwardchaining
*/
```
?- *op(700,xfx, ->>).*
```
forward(Wissen,Alles_wissen):-
   X ->> Y,
   bekannt(X,Wissen),
   not(element(Y,Wissen)),
   !,
   forward([Y|Wissen],Alles_wissen).
forward(Wissen,Wissen).

element(Kopf,[Kopf|_]).
element(Kopf,[_|Rest]):-
   element(Kopf,Rest).

bekannt([],_).
bekannt([true|Rest],Wissen):-
   bekannt(Rest,Wissen).
bekannt([Kopf|Rest],Wissen):-
   element(Kopf,Wissen),
   bekannt(Rest,Wissen).
```

```
[true]->>a.
[true]->>b.
[true]->>c.
[true]->>d.

[a,b]->>e.
[c,e]->>h.
[f,a]->>g.
```

Lösung zu Übung 17-1:

```
/* eine Grammatik fuer Zahlen mit optionalem
   Dezimalpunkt
*/
zahl-->vorzeichen_oder_nicht,ziffern,kommateil.
vorzeichen_oder_nicht-->"".
vorzeichen_oder_nicht-->"+".
vorzeichen_oder_nicht-->"-".
kommateil-->"".
kommateil-->".",ziffern_oder_nicht.
ziffern_oder_nicht-->"".
ziffern_oder_nicht-->ziffern.
ziffern-->ziffer,ziffern_oder_nicht.
ziffer-->[Code],{"0"=<Code,Code=<"9"}.
```

Lösung zu Übung 17-2:
Das Programm, das die Prologanfragen annimmt und abarbeitet, ist im allgemeinen als Interpreter realisiert, wenn es auch schon Compiler für diese Zwecke gibt. Als Compiler arbeitet zum Beispiel das Programm, das spezielle Schreibweisen, wie die obige Darstellungsform für Grammatiken, in normale Prologklauseln übersetzt.

Lösung zu Übung 19-1:

```
% Operatordefinitionen
?-   op(1050, fy,if).
?-   op(1040,xfx,then).
?-   op( 950,xfy,or).
?-   op( 940,xfy,and).


% Allgemeine Regeln
if X then (X or Y).
if Y then (X or Y).
```

Lösung zu Übung 19-2:

```
ausgabe_wie(Wie) :- wie(Wie,0).

wie((X,Y),Stufe) :- !, wie_beweis((X,Y),Stufe).
wie(beweis(Konklusion,weil,D),Stufe) :- !, tab(Stufe),
   aus(Konklusion),
   weiter(D,Stufe).
wie(beweis(X,ist,Y),Stufe) :- tab(Stufe), !,
   schreibe([X,'ist',Y]), nl.

aus(not(X)) :- !, schreibe([X,'IST NICHT BEWIESEN']).
aus(X) :- schreibe([X,'IST BEWIESEN']).

weiter(D,Stufe) :- !, Neue_Stufe is Stufe + 4,
   nl, tab(Stufe), write('WEIL'), nl,
   wie_beweis(D,Neue_Stufe).

wie_beweis(Konditionen,Stufe) :- for(elem(X,Konditionen),
   wie(X,Stufe)).

% elemente Praedikat fuer Listen in runden Klammern
elem(X,Y) :- var(Y), !, X = Y.
elem(X,(U,V)) :- !, ( elem(X,U) ; elem(X,V) ).
elem(X,X) :- not X = nil.

for(X,Y) :- X, Y, fail.
for(X,Y).

schreibe([]).
schreibe([K|R]) :- write(K), write(' '), schreibe(R).
```

Lösung zu Übung 20-1:
Es muß nur die Liste im Prädikat `ziffern/1` verlängert werden.

Lösung zu Übung 20-2:
Zur Konsistenzüberprüfung müssen *alle* schon vorher erhaltenen Informationen
der Datenbank mit der neuen Hypothese verglichen werden; das kann nur durch
vollständiges Backtracking geschehen. Dieses Backtracking läßt sich nur dann
erreichen, wenn ein Teilziel immer wieder fehlschlägt. Dies Teilziel ist hier das
`inkonsistent/1`. Nur wenn es auch nach Vergleich mit allen schon erhaltenen
Informationen in der Datenbank fehlschlägt, ist Konsistenz gewährleistet.

Literatur

[ApEs85]   H.-J. Appelrath, M.Ester
            Integrity in a knowledge based office information
            system : Modeling with extended SDM and
            implementation with Prolog
            in [WeKr85], pp 176

[Ambl87]   Tore Amble
            Logic Programming and Knowledge Engineering
            Addison Wesley, 1987

[Appe83]   H.-J. Appelrath
            Konzepte der Wissensbereitstellung in Expertensystemen
            Inferenzmechanismen auf relationalen Datenbanken
            Forschungsbericht Nr.168, Universität Dortmund, 1983

[Appe85]   H.-J. Appelrath
            Von Datenbanken zu Expertensystemen
            Informatik Fachberichte Nr.102, Springer, Berlin, 1985

[ATM83]   H. Aida, H. Tanaka, T. Moto-Oka
            A Prolog Extension for Handling Negative Knowledge
            in: New Generation Computing 1(1983) 87-91

[BaFe81]   A. Barr, E. Feigenbaum
            The Handbook of Artificial Intelligence
            Pitman Books Ltd., London, 1981

[Belli86]   F. Belli
            Einführung in die logische Programmierung mit PROLOG
            BI Hochschultaschenbücher Bd. 630, Bibl. Institut, Mannheim,
            1986

[BFKM85]   L. Brownston, R. Farrel, E. Kant, N. Martin
            Programming Expert Systems in OPS 5
            Addison Wesley, Reading, 1985

[Bobr63]   D. G. Bobrow
            METEOR - A Lisp Interpreter for String Transformations
            in: The Programming Language Lisp - its Operation and Applica-
            tions (Ed. E.C. Berkeley, D.G. Bobrow), Cambridge 1964

[Boose86]   J. H. Boose
            Expertise Transfer for Expert System Design
            Elsevier, 1986

[Bowen85]   K.A. Bowen
            Meta-Level Programming and Knowledge Representation
            in: New Generation Computing 3(1985) 359-383

[Camp84]   J.A. Campbell (Ed.)
            Implementations of Prolog
            Ellis Horwood Limited, Chicester, 1984

[CaWa86]   M.v. Caneghem, D.H.D. Warren (Ed.)
            Logic Programming and its Applications
            Ablex Publ. Corp., Hove, 1986

[CCP80]   H. Coelho, J.C. Cotta, L.M. Pereira
            How to solve it with Prolog
            Laboratio Nactional de Engenharia Civil, Lissabon,
            1980

[ChLe73]   C.L. Chang, R.C.-T. Lee
            Symbolic Logic and Mechanical Theorem Proving
            Academic Press, New York, 1973

[ClGr86]   K.L Clark, S. Gregory
            Parlog: Parallel Programming in Logic
            in: TOPLAS Vol. 8, No. 1., 1986, 1-49

[ClMC84]   K.L Clark, F.G. McCabe
            micro-PROLOG : Programming in Logic
            Prentice Hall, 1984

[ClMe84]   W.F. Clocksin, C.S. Mellish
            Programmieren in Prolog
            Springer Verlag, Berlin, 1991

[Cloc85a]   W.F. Clocksin
            Design and Simulation of a Sequential Prolog Machine
            in: New Generation Computing 3(1985) 101-120

[Cloc85b]   W.F. Clocksin
            Implementation Techniques for Prolog Databases
            in: Software - Practice and Experience Vol.15(1985) 669-675

[ClTä82]   K.L. Clark, S.-A. Tärnlund
            Logic Programming
            APIC Studies in Data Processing No.16, Academic Press
            London, 1982

[DrEh84]   K. Drosten, H.-D. Ehrich
            Translating Algebraic Specifications to Prolog Programs
            Informatik Bericht 84-08, TU Braunschweig, 1984

[Forg81]   C.L. Forgy
The OPS-5 User Manual
Technical Report, Carnegie Mellon
CMU-CS-81-735, 1981

[FTM83]   M. Fujita, H. Tanaka, T. Moto-Oka
Temporal Logic Based Hardware Description and its Verification
with Prolog
in: New Generation Computing 1(1983) 195-203

[GaPu85]   G. Gazdar, G.K. Pullum
Computationally Relevant Properties of Natural Languages and
their Grammars
in: New Generation Computing 3(1985) 273-306

[GKPC86]   F. Giannesini, H. Kanoui, R. Pasero, M.v. Caneghem
Prolog
Addison Wesley, Deutschland, 1986

[GMD85]   Expertensysteme : A State of the Art
GMD Bericht 120, St. Augustin, 1985

[GoRo83]   A. Goldberg, D. Robson
Smalltalk80 - The Language and its Implementation
Addison Wesley, Reading, 1983

[Goto84]   Atsuhiro Goto, Hidehiko Tanaka, Tohru Moto-Oka,
Highly Parallel Inference Engine PIE —
Goal Rewriting Model and Machine Architecture,
New Generation Computing, S. 37–58, 2 (1984)

[Greg87]   S. Gregory
Parallel Logic Programming in Parlog
Addison Wesley, Wokingham, 1987

[GrGu87]   M. Grothaus, H. Gust
Turbo - Prolog
Vogel-Buchverlag, Würzburg, 1987

[GuGu84]   B. Gust, H. Gust
Einführung in das Prolog System MLOG
Osnabrück, 1984

[Gull85]   E. Gullichsen
BiggerTalk : Object-Oriented Prolog
Techn. Report M.C.C., STP-125-85, Austin, 1985

[Gust85]   H. Gust
             Logisches Programmieren für Anfänger
             Preprint für Ëlektronik", Osnabrück, 1985

[HaKi87]   P. Harmon, D. King
             Expertensysteme in der Praxis
             Oldenbourg, 1987

[Hanu86]   M. Hanus
             Problemlösen mit Prolog Teubner, Stuttgart, 1986

[HaRo83]   F. Hayes-Roth et al.
             Building Expert Systems
             Addison Wesley, Reading, 1983

[Ho85]   N. Ho et al.
             Data-Flow Based Execution Mechanisms of Parallel and Concur-
             rent Prolog
             in: New Generation Computing 3(1985) 15-41

[KKP87]   D. Karras, L. Kredel, U. Pape
             Entwicklungsumgebungen für Expertensysteme
             de Gruyter, 1987

[KlSz85]   F. Kluzniak, S. Szpakowicz
             Prolog for Programmers
             Academic Press, London, 1985

[KnRo86]   B. Knödler, W. Rosenstiel
             KI - Maschinen
             Interner Bericht 18/86, Univ. Karlsruhe, 1986

[Korn89]   G. Korn
             Gestaltung einer graphischen Benutzeroberfläche für das intelli-
             gente Konfigurationssystem QuaX
             Diplomarbeit, TU Braunschweig, 1989

[Kowa79]   R. Kowalski
             Logic for Problem Solving
             North Holland, 1979

[MaMo82]   A. Martinelli, U. Montanari
             An Efficient Unification Algorithm
             in: ACM, TOPLAS 1982 Vol.4. No.2, April 1982, 258-282

[Mats83]   H. Matsumoto et al.
             BUP - A Bottom-Up Parser Embedded in Prolog
             in: New Generation Computing 1(1983) 145-158

[MaYo84]   H. Maruyama, A. Yonezawa
A Prolog-Based Natural Front-End System
in: New Generation Computing 2(1984) 91-99

[Mesch85]   B. Mescheder
Prolog - Implemetierungssprache der Künstlichen Intelligenz
in [Savo85]

[Mizo83]   F. Mizoguchi
Prolog Based Expert Systems
in: New Generation Computing 1(1983) 99-104

[Nils80]   J.N. Nilsson
Artificial Intelligence
Tioga Press, Palo Alto, 1980

[NiVi85]   Niehuis, Victor
Modellierung von Büroprozeduren mit Pr/T-Netzen und Prolog
in [WeKr85], pp 88

[Oliv84]   E. Olivera
Developing Expert System Builder in Logic Programming
in: New Generation Computing 2(1984) 187-194

[Onai85]   R. Onai et al.
Architecture of a Reduction-Based Parallel Inference Machine:
PIM-R
in: New Generation Computing 3(1985) 197-228

[Raul82]   P. Raulefs
Expertensysteme
in: KIFS 82 (Ed. Bibel, Siekmann),
Fachbericht Informatik Nr. 59, Springer Berlin
1982

[Robi83]   J.A.Robinson
Logic Programming - Past, Present and Future
in: New Generation Computing 1(1983) 107-124

[Rossi86]   G. Rossi
Uses of Prolog in Implementation of Expert Systems
in: New Generation Computing 4(1986) 321-329

[Savo85]   S. Savory (Ed.)
Künstliche Intelligenz und Expertensysteme
Oldenbourg, München, 1985

[Schn83]   P. Schnupp
Prolog als Spezifikations- und Modellierungswerkzeug
in: Requirements Engineering
Informatik Fachberichte Nr.74, Springer, Berlin, 1983
pp. 173

[Schn86]   P. Schnupp
Prolog - Einführung in die Programmierpraxis
Hanser Verlag, München, 1986

[Schr89]   U. Schreiweis
Entwicklung einer Wissenserwerbsmethode für das intelligente
Konfigurationssystem QuaX
Diplomarbeit, TU Braunschweig, 1989

[ShTa83]   E. Shapiro, A. Takeuchi
Object-Oriented Programming in Concurrent Prolog
in: New Generation Computing 1(1983) 25-48

[Stoy86]   H. Stoyan
Programmierstile und ihre Unterstützung durch sog. Expertensystem Werkzeuge
in: Proc. "Die Zukunft der Informationssysteme"(Ed.) A. Schulz,
Betriebs- und Wirtschaftsinformatik no. 17, Springer, 1986

[StSh86]   L. Sterling, E. Shapiro
The Art of Prolog
MIT Press, Cambridge, 1986

[TaFu85]   A. Takeuchi, K. Furakawa
Bounded Buffer Communication in Concurrent Prolog
in: New Generation Computing 3(1985) 145-155

[Uchi83]   S. Uchida et al.
Outline of the Personal sequential inference Machine: PSI
in: New Generation Computing Vol.1 No.1, Springer, 1983

[UeKa83]   T. Uehara, N. Kawato
Logic Circuit Synthesis Using Prolog
in: New Generation Computing 1(1983) 187-193

[Wahl85]   W. Wahlster
Expertensysteme im Betrieb
in: Proc. GI/OCG/ÖGI-Jahrestagung 1985, Wien, 1985
Informatik Fachberichte Nr.108, Springer, Berlin, 1985

[Warr80]   D.H.D. Warren
            Logic Programming and Compiler Writing
            in: Software - Experience and Practice Vol. 10 97-125 (1980)

[WeKr85]   H. Wedekind, K. Kratzer
            Büroautomation '85, Proc. Tagung IV/85 des GChACM,
            Erlangen, Teubner Verlag, Stuttgart, 1985

[Wins79]   P. H. Winston
            Artificial Intelligence (2.Edition)
            Addison Wesley, Reading, 1979

[YaNi84]   H. Yasukara, K. Nitadori
            ORBIT: A Parallel Computing Model of Prolog
            in: New Generation Computing 2(1984) 277-288

[YaTa86]   A. Yamamoto, H. Tanaka
            Translating Production Rules into a Forward Reasoning Prolog
            Program
            in: New Generation Computing 4(1986) 97-105

[Yoko83]   Yokota et al.
            The Design and Implementation of a Personal Sequential Inference
            Machine: PSI
            in: New Generation Computing 1(1983) 125-144

[Zan]   C. Zaniolo
            Prolog: A Database Query Language for all Seasons
            in: (Proc.) 2. Int. Workshop on Expert Database Systems
            Ed. Larry Kershberg, pp.219-232

Stichwortverzeichnis

Prädikatsverzeichnis

Logische und Funktionale Programmierung

von Ulrich Furbach

Grundlagen einer Kombination

1991. IV, 159 S. (Künstliche Intelligenz, hrsg. von W. Bibel und W. von Hahn) Kartoniert.
ISBN 3-528-05127-2

Das Buch zeigt, wie eine Kombination von funktionalen Programmiersprachen mit Hornklausellogik ermöglicht werden kann. Als Ergebnis wird das FHCL-Programmiersystem diskutiert. Dabei geht es unter anderem um die Aspekte der Parallelisierung, um Termersetzungssysteme, Sortierung und das Anwendungsbeispiel SMOOTHSORT. Es handelt sich um ein Buch, das zeigt, wie Programmierkonzepte, die bisher als disparat angesehen wurden, in sinnvoller Weise miteinander verknüpft werden können. Die Darstellung ist dabei so allgemein gehalten, daß auch Leser, die von verbreiteten Programmiersprachen wie LISP oder Prolog kommen, das notwendige Grundlagenwissen für neue Möglichkeiten der Programmierung vermittelt bekommen. Im letzten Kapitel des Buches wird gezeigt, wie eine anspruchsvolle Programmentwicklung in FHCL realisiert werden kann.

Verlag Vieweg · Postfach 58 29 · D-6200 Wiesbaden

Expertensystemwerkzeuge

von Matthias von Bechtolsheim, Karsten Schweichhart und Udo Winand

Produkte, Aufbau, Auswahl

1991. X, 138 Seiten. Gebunden.
ISBN 3-528-05156-6

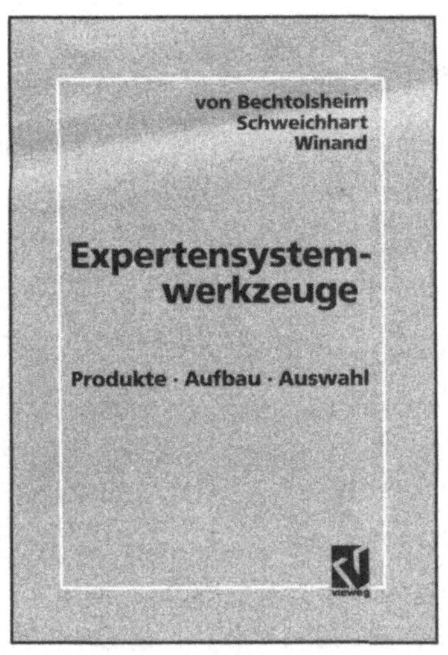

Komplexen betrieblichen Aufgabenstellungen kann heute vielfach mit leistungsfähigen Expertensystementwicklungen begegnet werden. Das vorliegende Buch gibt einen umfassenden Überblick darüber, welche Entwicklungswerkzeuge für welchen Zweck geeignet sein können. Im einzelnen geht es um folgende Fragen:

- Was ist der derzeitige Stand der Technik?
- Welche Entscheidungsgrundlagen sollten beachtet werden?
- Wie können die Tools eingebunden werden in bestehende DV-Umgebungen?
- Welcher Support ist bei verfügbaren Produkten zu erwarten?

Besonderes Gewicht wird auf Gesichtspunkte gelegt, die für Entscheidungsträger in Unternehmen von relevanz sind. Zahlreiche Tabellen ermöglichen es jedem Praktiker, sich schnell und zielsicher zu orientieren. Last not least werden die notwendigen theoretischen Hintergründe vermittelt, selbstverständlich in gebotener Prägnanz.

Ein unverzichtbarer Ratgeber für jeden, der es professionell mit KI-Werkzeugen zu tun hat.

Verlag Vieweg · Postfach 58 29 · D-6200 Wiesbaden